Anja und Hanna Maier

ALS OMA BIST DU JA GANZ NETT

Wie meine Mutter ein Enkelkind bekam

Piper München Zürich

Mehr über unsere Autoren und Bücher:
www.piper.de

FSC
www.fsc.org
MIX
Papier aus verantwortungsvollen Quellen
FSC® C083411

Originalausgabe
April 2014

Umschlaggestaltung: www.buerosued.de
Umschlagabbildung: www.buerosued.de
Satz: Satz für Satz. Barbara Reischmann, Leutkirch
Gesetzt aus der Scala Serif und Scala Sans
Papier: Munken Print von Arctic Paper Munkedals AB, Schweden
Druck und Bindung: CPI books GmbH, Leck
Printed in Germany ISBN 978-3-492-30377-4

INHALT

MEINE MUTTER UND ICH. EINE MUTTER-MUTTER-KIND-GESCHICHTE

WIE WIR UNS ENTFERNEN UND ICH DAS GLITZERFEST AUS DER DISTANZ BETRACHTE

Meine Mutter ist jetzt Oma. Das ist vielleicht ein seltsamer Satz. Meine Mutter ist jetzt die Oma von Sophie. Und noch viel seltsamer klingt folgende Aussage: Ich bin Sophies Mama. Wenn ich in den Spiegel blicke, sehe ich eine Mittzwanzigerin, die es hasst aufzuräumen, gerne ausschläft und gerne Kraftausdrücke verwendet. Sehen so Mütter aus? Blicke ich mir meine Mutter an, sehe ich eine Endvierzigerin, der V-Ausschnitte sehr gut stehen, die sich viel mit Freunden trifft, eine glückliche Ehe führt und mich erschrocken anschaut, wenn ich ungezügelt fluche. Sehen so Omas aus? Offenbar schon, heutzutage zumindest.

Früher waren wir nur Mutter und Tochter, wir kreisten um uns und unsere typischen, sich wiederholenden Konflikte. Aber durch Sophie mussten wir uns beide fragen, warum wir uns eigentlich ständig streiten. Sind wir so, weil wir der anderen gegenüber ein Bild erfüllen wollen? Nach dem Motto: Ich provoziere dich, Mama, weil ich mich von dir abgrenzen will.

Durch das Enkelkind gab es neuen Abstand in unserer Beziehung, den wir beide dringend brauchten. Abstand zu dem, was in den letzten fünfundzwanzig Jahren passiert war. Als ich nämlich nur die Tochter meiner Mutter war. Auch Abstand zu diesen Vorwürfen, die in so vielen Mutter-Tochter-Beziehungen eine Rolle spielen: »Du warst nicht richtig für mich da.« »Nein, du verstehst nur meine Situation von damals nicht.« »Muss ich auch nicht, ich bin ja das Kind.« »Aber du bist *mein* Kind, du warst dabei.« Und so weiter. Durch den Abstand zu diesem Henne-Ei-Problem sind wir uns nähergekommen, auch wenn es noch über uns hängt. Uns eint heute ein großer gemeinsamer Nenner: das Kind. Es hat uns verknüpft, hat uns zu Verbündeten auf (Fast-)Augenhöhe gemacht. Heute darf ich auch böse Schimpfwörter in den Mund nehmen, ohne Angst vor dem Urteil meiner Mutter zu haben. Lange geht das aber auch nicht mehr gut, weil ich mich dann für Sophie zurückhalten muss. Dann werde ich es sein, die sich die Standpauke von der Kindergärtnerin anhören muss, dass Sophie ständig »Scheiße« sagt.

Was bisher geschah: Sommer vor vier Jahren. Im Garten meiner Eltern wird gefeiert. Sie feiern so einiges, ich weiß das, weil ich die Einladung bekommen habe. Sie feiern, dass sie seit 20 Jahren zusammen sind und dass jeder von ihnen 45 geworden ist. Ursprünglich hatten sie überlegt, ein zweites Mal zu heiraten, weil das erste Mal ein bisschen unromantisch war. Stefan hat sich gewehrt, deshalb setzte Anja sich mit dieser Party zwischen den Himbeersträuchern durch. Die meisten Menschen in diesem Garten wissen das alles vielleicht nicht so genau. Ich weiß es aber. Anja und Stefan haben alle eingeladen, die sie kennen. Es ist vermutlich ein rauschendes Fest. Stefan stand ewig in der Küche und hat gewerkelt, gekocht und gebraten. Anja hat gedeckt, organisiert und telefoniert. So ist die typische Rollenaufteilung. Der Nachmittag bricht an, und der Garten füllt sich mit Leben. Vermutlich haben sie die grüne Lichterkette angemacht, die bei Partys immer zum Einsatz kommt. Den Rest des Jahres schwingt der

Wind sie aber einfach zwischen zwei Bäumen hin und her. Deshalb muss man dann auch immer mindestens zwei Glühlampen auswechseln, wenn es wieder etwas zu feiern gibt. Und heute Abend gibt es was zu feiern. Denke ich. Denn ich bin nicht da. Ich bin nicht gekommen zur großen Liebesverkündungsfeier meiner Eltern. Absichtlich.

Ein halbes Jahr vor diesem Glitzerfest hatte ich begonnen, Frau Anders jede Woche einmal zu besuchen. Wir sprachen über dies und jenes: die Distanz zu meinen Eltern, das neue Leben mit dem Studium, meine Zukunftsängste, Ängste im Allgemeinen und über meine Mutter. Frau Anders war immer ein bisschen streng mit mir, aber sie half mir, meine Entwicklung dort nachzuholen, wo sie irgendwann mit vierzehn Jahren aufgehört hatte. Sie trichterte mir ein, dass meine Eltern nicht die Heiligen sind, für die ich sie die ganze Zeit hielt. Sie brachte mir bei, Anja als Menschen mit guten Seiten und Fehlern zu sehen. Sie brachte mir bei, mich nicht mehr im Spiegel meiner Mutter zu betrachten. Das ist im Nachhinein alles gut und fortschrittlich gewesen, aber der Weg dorthin hätte Anja und mich fast entzweit. Und der Gipfel dieser Entzweiung fand statt, als alle Gäste fröhlich ihren Sekt schlürften und meinen Eltern zu ihrem wundervollen Leben gratulierten. Zu diesem Zeitpunkt hatten wir schon seit drei Monaten kein einziges Wort mehr gewechselt.

Einige Wochen vorher saß ich auf dem knarzenden Frau-Anders-Sessel und sagte: »Ich will nicht zu dieser Feier gehen. Ich will nicht so tun, als wäre alles in Ordnung. Ist es nämlich nicht.« Frau Anders langweilte sich, glaube ich, gerade. Sie gab sich alle Mühe, mich das nicht spüren zu lassen, aber ich hatte oft das Gefühl, nur eine von Hunderten Patientinnen zu sein, die ihr jeden Tag immer die gleichen Probleme schildern. Sie blickte auf, vielleicht hatte sie gerade ein Einhorn gemalt, und fragte: »Warum sollten Sie denn hingehen?« »Na, weil man das so macht«, antwortete ich, »das ist meinen Eltern wichtig, und ich gehöre zur Familie. Sie rechnen doch mit mir.« »Aber wenn Sie nicht gehen wollen, dann sollten Sie auch nicht gehen. Letztlich ist es Ihre Entscheidung, wann Sie wo sind. Und bloß weil es eine gesellschaftliche Konvention ist, bei Familienfeiern aufzutauchen, heißt es nicht, dass Sie mit Ihrer Familie heile Welt spielen müssen.« Ich war sehr unsicher, was ich denken sollte und vor allem wie ich handeln würde. Ich wusste, dass es meine Eltern verletzen würde, wenn ich nicht komme. Aber es wäre tatsächlich verlogen gewesen, nach allem, was passiert war.

Angefangen hat es, als ich aufgelöst auf einer Parkbank in Leipzig saß und meine Mutter durchs Telefon anschrie: »Hast du mich lieb?« Tränenüberströmt und völlig neben mir, wusste ich nicht mehr, wer ich war. »Hast du mich lieb? Du bleibst bei mir, stimmt's?« Bei ihr haben alle Alarmglocken geläutet, sie und Stefan setzten sich sofort ins Auto und holten mich ab. Noch am gleichen Tag fuhren sie dann in den Urlaub und ließen mich bei meinen Großeltern. Zwar hatten sie mich damals gefragt, ob ich mitkommen wolle, aber zu der Zeit konnte ich nicht einmal entscheiden, welche Unterhose ich morgens anziehen sollte. Zwar haben wir ständig geredet, aber sie dachten berechtigterweise, dass ich alt genug sei, mich an sie zu wenden, wenn ich Probleme hätte. Ich weiß jetzt, dass sie die Sache unterschätzt haben und ihnen nicht klar war, wie schlecht es mir ging. Vielleicht war es die Distanz oder meine mangelnde Kommunikation.

Jedenfalls entschied ich, dass es besser wäre, diesen Konflikt alleine zu bewältigen und nicht mehr darauf zu warten, dass meine Eltern für mich einspringen. Auch deshalb kam es dann drei Monate vor dem Glitzerfest zu einem Telefonat, das vermutlich vor allem meine Mutter schockiert hat. Ich wollte ihr irgendwie mitteilen, dass ich nicht mehr ständig mit ihr sprechen möchte. Meine Taktik: Reißaus nehmen. »Mama, ich plane eine Fahrradtour nach Israel.« »Wolltest du nicht mit der Uni nach Frankreich gehen?« Damals empfand ich beides als absolute Form der Selbstentfaltung. »Misch dich nicht in mein Leben ein. Du hast mir überhaupt nichts zu sagen.« Ich meinte das ernst. Das mit der Fahrradtour und das mit dem Einmischen. Ich fühlte mich von ihr unter Druck gesetzt, hatte das Gefühl, sie verlange von mir, jetzt endlich mal klarzukommen mit meinem Leben. Das wollte ich ja auch, es ging aber nur, wenn Anja mir nicht ständig dazwischenfunkte. Sie sagte: »Weißt du, Hanna, wir freuen uns erst, wenn du im Flieger nach Paris sitzt.« Ich wusste, sie macht sich Sorgen, sah aber auch, dass sie überhaupt nicht verstand, worum es ging. Um sie. Ich musste Abstand zu ihr gewinnen, mich selbst erkennen und lernen, selbst zu sehen, wohin ich meine Füße setzte. Bis dahin war meine Mutter immer versucht, mich bei sich zu behalten, sie hatte Angst davor, mich zu verlieren. Ich auch. Und durch diese Angst hätten wir uns auch beinahe verloren: »Ich will, dass du einfach wartest, bis ich dich das nächste Mal anrufe. Du hast im Moment in meinem Leben nichts verloren.«

Für mich waren die drei Monate der Funkstille eine Machtdemonstration. Ich hatte das Gefühl klarzumachen, dass ich nicht einfach so und jederzeit verfügbar bin, sondern meine eigenen Bedürfnisse habe, die Anja zu respektieren hatte. Ich weiß, dass es ihr schlecht ging in der Zeit, aber ich war plötzlich ganz bei mir. Und auch bei meinem schlechten Gewissen. Der Tag der Feier war da. Nach Berlin zu fahren wäre kein großer Aufwand gewesen, ich hätte es tun können. Aber ich wollte nicht. Genau deswegen. Um zu demonstrieren, meine Stärke zu zeigen und meine Mutter spüren zu lassen, dass nicht nur ich von ihr abhängig bin. Das Spiel konnte ganz offenbar auch umgedreht werden.

Vermutlich gibt es zwei Arten, diese Zeit zu interpretieren. Entweder war ich einfach ein gefühlskalter Unmensch, der glaubte, seine ganze Umwelt mit seiner postpubertären Luft der Rache verpesten zu können. Oder ich habe dieses seltsam verwobene Band zwischen meiner Mutter und mir ein Stück weit aufgerissen, es darauf angelegt und gehofft, dass sie mit mir zusammen noch mal neu weben würde. Letzteres ist natürlich das von mir bevorzugte Bild. Und wir haben auch gewoben.

Nach einem Gespräch im Spätsommer, das einem Faustkampf glich, begannen wir aufzuräumen. Langsam, aber sicher näherten wir uns wieder an. Jede auf ihrem Standpunkt bleibend, aber einander zumindest die Hände reichend. Immer wieder gab es Rückschläge. Und Momente der Resignation, wenn wir feststellten, dass es doch noch nicht wieder gut ist. Als große Aufräumaktion mit Altkleiderentsorgung und Sondermüllsortierung buchte meine Mutter für unsere Familie eine Reise in die USA. Eine Autoreise. 2000 Kilometer. Das war wirklich mutig. Vier Menschen, die bis vor Kurzem noch nicht mal miteinander sprechen, geschweige denn eine Party zusammen feiern konnten, vier Wochen lang auf engem Raum, keine Fluchtmöglichkeiten, keine Handlungsspielräume. Und kurz vor dem Abflug war ich plötzlich schwanger. Klar hat es dort gekracht. Heftig sogar. Am schlimmsten in Garlic City, einer Stadt, die Tag und Nacht nach Knoblauch, Knoblauchgranulat und Knoblauchzweitverwertung stank.

Aber das war alles Teil der Rehabilitation. Heute haben wir beide etwas, wofür wir die andere bewundern. Und wir haben auch schlicht mehr gemeinsam: Wir sind beide Mütter. Und wir möchten beide, dass diese kleine Sophie wächst und gedeiht. Klar existiert unsere Vergangenheit noch zwischen uns. Wenn die Sprache darauf kommt, ist es oft, als würde sich ein langer Schatten über uns legen. Mein Mund wird dann trocken, die Stimme meiner Mutter dünn. Trotzdem sage ich manchmal aus Spaß zu meinen Freunden: »Wenn du dich mit deiner Mutter schlecht verstehst, dann krieg ein Kind. Das erleichtert alles.« Ich sehe dann immer, wie ihr Gehirn das als echte Option in Betracht zieht. Deshalb sei hier davon erzählt, wie aus Tochter und Mutter eine Matroschka wurde. Die Kleinste kann man nur sehen, wenn man die beiden Größeren öffnet, indem man sie dreht.

1

HIER GEHT'S LOS

EIN NAMENLOSES NEUGEBORENES WIRD TANZENDER MATHECRACK UND KRIEGT DANN SELBST EIN KIND

Als sie geboren war, bekam sie natürlich ihren Namen. Sogar zwei: vorn der unterstrichene Rufname, Hanna, dann noch der zweite, Emilie. Trotzdem konnte ich mein Mädchen erst mal nicht damit ansprechen. Ich hatte den Namen zwar ausgesucht, und ich diktierte ihn, noch im Kreißsaal, der Hebamme: Hanna Emilie. Sie schrieb ihn auf: Hanna-Emely. Und weil das gleich zweifach falsch war, übten wir es am nächsten Tag gleich noch mal. Hanna Emilie. Und so stand es schließlich auf dem Heftpflaster an ihrem Babybett. Hanna Emilie. In Kulischrift. Daneben ein winziges Weiblichkeitszeichen.

Lange vor ihrer Geburt stand Hannas Name fest. Mit sechzehn Jahren hatte ich das komplette Œuvre von Rainer Werner Fassbinder inhaliert, sämtliche Filme dieses Wahnsinnigen hatte ich mir reingezogen. Schon damals, Anfang der Achtzigerjahre, stand fest: Sollte ich in diese kranke Welt je ein Kind setzen, würde es heißen wie Fassbinders Muse, die Schauspielerin Hanna Schygulla.

Aber dann war Hanna geboren und blieb tagelang namenlos.

Es lag an mir. Ich konnte sie nicht ansprechen. »Na, du Kleine, du Süße« – derlei verliebtes Zeug sagte ich zu ihr. Ich nahm ihre winzigen Finger und zählte sie nach. Ich betrachtete ihre perlenkleinen Zehen und die rosa Lider im erschöpften Gesicht. Sie hat doch auch einen Namen, redete ich mir gut zu, jetzt sprich sie doch mal damit an! Ich konnte es nicht.

Heute weiß ich, woran es lag. Hanna war die erste perfekte Sache in meinem Leben. Das erste Vorhaben, das geglückt war, und zwar ohne Abstriche. Ich brauchte einfach ein paar Tage, bis ich mir erlaubte zu verstehen, dass es jetzt immer so weitergehen würde, dass dieses Mädchen bei mir bleiben würde und es deshalb eine gute Idee wäre, sie auch mal bei ihrem Namen zu nennen. Hanna.

Wenn Hanna gut drauf ist, ist sie eine Wucht. Das war damals so, und das ist bis heute so geblieben. Sie kriegt dann so ein Schwingen in den Hüften, so ein mädchenhaftes Sirren, und aus ihrem Mund kommen die lustigsten Bemerkungen, die man sich vorstellen kann. Sie hat einen subtilen Humor, der ohne Scheu ist und andere umhauen kann. So etwas nennt man Selbstironie. Als sie ungefähr fünf Jahre alt war, waren wir zusammen auf einem Konzert, so einem kleinen, fünfhundert Zuhörer etwa, vier Bands. Ein kleines Mädchen am Bühnenrand: Hanna. Sie kannte alle Songs, die an diesem Sommersonntag gespielt wurden, es war ja die Musik, die auch zu Hause lief. Sie stand vorn am Bühnenrand, gekleidet in ein unmögliches lilaweiß gestreiftes Kleid, und sang und tanzte. Ich sah sie da vorn, sie zappelte und bewegte die Lippen und guckte nicht rüber – sie machte das sichtlich ausschließlich zu ihrem persönlichen Vergnügen. Es war ein Moment, in dem Fremde vermutlich nur dieses geltungsbedürftige kleine Mädchen da vorn sahen – aber ich erkannte meine Tochter, die es wirklich verstand, auf eine coole Art mit sich allein sein zu können.

Diese Gabe, dieses Alleinseinkönnen, Löcher in die Luft gucken, vor sich hinsingen, etwas schreiben und zeichnen, sich selbst genug sein – diese Gabe trägt Hanna durch ihr

Leben. Wenn's mal hart kommt – Tür zu und Musik an. Oder Tür zu und was schreiben. Bei sich sein. Das geht.

Hart wird es nur, wenn sie zu wenig Schlaf hat. Dann kann sie schon mal sehr ungemütlich werden. Hannas Augen verschieben sich dann, kein Quatsch, sie stehen einfach auf unterschiedlichen Höhen in ihrem Gesicht. Sie weiß eigentlich immer schon selbst, was helfen würde: ein paar Stunden den Stecker ziehen. Aber sie geht erst in ihr Bett, wenn sie ein bisschen Unmut auch an andere verteilt hat. Wenn man sie liebt – und das tun viele –, verbucht man solche Momente unter Stromausfall. Oder unter Netzwerkpflege.

Denn meistens, allermeistens sogar, ist sie guter Dinge. Sehr guter Dinge. Sie quatscht und quasselt, sie plaudert und parliert, dass es eine Freude ist. Sie kennt sich aus mit vielen Dingen und lässt ihre Umwelt gern an ihrem mitunter gut gepflegten Halbwissen teilhaben. Außerdem hat sie die unschätzbare Gabe, sich in andere Leute hineinversetzen zu können, ihnen gut zuzuhören und Dinge auf den Punkt zu bringen.

Schon als sie ein kleines Mädchen war, fanden Partys bei uns zu Hause immer ausdrücklich auch mit Hanna als Gast statt. Sie zog sich etwas Hübsches an und mischte sich mit ihrem Colaglas unter die Gäste. Wir hatten Freunde, die kamen nicht nur, weil wir uns gut miteinander verstanden, sondern auch, weil bei uns eine Neunjährige wohnte, mit der sie ausgesprochen gern den Abend verbrachten. Hanna hatte – und hat – ein überaus vitales Interesse an allem Abseitigen. Sie fragt Leute aus und zieht ihre Schlüsse, an denen sie wiederum ihre Gesprächspartner teilhaben lässt.

Ich kenne ein Ehepaar, das sich damals entschlossen hat, selbst Kinder haben zu wollen, weil sie dieses Kind Hanna kennengelernt hatten. Das ist doch eine Riesensache, wenn man es recht bedenkt – mitverantwortlich dafür zu sein, dass zwei weitere Menschen auf dieser Welt sind.

Als Hanna älter wurde und ins Gymnasium kam, nützte ihr ihre Redegewandtheit natürlich. Sie plauderte sich durch den Geschichts- und den Ethikunterricht, sie war bei Aufsätzen und Gedichtinterpretationen den Tränen nah – so poetisch fand sie, was sie zu sagen hatte. Als es aber um naturwissenschaftliche Fächer ging, stieß sie erstmals an Grenzen.

Es gab einen Lehrer in Hannas Leben, der ihr Dämon und ihr Retter wurde, ohne es selbst wohl jemals begriffen zu haben. Dieser Lehrer, ein Marathon laufender Mathematiker, war reichlich genervt von diesem Mädchen. Er erkannte nicht nur, dass da so eine selbstbewusste Blonde versuchte, sich um seine schönen mathematischen Gesetze herumzumogeln – nein, er sprach es auch angelegentlich eines Eltern-Lehrer-Kind-Gesprächs aus. »Hanna? Da sehe ich für die Abschlussprüfung erhebliche Probleme«, sagte er. Hanna hörte, was er sagte, und verstand, dass da offenbar jemand ernsthaft der Ansicht war, dass sie scheitern könnte. Dass er es möglicherweise sogar für geboten hielt, dieses Mädchen mal verlieren zu lassen.

Jahre später trafen wir diesen Lehrer wieder. Es war die Abiturfeier von Hannas jüngerer Schwester, und als Hanna ihn erblickte, sah ich, wie sich alles in ihr sträubte. Das war unnötig. Denn Hanna hatte sich damals auf ihren Hosenboden gesetzt und in einem Gewaltakt Mathematik gelernt. Und dann, weil es eh schon so wehtat, auch gleich noch Physik und Chemie. Sie hat sich all diesen verhassten, vernagelten Stoff draufgeschafft und letztlich ihre Zehnte-Klasse-Prüfung mit Bravour bestanden. Hier, du Arsch! So etwas in der Preisklasse muss sie gedacht haben.

Die Mathegeschichte blieb ein Menetekel. Hanna wusste ab sofort, dass sie intelligent und organisiert genug ist, alles zu begreifen und sich zu erarbeiten, wenn sie es nur wirklich will. Doch sie begriff nicht sofort, dass es eine Kränkung war, die sie dahin gebracht hatte. Denn niemand – außer ihr selbst – hatte diesen Mathe-Physik-Chemie-Kraftakt von ihr verlangt. Daran, dass solche Anforderungen an sich selbst nicht überhandnehmen und dass sie manchmal doch besser die Tür zumacht und etwas hört oder schreibt – an dieser Fähigkeit, sich selbst zu schützen, schraubt sie bis heute.

Eine echte Hilfe dabei ist natürlich Sophie. Nichts kann einem organisierten Menschen besser seine Grenzen aufzeigen als ein komplett anarchisches Baby. Dieses Kind, blond bewimpert und gut in Schuss, verwendet viel Energie darauf auszutesten, was es seiner Mutter alles zumuten kann. Nur drei Stunden geschlafen? Come on, reich einfach den Kürbisbrei rüber! Den Streit mit Oscar nicht zu Ende gebracht? Unwichtig, solange ich nicht in den Schlaf geschaukelt worden bin. Die Klausur nächste Woche? Sorry, jetzt krieg ich erst mal einen Zahn. So gesehen, ist Sophie die Meisterin in Mütterbezwingung geworden.

Wenn ich an die kommenden Jahre denke, sehe ich nicht nur Hanna mit ihrem Kind. Ich sehe sie auch mit einem Hund, vielleicht einer Katze, eventuell sogar auf dem Rücken eines Pferdes. Der Hund müsste groß sein, die Katze irgendwie kränklich. Diese Neigung, ihre irre Liebe zu Tieren, ist das Terrain, auf dem wir, denke ich, am weitesten voneinander entfernt sind. Ich habe im Grunde Angst vor Viechern – Hanna betet sie an. Geht es um Vierbeiniges, Haariges, neigt Hanna zur Übertreibung. Katzen haben – angeblich! – einen besonderen Draht zu ihr, Hunde können ihr gar nicht groß und brutal genug aussehen. Und Pferde? Sind empfindsame Kreaturen, die einer so gefühlvollen und kenntnisreichen Reiterin wie Hanna bedürfen.

Wenn Hanna Stefan und mich, ihre Eltern, besucht, schmeißt sie sich gleich an unsere Katze ran. Die knufft und streichelt sie, dann schleppt sie sie vor die Tür, wo sich Heidi geduldig die Zecken aus dem Fell fummeln lässt. Diese Katzenorgien sagen mir zweierlei: Hanna findet, dass ich mich nicht ausreichend um das Tier kümmere. Und Hanna würde sich um jeden kümmern, den sie liebt, egal, in welchem Zustand er ist. Und das, man muss es sagen, ist doch weit mehr, als manch andere Menschen von ihrem Kind sagen können. Oder?

MEINE MUTTER SUCHT SICH SELBST UND FINDET DAS GLÜCK

Meine Mutter hat wirklich Glück. Etwa weil sie zu den circa zehn Prozent der mitteleuropäischen Menschen gehört, die braune Augen und blondes Haar haben? Das gilt ja als besonders schön. Glück, weil sie eine große Frau ist? Statistiken belegen, dass sie damit im Berufsleben eher ernst genommen und sogar schneller befördert wird. Glück, weil sie an einem Ort wohnt, wo jeden Tag, auch bei Regen, die Vögel singen? Oder Glück, weil ihr Leben alles und noch mehr bietet, was sie sich je erträumt hat?

Bis auf die Fähigkeit, richtig gut zu zeichnen, vielleicht. Aber selbst das sagt sie nur aus Bescheidenheit, denn in ihrem Haus hängen manche ihrer Bilder, die ich ganz sicher irgendwann auch bei mir aufhängen will. Neben diesem Haus besitzt sie auch eine Katze, ein altes Haus im Grünen und ein kleines Paddelboot. Doch das alles wäre nicht so schön, wenn sie nicht diesen Mann hätte, der alles mit ihr teilt und der sie zudem auch noch wahrhaft liebt. Und das Allerwichtigste: Zusammen haben die beiden zwei kluge, schöne, atemberaubende Töchter, um die sie ganz sicher jeder beneidet.

Meine Mutter könnte all dieses Glück als Kompassnadel ansehen. Stets nach Norden zeigend, könnte sie darauf vertrauen, irgendwann irgendwo anzukommen. Die Nadel könnte Garantin für eine schöne, ruhige, aber nicht langweilige Zukunft sein. Doch die Kompassnadel meiner Mutter rotiert. Es ist schwer, Anja in einer ruhigen Minute zu treffen, denn sie hat fast keine. Sie ist voller Energie. Aber auch voller Unruhe, denn mit ihrem schicken Kompass sucht sie ständig nach den Wurzeln des menschlichen Seins. Ständig ist sie auf der Suche, schaut überall nach. In ihrem Kalender, auf ihrem Handy, im Fernseher, und immer wieder wispert sie: »Sie müssen doch hier irgendwo sein.« Warum kann sie nicht einfach der Nadel vertrauen und der Dinge harren, die da des Weges kommen?

Vielleicht hat es damit zu tun, dass sie die Kompassnadel erst selbst polen und dann in das Gehäuse einsetzen musste. Sie hatte nicht immer so viel Glück. Sie könnte stolz sein. Vielleicht kann sie ihr Glück nicht so richtig fassen und befürchtet, dass sie, einmal den Kompass zugeklappt, vom Weg abkommen könnte. Diese Befürchtung speist sich wahrscheinlich aus der Vergangenheit.

Es ging schon mit der Schule los. Sie war sowohl durchschnittlich groß als auch durchschnittlich gut. Und sie fand sich auch durchschnittlich hübsch. Leider hatte sie nicht so viel Selbstvertrauen, dass sie ihre Braunäugig- und Blondhaarigkeit zu schätzen wusste. Sie war schon früh auf sich selbst gestellt und musste nach Schulschluss öfter vom Bürgersteig aus das Bürofenster ihrer Mama anschreien: »Mutti Maier! Mutti Maier!« Mutti Maier kam ans Fenster und winkte Anja zu: Komm gut zu Hause an! So wuchs sie zwar geliebt, aber auch ein bisschen alleine in einem gemütlichen und ruhigen Teil Ostberlins auf. Ihre Geschwister waren schon früh aus dem Haus, und Anja vertrieb sich die Zeit mit weißen Mäusen, die sie heimlich in ihrer Schreibtischschublade hielt, dem Verzieren und Naschen von Butterstücken und später dann mit guter Musik und schwarzer Kleidung. Sie wollte nämlich irgendwann nicht mehr durchschnittlich sein, sondern über sich hinauswachsen.

Genau hier muss ihre Suche nach ebenjenen Wurzeln des

menschlichen Seins begonnen haben. Sobald sie alt genug war, beschloss sie, in die alte Ostberliner Innenstadt zu ziehen, um Kleider schwarz zu färben, reichlich zu feiern, eine Lehre zur Schriftsetzerin zu machen, zu fotografieren, Identitäten zu erforschen und die Grenzen der Freiheit auszutesten.

Und dann kam ein Mann. Und mit dem Mann kam ich. Als sich herausstellte, dass das Leben ohne ihn erfüllender sein würde, haderte sie nicht lang und zog mit mir aus. Diesmal, als hätte sie es geahnt, in ein Haus direkt an der Berliner Mauer. Im November 1989 trat sie von dort aus zusammen mit mir in ein neues Zeitalter ein. Es schien, als wäre der Fall der Berliner Mauer zwar für Deutschland im Allgemeinen, aber vor allem für Anja im Speziellen gemacht worden. Denn gerade als sie merkte, dass der Rest der Welt wahrscheinlich noch mehr Antworten auf ihre Fragen haben könnte, öffnete sich diese Grenze, und Anja ging mal schauen, was es da auf der anderen Seite so gab.

Manchmal habe ich den Eindruck, dass sie mit dem Schauen bis heute noch nicht fertig ist. Einer ihrer Lieblingssprüche lautet: »Danke, Helmut!« Dieser Tribut an den dicken Kanzler außer Dienst kommt immer dann, wenn sie etwas sieht, was es so nur im Kapitalismus geben kann. Kinderlöffel, die die Farbe wechseln können, nachts leuchtende Plastesterne, bei Kälte reagierende Strohhalme und so weiter. Außerdem alles Funktionale wie Nanotechnik, soziale Netzwerke oder leise schließende Toilettendeckel. Sie ist fasziniert davon, wenn Energie in überflüssigen Luxus gesteckt wird, und auch durchaus bereit, über Farben, Materialien und Preise nachzudenken und zu reden. Sie liebt die Auseinandersetzung mit dem Überflüssigen, weil es bedeutet, dass es existiert und dass sie sich die Zeit dafür nehmen kann. Sie ist eine glühende Verehrerin des schönen Lebens.

Mit dem erheblich vergrößerten Einzugsbereich nach der Wende fand sie auch einen neuen Mann, den besten. Dieser brachte drei Neuerungen mit: gute Musik, gutes Essen und lange Haare. Mit Stefan ging sie es erst mal ganz ruhig an und machte noch ein Kind mit ihm, meine Schwester Kira. Als das geglückt war, zogen wir alle zusammen in den Berliner Speckgürtel, befassten uns mit jenem schönen Leben und waren eine echte Familie.

Anja ist eine liebevolle Mutter, und sie ist es gern. Sie war viel für uns da und hat uns immer das Gute nahegelegt. Sie hat uns gezeigt, dass Freiheit zu leben und zu lieben eine Tugend ist und dass, wer Gutes tut, auch Gutes erfährt. Sie hat uns auch gezeigt, dass man fast alles irgendwann lernen kann, man muss nur »üben, üben, üben«. Oh Gott, wie ich diesen Spruch gehasst habe! Als ob sie immer geübt hätte. Nachdem sie früher, ähnlich wie ich zwanzig Jahre später, nicht viel mehr als Puddingsuppe und Eierkuchen in der Küche zustande brachte, kocht, backt und brät sie heute gern und viel. Buletten, Hackbraten, Knoblauchhuhn und Kuchen aller Art bietet sie wahlweise als »Das war noch übrig«-Essen an, oder sie kredenzt es als »Hab ich nur für dich gemacht«-Gericht. Sie ist großzügig und beschenkt die Menschen gern. Sie liebt Geschenke, vor allem die, die für sie selbst bestimmt sind. An unseren Geburtstagen war es immer dasselbe Ritual. Die Familie sitzt morgens um sechs mit Vivaldi im CD-Player fröstelnd auf der Couch, und nach dem ersten Stück Kuchen haben zwei Menschen im Raum leuchtende Augen. Das jeweils beschenkte Kind und meine Mutter: »Gefällt's dir?« Kurz: Ihre Familie ist ihr heilig. Sie liebt es, wenn alle sich lieb haben, und am allermeisten, wenn alle sie lieb haben. Nicht dass unsere Familie krisenfest wäre, aber es gibt ein sehr dicht gewebtes Band. Das schlackert hin und wieder, aber zerreißen wird es ganz sicher nicht. Es ist eher ein Leinenband als ein rotes Samtband; der Stoff ist nicht glatt, aber resistent.

Bei ihr steht also das Glück mit Pauken und Trompeten in der Wohnzimmerecke und musiziert Tag und Nacht. Wenn es nicht die Familie ist, was hat sie dann auf die ewige Suche geschickt? Ist es ihr Job, ihre Arbeit? Auch auf dieser Seite der Kompassrose ist alles in Ordnung. Sie wollte immer kreativ arbeiten, sie ist gern und mit nicht nachlassender Begeisterung Journalistin. Sie hat inzwischen fast alle Kontinente betreten und träumt noch vom Rest der Welt. Sie hat Bücher geschrieben, interessante Menschen getroffen, und ihre aktuelle Freundesanzahl auf Facebook beträgt vierhundertneunzig. Sie hat mit ihrer Vergangenheit aufgeräumt und aus den Steinen ihre Zukunft aufgebaut. Und doch ist ihre Suche noch lange nicht abgeschlossen, die Kompassnadel bleibt nicht stehen.

Glück ist offenbar subjektiv. Es gab ein paar alte Griechen, die behaupteten, wir seien verpflichtet, den gegebenen Verstand zu nutzen, der uns von den Tieren und Pflanzen unterscheidet. Diesen Verstand sollen wir dazu verwenden, um nach dem Guten zu streben. Gutes zu tun verhilft uns zu Glück. Und das erhalten wir uns, indem wir immer wieder uns selbst und unsere Wege reflektieren. Wir können es jeden Tag aufs Neue suchen und finden, und irgendwann erreichen wir dabei das unendliche, höchste Glück. Leider kann niemand, nicht mal ein Grieche, von diesem absoluten Glück berichten. So hartnäckig, wie sie sucht, könnte meine Mutter aber die Erste sein, der dies gelingt. Dazu müsste sie aber mal kurz ruhig sitzen bleiben.

2

SCHWANGER? ACH NEE! ACH JA.

EINE GAR NICHT MAL SO ALTE FRAU SOLL OMA WERDEN UND SUCHT NACH DEM AUSKNOPF IHRES PUPPENMUTTIPROGRAMMS

Die Nachricht, dass mein Kind ein Kind kriegt, hat mich überrascht. Aber hat sie mich unvorbereitet getroffen? Auf keinen Fall. Wer Kinder hat, denkt spätestens nach Beginn der Pubertät zwangsläufig immer mal wieder darüber nach, dass selbige sich fortpflanzen könnten. Töchter stellen in diesem Zusammenhang die Kategorie der Gebärenden dar, bis zu ihrer Volljährigkeit also die der sehr jungen jungen Mutter in spe. Also jenes Elternteils, der im Fall der Fälle die ganze Verantwortung und nur noch ganz wenig Schlaf und eigenes Leben hat. Den Gedanken, die Mutter solch einer sehr jungen jungen Mutter zu werden, mich also mit Ende dreißig um ein Enkelkind kümmern zu dürfen, dessen Mama damit beschäftigt ist, ihren Schulabschluss zu bauen und abends immer schön die Zahnspange reinzutun, war mir ein Graus. So süß konnte der kleine Hosenscheißer gar nicht sein, um zu rechtfertigen, dass ich in meinem Alter auf eine halbe Stelle gehe und wieder in diesen Brei-und-Schrei-Strudel gerate.

Sobald also Hanna – später dann ihre Schwester – zu pubertieren begann, pflegte ich eine besonders harte Gangart, was Aufklärung und Prophylaxe angeht. Wenn ich im öffentlichen Raum einer solchen sehr jungen jungen Mutter begegnete, die in der einen Hand die Zigarette und in der anderen den Kinderwagengriff hielt, während neben ihr ein ungewaschener Jungmann versuchte, so etwas wie einen Vater zu markieren, knuffte ich Hanna in die Seite und sagte: »Immer schön in der Schule aufpassen! Vor allem in Bio.« Ich weiß, das war sozial diskriminierend, die armen, benachteiligten jungen Leute! Aber tatsächlich schien es mir wichtig, dass meine Töchter kein Baby vor der Zeit kriegen. Weil mit einem Kind nämlich eine ganze Menge Züge aus dem biografischen Bahnhof fahren, für die es danach nie wieder eine Fahrkarte zu kaufen gibt. Ich weiß, wovon ich rede.

Dass ungeplant schwanger zu sein und sich dann für das Kind zu entscheiden die unumkehrbare Auffahrt auf eine Lebensautobahn ohne Abbremsspur, Wendemöglichkeit oder gar Ausfahrt bedeutet, weiß ja eigentlich jeder. Ein Kind bekommt man, und dann bleibt es für immer. Auch an den mauen Tagen. Es kann Monate dauern, bis man nach der Geburt eines Babys realisiert, dass das hier, diese Liebe, nie mehr aufhört. Und dass diese Liebe auch ihren Preis hat: Unsicherheit, Schlafmangel, Sexflaute, Geldmangel. Das volle Programm.

Trotzdem, so richtig klar scheint manchen Frauen die Unumkehrbarkeit ihrer Entscheidung nicht zu sein. Eine von ihnen, quasi eine Schwester Leichtfuß, war ich ja selbst. Als ich, zweiundzwanzigjährig, nach erfolgter Diagnose vom Behandlungsstuhl meiner Frauenärztin kletterte, hätte ich jeden Grund gehabt zu denken: Oh Gott, oh Gott, ach du Scheiße – schwanger? Ich kenne doch den Kindsvater gerade erst ein paar Wochen. Hilfe!!!

Das dachte ich aber nicht. Stattdessen setzte nach dem »Sie sind in der sechsten Woche«-Satz meiner Ärztin eine Art emotionales Puppenmuttiprogramm ein. Schwanger?, funkte es in meinem Hirn, na, das ist ja vielleicht crazy! Leise lächelnd, band ich mir in der Patientenkabine die schweren schwarzen Schuhe zu. Ein Kind, dachte ich dabei, das wäre ja mal ganz was Neues. Das könnte mir echt Spaß machen. Und wäre das nicht auch der adäquate, Mensch gewordene Ausdruck jener irren Verknalltheit, die ich für meinen neuen Freund empfand?

Es ward mir warm ums Herz, als ich quer durch Berlin nach Hause lief. Ein Kind! Das wird schön, dachte ich. Für die Tatsache, dass Mutterschaft keine vorübergehende Liebhaberei ist, reichten meine geistigen Kräfte gerade nicht aus. Mein Hirn war komplett von Glückshormonen blockiert. Ja, klar, dieses Kind war nicht geplant. Aber hey, Planung war nun wirklich nicht alles. Mein Entschluss stand fest: Ich wollte das Baby. Es war der Beginn einer großen Liebe, die nie enden sollte. Und zwar auch nicht an den mauen Tagen.

Als zweiundzwanzig Jahre später meine Tochter Hanna mit ängstlich vibrierender Stimme ins Telefon fiepte, sie sei schwanger, machte mein Herz einen kleinen Hüpfer. Dieses verrückte Kind, dachte ich bei mir, wiederholt hier gerade auf beunruhigende Weise mein Leben. Kann das denn Zufall sein, dass sie im exakt gleichen Alter wie ich vor der exakt gleichen Frage steht: Jetzt Mutter werden?

Ich beeilte mich, dieses Gefühl, dieses freudig hüpfende Puppenmuttiprogramm, umgehend abzustellen. Herrgott, reiß dich zusammen, forderte ich mich auf. Hier geht's ausnahmsweise mal nicht um deine Gefühle, sondern um die deiner Tochter. Und diese Tochter, das konnte man gut hören, wusste nicht recht, ob sie jetzt schon auf diese Autobahn auffahren wollte und konnte. Also sprach ich folgenden vernünftigen Satz: »Steig in den Zug, und komm her, wir reden darüber.«

Bis heute bin ich sehr stolz auf diesen Satz. Es hätte Hannas Situation um einiges schwieriger gemacht, wäre ich in lautstarke Hallelujarufe ausgebrochen, während sie selbst doch erhebliche Zweifel hatte, ob sie dieses unplanmäßige

Baby überhaupt bekommen soll. Eine Mutter, die auf ihre studierende Tochter positiven emotionalen Druck Richtung Ewigkeit ausübt, wäre eine schlechte Ratgeberin. Und so freute ich mich, aus Hannas Stimme Erleichterung herauszuhören. »Ich hatte Angst, dass du sauer wirst«, sprach sie in den Hörer. Und ich antwortete weise: »Was glaubst du eigentlich, wie du entstanden bist?«

Tja, was glaubte sie eigentlich? Tatsächlich hatte ich mit Hanna nie groß darüber gesprochen, wie das eigentlich damals gelaufen war, wie und warum ich mich für sie entschieden hatte. Warum ich mit Anfang zwanzig ernsthaft meinte, ein Kind nicht nur haben zu können, sondern es auch wirklich zu wollen. Heute weiß ich: Ich habe mir das zugetraut, weil mir niemand gesagt hat, dass dieses Lebensprojekt nicht nur mit Liebesflashs der gehobenen Sorte, Kinderliebe und Haarschleifenbinden verbunden sein würde. Sondern auch mit sehr tiefen Tiefs. Mit Streit und Trennung, mit Kummer und Scheidung, mit Unsicherheit, Schlaflosigkeit und Überforderung. Dem vollen Programm eben.

Von all dem war damals in meinem Puppenmuttistadium noch keine Rede. Stattdessen erwies sich mein neuer Freund als erfreulich beherzter Vater in spe. Er ließ nicht nur keinen Zweifel daran, dass wir beide dieses Ei ausbrüten sollten. Nein, er machte auch umgehend den Vorschlag, dass dermaßen verliebte und fortpflanzungsfreudige Hühner wie wir sich beringen lassen sollten. Flugs marschierten wir zum Standesamt und machten einen Termin klar.

Als wir zwölf Wochen später Ja sagten, die Ringe tauschten und unsere Eheurkunde unterschrieben, ahnten wir beide schon, dass auf dieser Beziehung kein Segen mehr lag. Unsere Streits waren zuletzt immer lauter und heftiger geworden. Wir mussten erkennen: Fortpflanzung ist kein probates Mittel, um zwei Menschen zusammenzuhalten, die außer gutem Sex nur wenig verbindet. Die Konsequenzen aus diesem Wissen zogen wir wenig später. Als Hanna fünf Monate alt war, zog ich zurück in meine alte Zweizimmerwohnung.

Das war sie dann auch schon, die Geschichte von den verliebten Hühnern. Und natürlich wusste Hanna immer, dass sie außer Stefan auch noch einen anderen, einen sogenannten biologischen Vater hat. Als Hanna in den Kindergarten ging, trafen wir den manchmal nachmittags auf der Straße. Wir grüßten uns mit einem Kopfnicken, an seiner Hand führte er sein neues, anderes Kind den Gehweg entlang. Hatten sich unsere Wege gekreuzt, blieb ich mit Hanna stehen und zeigte ihn ihr. Von hinten. Ich weiß noch, wie absurd und auch ein wenig lächerlich sich das anfühlte: einem Kind seinen Vater von Weitem zu zeigen. Aber so war das. Bescheuert. Jedoch konsequent und für uns beide letztlich die bessere Wahl, als sich noch jahrzehntelang aneinander abzuarbeiten.

Sei's drum. Nachdem mein Kurzzeitehemann und ich uns getrennt hatten, war ich ein, zwei Jahre lang »allein erziehend«. Bis heute fasse ich diesen Begriff nur mit spitzen Fingern an; er klingt nach Opfer, nach kalter Küche und Sauertöpferei. Das Gegenteil war der Fall. Meine kurze, aber heftige unglückliche Hühnerliebe hatte mich so viel Kraft und Nerven gekostet, dass ich die neue Eigenverantwortung regelrecht genoss.

Lieber selber nachts um halb zehn aus dem rattigen Keller Kohlen holen, als sich über nicht sachgerechten Kohlenanzündergebrauch zu streiten. Lieber selbst morgens das Kind durch den strömenden Regen zum Kindergarten tragen, als auszudiskutieren, wer eigentlich dran ist. Dran war jetzt immer ich. Aber ich war auf so eindeutige, klare Weise dran, dass ich mich schon bald an meinen wachsenden Kräften erfreute. Diese Lebensautobahn mit Kind – das hatte ich nun endgültig begriffen – hatte nur eine Richtung: voran.

Abbremsspuren, Wendemöglichkeiten oder gar Ausfahrten gab es nicht. Und so, wie sich dieses Hannakind entwickelte, gab es zum Abbiegen auch gar keinen Grund.

Als nun zweiundzwanzig Jahre später dieselbe Hanna bei uns zu Hause saß – schwanger und unsicher –, sollten wir Eltern ihr Rat erteilen. Wieder erschauderte ich angesichts der bizarren Situation. Mag sein, dass ich seit jenem fernen Tag in der Frauenarztpraxis um mehr als zwanzig Jahre gealtert war. Aber ich war nicht unbedingt klüger geworden, jedenfalls nicht in der Mutti-oder-nicht-Mutti-Frage. Ich meine, Entscheidungen dieser Tragweite trifft man ja nicht andauernd, da gibt's einfach keine Routine. Woher sollte ich wissen, was richtig für Hanna und Oscar war? Die beiden lebten in einer anderen Stadt, und außer der monatlichen Überweisung aufs Konto hatte ich weder Wissen noch Einfluss, was dieses Leben betraf. Hanna war auf Abstandssuche, vor allem zu mir. Wie das eben ist, wenn Töchter sich von Müttern emanzipieren. Richtig gelassen war Hannas und mein Verhältnis nicht zu dieser Zeit. Eher vorsichtig tastend, nicht frei von Vorbehalten.

Natürlich juckte es mich, ihr trotzdem bei unserem wichtigen Ja/Nein-Gespräch zu erzählen, was für ein wundervolles Kind sie gewesen war. Wie lustig das mit ihr war und wie anstrengend. Aaaaaber machbar. Und dass ich nie bereut hatte, sie auch unter komplizierten Umständen bekommen zu haben. Schon klar, ich hätte verstanden, wenn sie das Kind jetzt nicht bekommen wollte. Aber ganz ehrlich, ich stand noch nie auf dem Standpunkt, dass eine Schwangerschaft, auch eine ungeplante, immer ein Schicksalsschlag ist. Mein etwas laxes Credo bezüglich Familienplanung lautet seit Jahrzehnten: Es passt eh nie, warum also nicht jetzt?

Gott sei Dank hatte Stefan mir kurz vor Hannas Eintreffen eingebläut, nichts von diesem Quatsch verlauten zu lassen. Hier und heute, bei diesem, möglicherweise schicksalhaften

Eltern-Kind-Gespräch gehe es nicht um meine Erfahrungen, sagte er und schaute mich streng an. Hier gehe es einzig um die Situation, in der Hanna und Oscar gerade seien. Und die bräuchten guten Rat und auf keinen Fall Fortpflanzungspropaganda. Ich solle ihn, den deutlich weniger egozentrischen, dafür umso vernünftigeren Elternteil reden lassen.

Also schwieg ich fein still, während Stefan seiner Tochter Hanna sämtliche Staufallen, Abfahrten und Wendestellen auf diesem Lebensautobahn-Teilstück erklärte. Ein Kind: Riesenverantwortung und kein Beziehungskitt. Das Studium: nur noch bei größter Disziplin zu schaffen. Durchschlafen: frühestens wieder in drei Jahren. Ein Abbruch: sehr traurig, aber zu verkraften. Schließlich: Du kannst auch später noch Kinder haben.

Ich saß daneben und wurde jetzt doch hibbelig. Stefan hatte ja grundsätzlich recht. Aber ... »Darf ich auch mal was sagen?«, fragte ich und erhielt Rederecht. Und weil die Situation so angespannt und aufgeladen war, ließ ich den ganzen autobiografischen Gefühlsquatsch weg und sagte: »Kinder sind aber auch kein Unglück.«

Wie die Sache ausging, ist bekannt. Acht Monate später kam Sophie zur Welt. Hannas Entscheidung fiel auf einer Reise, die wir quer durch Amerika machten und zu der Stefan und ich unsere Kinder eingeladen hatten. In den letzten zwei Jahren hatten wir uns oft gestritten. Es hatte Phasen des Anschweigens und des Bezichtigens gegeben. Und es hatte in dieser Phase der Abgrenzung tatsächlich Momente gegeben, in denen ich mir nicht mehr sicher war, ob meine schier unendliche Affenliebe noch weiterhilft, wenn zwischen Mutter und Kind abgerechnet wird. Wie viel Liebe hast du mir gegeben, wie wichtig war ich dir, wann warst du überhaupt für mich da? Solche Sachen. Ich hatte mir vorgestellt, dass so eine Reise – vier Menschen in einem Auto und vielen verschiedenen Motelzimmern – uns zum Kern unserer Familienliebe zurückführen könnte. Konfrontation statt Ausweichen, Anschreien statt Anschweigen, Verzeihen statt Bezichtigen.

In den USA angekommen, saßen wir tatsächlich sowohl in einem engen Mietwagen als auch mitunter in kargen Motelzimmern. Während Hannas Schwester Kira sich freudig durch Amerikas Fast-Food-Angebote futterte und ob der geilen Warenwelt gar nicht mehr aus dem Staunen herauskam, war Hanna mal so, mal so. Freundlich und zugewandt, aber auch zickig und rechthaberisch. Sie nahm besorgniserregend ab, war unruhig und schlief schlecht. Das Thema Schwangerschaft lag riesig über allem. Hin und wieder sprachen wir darüber. Es waren stets Sätze, die mit »Wenn du« anfingen. Andererseits hielten Stefan und ich es für keine gute Idee, ständig die gedankliche Optionsmaschine am Laufen zu halten. Es war alles gesagt. Sämtliche Argumente lagen offen zutage. Was jetzt noch fehlte, war eine Entscheidung.

Diese fiel dann buchstäblich im Morgengrauen. Wir waren am Abend zuvor aus den Bergen herausgefahren und hatten in einem Motel für Jäger und Fischer eingecheckt. Alles war irgendwie tarnfarben, ein bisschen abgeranzt und bedrohlich, gut sichtbar wurden Waffen getragen. Als ich aufwachte, lag Hanna irgendwo hinter mir in diesem amerikanischen Kingsizebett. Sie war schon angezogen und hatte offenbar einen Morgenspaziergang gemacht. Dann sagte sie in die beige Stille: »Ich werde Mama.« Und ganz ehrlich, wäre es nicht so gewesen, dass ich diesen Satz auf irrationale Weise erwartet hätte – ich hätte ihn für zu pathetisch gehalten. Aber so war es. Und so kam es. Zum Glück.

DER ERNST DES LEBENS WOHNT PLÖTZLICH IN MEINEM BAUCH, UND ICH DENKE NUR AN BERGSEEN

Oh, welche Angst ich hatte, als das Telefon ihre Nummer in der Heimat wählte. Bis dahin war es immer ein Witz gewesen. »Mama, ich muss dir was sagen.« »Du bist schwanger?« »Nein, ich brauche mehr Taschengeld.« Doch jetzt war aus Spaß ernst geworden, und der wohnte plötzlich in meinem Bauch. Die Ereignisse der letzten Tage hatten mich vollständig bekloppt gemacht, und jetzt musste ich meinen Eltern, die nichts ahnten, meine neueste Narrenkappe präsentieren.

Ich dachte nur, ich hätte meine Pille falsch genommen oder der heiße Sommer hätte irgendwas durcheinandergebracht, aber meinem Freund zuliebe ging ich zu einer Leipziger Frauenärztin. Das hatte ich schon ein paarmal gemacht, und es war wie immer. »Setzen Sie sich hin. Nein, da ist nichts. Wir machen sicherheitshalber noch einen Schwangerschaftstest.« Ich kam aus dem Behandlungszimmer und fiel Oscar in die Arme: »Es ist wahrscheinlich nichts.« Der Satz trieb uns beiden Tränen der Erleichterung in die Augen. Denn »wahrscheinlich« – dieses dritte von den vier Worten – hatten wir beide geflissentlich überhört. Der Test war nicht eindeutig, also nahmen sie mir noch Blut ab, nur zur Sicherheit. Das Ergebnis sollte ich am nächsten Tag abholen. Doch wir beide waren uns so sicher, dass wir uns zwei Bier kauften und zur Feier dieses freudigen Ereignisses gleich drei Zigaretten hintereinander rauchten.

Bisher hatte ja auch immer alles funktioniert. Nach meinen zwei Monaten Praktikum in Bonn freuten wir uns unendlich, einander wiederzuhaben. Es war ein unsterblicher Sommer, in dem alles außer uns selbst uncool war. Wir zelebrierten uns und die letzten heißen Sommertage mit vielen Mojitos und nächtelangem Fernsehen. Unsere Beziehung war in den ersten neun Monaten turbulent gewesen, und nun sollte zum ersten Mal eine Zeit anbrechen, in der die Wege geebnet und die Fronten geklärt schienen. Wir liebten einander und waren froh, erfolgreich und zufrieden studieren zu können. Die Semesterferien kamen, und außer der einmonatigen Trennung, in der ich mit meinen Eltern in die USA reisen würde, stand uns ein romantischer Restsommer mit Pauken, Trompeten, Glanz und Gloria bevor.

Am nächsten Tag brachte ich Oscar zum Bahnhof, weil er zu einem Bewerbungsgespräch für ein Praktikum in den Bundestag fuhr. Danach ging ich zu meiner Ärztin, wo ich wie schon gewohnt eine Standpauke über die regelmäßige Einnahme der Pille erwartete. Doch sie sagte nur: »Das Ergebnis des Bluttests ist positiv. Sie sind schwanger.« Bäm. Bum. Päng. So schoss es durch meinen Kopf. Dann nur noch Rauschen und schließlich Leere. Als hätte jemand den Fernseher ausgeschaltet.

»Und was kann ich jetzt machen?« Wirklich eine kluge Frage. Nicht nur die Ärztin, sondern auch ich stutzte. Natürlich wusste ich, wie meine Möglichkeiten aussahen, doch ich wollte, dass die Ärztin noch ein Ass aus dem Ärmel schüttelte. Irgendeinen Geheimtrick, der mein Leben weiterhin so unbeschwert und superlässig bleiben ließ. Die Ärztin erklärte mir tatsächlich beide Möglichkeiten. Weil ich so begriffsstutzig war, stellte sie mir beide sogar noch grafisch dar. Ich suchte den versteckten Trick, indem ich immer wieder fragte, wie das alles denn funktioniere.

Als sich herausstellte, dass das Ganze kein Witz war und sich wirklich zwei Zellen entgegen meinem Willen vereint hatten, schossen Tränen wie in einem Manga in Halbbögen aus meinen Augen. Die Schwester fand das offenbar befremdlich und wollte mir Einhalt gebieten, doch die Ärztin hielt sie mit einer Handbewegung zurück. »Lassen Sie sie, das ist jetzt ein ganz besonderer Moment.« Offenbar hatte sie meine Lage nicht ganz erfasst und dachte, dass ich Freudentränen vergieße. Ich rannte aufs Klo und sperrte mich ein, um lange zu weinen. Das durfte doch nicht wahr sein! Ich war gerade so erfolgreich in meinem Studium, ich wollte reich und berühmt werden. Mein Freund wollte ein Praktikum im Bundestag machen, um noch reicher und berühmter zu werden. Zudem würde er zum Entbindungstermin für ein Semester in Krakau sein. Und was würden meine Eltern sagen? Die Menschen, mit denen ich mich gerade bis auf die Grundfesten zerstritten hatte, die mein Studium finanzierten und die auch einen wichtigen Bestandteil meiner handfesten postpubertären Selbstfindungskrise darstellten.

Drei Stunden nachdem ich panisch aus der Praxis gerannt war, rief ich Oscar an. Ich redete ohne Punkt und Komma. »Hallo, ich hatte mein Handy ausgeschaltet, weil ich in der Praxis war. Warst du schon beim Gespräch? Hast du den Praktikumsplatz? Geht es dir gut? Wie ist das Wetter in Berlin? Bist du warm genug angezogen?«

»Nein, ich gehe in zwanzig Minuten rein. Was war denn bei der Ärztin?«

»...«

»Hanna?«

Ich hatte es in meinem Kopf so lange hin und her gewälzt, dass nur noch Wortfetzen rauskamen: »Ich bin schwanger. Es tut mir so leid. Ich weiß einfach nicht, wie ich mich entscheiden soll. Ich kann diese Entscheidung nicht treffen. Ich weiß nicht, wie es dazu kommen konnte. Jetzt gerade würde ich sagen, ich kriege es nicht, aber ich weiß nicht, ob ich das kann. Ich wünschte, ich müsste überhaupt nichts entscheiden.«

»...«

»Oscar?«

Hatte ich tatsächlich als Allererstes gesagt, dass es mir leidtat? Ja, mir tat alles leid. Dass mein Körper in der Lage war, befruchtbare Eizellen zu produzieren, und dass ich mich dann auch noch auf Koitus eingelassen hatte. Dass offenbar weder ein Stapel Aufklärungsbücher noch ein *Bravo*-Abo mich klug genug gemacht hatten, um zu verinnerlichen, dass Sex wirklich zu Kindern führen kann.

Heute wünschte ich, ich hätte mich in diesem Moment mehr auf meine innere Stimme verlassen und mehr Selbstbewusstsein an den Tag gelegt. Denn wir beide liebten Kinder im Allgemeinen und einander im Speziellen, und aus Spaß hatten wir auch schon darüber gesprochen. Aber es war eben alles immer nur Spaß gewesen.

Als ich an diesem Abend bei meinen Eltern anrief, war Oscar wieder zurück aus Berlin und hörte vor Nervosität gar nicht auf zu rauchen. So wie ich in der Praxis suchte auch Oscar jetzt nach einem Mittelweg. Er lief vor seinem Schreibtisch auf und ab. Bei den Wendungen hob sich sein karierter Trenchcoat ein Stück, und seine Schiebermütze rutschte ihm immer tiefer ins Gesicht. Die Pfeife qualmte und qualmte. Daneben saß ich mit rot lackierten Nägeln auf dem Besucherstuhl. Heiße Tränen flossen über meine Wangen in meinen Lieblingsschal, den ich mir zum Schutz vor den eisigen Böen des rasch nahenden Herbstes umgeschlungen hatte. Meine Zigarette lag ausgelöscht im Aschenbecher. Doch auch Oscar hatte keinen besseren Vorschlag als: »Ruf deine Eltern an. Die sind erwachsen, vielleicht wissen die was.« Das war eine gute Idee. So unerwachsen, wie ich mich gerade fühlte, könnten ein paar Anranzer von Mittvierzigern nicht schlecht sein.

Anja nahm den Hörer ab, und ich sagte: »Mama, ich muss dir was sagen. Aber ich weiß nicht, wie. Es ist so schwer.« Wir hatten schon länger nicht telefoniert. Die Tränen schossen wieder. »Mama, ich bin schwanger.« Ich rechnete mit allem, nur nicht mit solch einer Coolness: »Okay, steig in den Zug, und komm her, wir reden darüber. Atme erst mal durch, und wir sehen uns nachher, in Ordnung?« Erst viel später erfuhr ich erleichtert, dass sie selbst von ihrer Reaktion überrascht war und ihre eigene Mutter anrief, um sie zu fragen, ob ihre Reaktion so in Ordnung gewesen sei.

Am Abend saß ich bei Anja und Stefan auf der Terrasse. In meinem Kopf herrschte ein einziges Chaos. Kurz bevor er explodierte, stemmten die beiden sich dagegen und strukturierten das Für und Wider meiner Situation. Die Argumente und die Tatsache, dass ich allein würde abwägen müssen, waren mir klar. Und doch hatte ich insgeheim gehofft, sie könnten mir die Entscheidung abnehmen. Es stand »Kinder kommen ohnehin früher oder später – bei dir eben früher« gegen »Wenn du nicht bald aufhörst, ans Rauchen zu denken, solltest du besser abbrechen«. Ich war mit dem »Mein Bauch gehört mir«-Gedanken aufgewachsen und hatte mir immer vorbehalten, derlei im Fall der Fälle frei zu entscheiden. Doch je länger ich abzuwägen versuchte, desto klarer wurde mir, dass eine Abtreibung nicht abzuschätzende Folgen für mein Kopf- und mein Bauchgefühl haben könnte. Aber sobald ich dies ausgeschlossen hatte, wurde mir wiederum umgehend klar, dass ein Kind zu bekommen genauso unabschätzbare Folgen für meine persönliche Entwicklung haben würde. Ich war in einer Sackgasse gefangen und konnte schlicht nichts entscheiden, rein gar nichts.

Doch das war schneller und dringender nötig, als mir lieb war. Unsere Koffer für Amerika waren gepackt. Würde ich mich für eine Abtreibung entscheiden, müsste ich in den nächsten vier Wochen zum Arzt. Und wenn ich mich für das Kind entschied, bereitete mir der Gedanke, gerade jetzt einen Monat von Oscar getrennt zu sein, ebenfalls Bauchschmerzen.

Es war zermürbend – an einem Tag wollte ich unbedingt mitfahren, um bloß endlich rauszukommen, und am nächsten Tag lag mir nichts näher, als mir ein Schneckenhaus aus Pappmaschee zu basteln und dort zu warten, bis der Winter kommt. Meine Gefühle fuhren Achterbahn, ich wollte so eine schwerwiegende Entscheidung einfach nicht allein fällen. Das hatte ich noch nie gemusst. Im ersten Moment war ich panisch, dann traurig, dann unendlich müde, dann zuversichtlich, dann hoffte ich auf den Zufall – und dann standen wir schon in San Francisco am Flughafen und holten unseren Mietwagen ab. In der sechsten Schwangerschaftswoche lag meine letzte Hoffnung auf der Wunderwirkung des Perspektivwechsels, und ich fuhr mit.

Während unserer Rundreise war ich appetitlos, nahm ab, doch der Abstand zur Heimat tat mir gut. Trotzdem richtete sich meine Wahrnehmung ständig auf die amerikanischen Mütter, die amerikanischen Kinderspeisekarten und die amerikanischen Babystores. Es schien, als hätte plötzlich die ganze Welt Kinder, und ich war die Einzige, der eine Entscheidung diesbezüglich schwerfiel. Oscar wartete auf eine Entscheidung, meine Eltern wollten eine Entscheidung, und am allermeisten wollte ich selbst eine Entscheidung.

Am Ende der ersten Woche unserer Reise wachten wir morgens in einem Jäger- und Anglermotel auf. In June Lake, einem kleinen Dorf fernab der Zivilisation. Das Motelgebäude selbst war aus dunklem Holz, wir sollten die Türen abschließen, weil hier oft hungrige Bären rumliefen. Über der Rezeption hingen ausgestopfte Tiere, mehr als ich je auf einmal gesehen hatte. Und es gab eine kleine Hütte, in der man seinen gefangenen Fisch waschen und entschuppen konnte. Dieser Ort hätte meinen Träumen entspringen können. Geheimnisvoll, unheimlich weit weg von allem anderen und voll seltsamer zwielichtiger Menschen, die wirklich alle sowohl eine Schrotflinte auf ihrem Pick-up als auch eine über die Schulter geschwungen hatten. Gegen sechs Uhr, als alle noch im Bett lagen, ging ich hinunter an den See. Die Sonne strahlte schon auf die Berggipfel, und der Schnee blendete weiß. Dunkelgrüne, satte, alte Tannen umstanden den See. Findlinge lagen am Ufer, als würden sie sonnenbaden, und die Fische kamen immer wieder an die Oberfläche, um zu frühstücken. Der Morgen war fast perfekt, es fehlte nur noch das fliegende Einhorn, auf das ich seit meiner Kindheit warte.

Ich stand da am Schilf und sah vor mir drei Campingstühle, deren Füße im glasklaren, glitzernden Wasser standen. Der Anblick überwältigte mich, und ich konnte nur noch denken: Das soll mein Kind auch sehen. Plötzlich wusste ich es. Doch da war nicht dieses Gefühl der Erleichterung, auf das ich die ganze Zeit gehofft hatte. Stattdessen schrieb ich Oscar nur eine vorsichtige E-Mail, in der ich ihm mitteilte, dass er jetzt Vater und dass ich mich freuen würde, wenn er das gut finden könnte. Übrigens eine Methode, die ich nicht weiterempfehle. Zu viel Konjunktiv. Aber meine Angst davor, die falsche Entscheidung über unsere drei Schicksale getroffen zu haben, war riesig. Ich ging zurück ins Motelzimmer, legte mich zu Anja und sagte mit zitternder Stimme zum ersten Mal den Satz, den ich in den kommenden Monaten ständig wiederholen würde: »Ich werde Mama.«

3

GUSTAV VERSUS SOPHIE

EIN UNGEBORENES KRIEGT NAMEN. ABER NUR EINEN. WARUM? WEIL DIE FRAU MIT 0 RUMNERVT

Ich bin schuld. Hätte ich doch einfach mal die Klappe gehalten! Hätte ich mir still meinen Teil gedacht und nicht ständig den Stand der Dinge abgefragt – dann trüge Sophie heute womöglich einen anständigen Namen.

Um nicht missverstanden zu werden: Sophie ist ein sehr schöner klassischer Frauen-, ja Damenname. Wer so heißt, kann einfach alles werden in diesem Leben. Hochseilartistin zum Beispiel oder Knopfverkäuferin. Imkerin, aber auch Frühstückskellnerin. Eine Sophie würde sich gut als Komparatistikprofessorin machen. Auch eine Tagediebin oder eine innewohnende SOS-Kinderdorfmutter könnte diesen Namen gut tragen. Das alles könnte sie, ich weiß es. Aber was mich an Sophies Namen stört, ist, dass er so allein ist.

Sophie heißt das Kind. Ein Name. Schön, aber doch sehr kurz. Kein zweiter, gar dritter oder vierter Vorname klingelt noch hinterher, nur sechs Buchstaben zieren Sophies Geburtsurkunde. Und schuld daran – das schwant mir nach meinen ausufernden einseitigen Namensdiskussionen mit Sophies werter Frau Mutter –, schuld bin ich.

Beim Thema Namen habe ich nämlich eine ausgewachsene Meise. Ich kenne kaum ein schöneres, anregenderes Thema als die ausgiebige Vornamensuche für ein Kind. Es ist völlig egal, ob ich mit den werdenden Eltern verwandt oder befreundet bin oder ob bei einer Party neben mir am Büfett zufällig eine Unbekannte mit Schwangerschaftsbauch steht. Ich verwickle jeden in eine Namensdiskussion. Namen sind ein weites Feld, faszinierend und vielfältig, aufgeladen mit persönlichen Assoziationen und Aversionen. Wenn's nach mir ginge, könnte man gut und gern stundenlang bei diesem Thema verweilen. Namen nennen und ihrem Klang lauschen, manche gleich verwerfen, andere wiederum näher betrachten und die dazu passenden Geschichten erzählen.

Wo kommt eigentlich Friethjof her? Was bedeutet Meredith namensetymologisch? Kommen jetzt im urbanen Neobiedermeier Namen wie Creszentia oder Vespasian wieder ganz groß raus? Ist der Mädchenname Tosca ein Statement oder eine Zumutung? Wie hätte ich meine Töchter genannt, wenn sie denn Jungen geworden wären? Wie viele Katrins gingen in meine Klasse? Und wieso heißen in meiner Generation eigentlich alle Männer Oliver? Dies nur als kleine Auswahl an Erörterungsmöglichkeiten.

Als klar war, dass Hanna und Oscar ein Kind bekommen würden, verlor ich augenblicklich sämtliche Hemmungen. Ich hatte schon mehrfach erlebt, dass genervte Eltern mal ganz dringend aufs Klo mussten, und zwar frappierenderweise beide gleichzeitig, wenn ich mit meinem Thema anfing. Ich hatte mich gewundert, dass mein Kollege mir, dieser ausgewiesenen Namensspezialistin, nicht verraten wollte, wie sein Ungeborenes heißen würde. Und ja, schon sehr oft hatte ich Stefans Ermahnung ignoriert, ich möge fremde Leute nicht mit diesem Namensquatsch behelligen. Und ihn schon gar nicht – er habe meine monothematischen Monologe zu diesem Thema oft genug und lange genug ertragen.

Aber jetzt lag die Sache anders. Jetzt erwartete meine eigene Tochter ein Kind – sie stand damit geradezu in der verwandtschaftlichen Pflicht, mit mir ausgiebig mein Lieblingsthema zu erörtern.

Ich meine, wozu hatte ich mir damals bei ihr so viele Gedanken über den Vornamen gemacht? Und mit wie viel Sorgfalt hatte ich ihren zweiten Vornamen ausgesucht? Hanna Emilie – ein Meisterwerk der Namensgebung. Klassisch, aber handhabbar. Bekannt, aber nicht verbraucht. Und zu jedem der beiden Namen gab es noch eine kleine Geschichte obendrauf.

Doch Hanna und Oscar taten, als sei das Finden eines passenden Namens ihre Privatangelegenheit. Sie lehnten Namensgespräche, ja selbst geschickt unternommene thematische Anläufe meinerseits strikt ab. »Wir klären das unter uns, Mama!«, zischte Hanna mich an, da war sie in der zehnten Woche. Das sind die Hormone, dachte ich mir und beschloss, einfach drei Tage zu warten, bis ich das Thema erneut anschneiden könnte.

Nach drei, vielleicht waren es auch erst zwei Tage, rief ich Hanna abends an. Ich wollte meiner Tochter ein paar Geschichten von früher erzählen und sie bei dieser Gelegenheit darüber aufklären, welche Namen ich für sie und ihre Schwester damals noch in der Hinterhand gehabt hatte. »Mascha zum Beispiel«, raunte ich ins Telefon, »deine Schwester hätte auch Mascha heißen können. Mascha – ein traditioneller Name, aber selten gebraucht, und das Gute: Keiner fragt, wie das geschrieben wird. Mascha ...« Ich ließ den Namen ein bisschen in der Leitung knistern. Hanna zögerte. »Und«, sagte sie, »was soll ich mit dieser Information jetzt anfangen?« Ich hatte natürlich gehofft, sie würde sagen: »Mascha, ein schöner Name. Erzähl mal, wie bist du denn darauf gekommen?«

Und dann hätte ich endlich erzählen können.

Von meiner ganz frühen Liebe zu allem Russischen und den sowjetischen Märchenfilmen meiner Kindheit. Dann wäre ich erzählerisch abgebogen Richtung Mauerfall und Wendezeit und hätte meiner Enttäuschung darüber Ausdruck verliehen, wie sich die von mir einst so geliebte Sowjetunion politisch entwickelt habe. Weshalb zum Beispiel Wladimir heute ein No-Go für mich sei. Schließlich würde ich eine elegante Schleife ziehen zur dennoch unstrittigen Schönheit russischer Vornamen sowie deren raffinierter Abkürzungstechnik. Ob sie denn schon wüsste, würde ich fragen, dass die Kurzform von Anastasia Nastja sei, von Spriridin Swirja? Schön, nicht wahr? Oder dass Ninel das Palindrom von Lenin ist – erfunden, damit auch Mädchen den Namen des Revolutionärs tragen können. Schließlich würde ich noch mal ausführlich auf Mascha zu sprechen kommen, die russische Variante von Maria. Wunderschön auch als Maschenka zu gebrauchen ...

Wie gesagt, ich war bereit zum Monologisieren. Aber meine Tochter wurde ausgesprochen mürrisch. Ob ich nicht langsam mal aufhören könne mit dem Namenskäse, raunzte sie mich an. Es gehe ihr und Oscar nämlich ziemlich auf den Keks, wie ich mich bei diesem Thema einmische. Wen es bitte schön interessiere, wie ich meine Kinder nicht genannt habe? Sie könne es mir ja sagen: Niemanden! Wenn ich so tolle Ideen hätte, wie man Jungen und Mädchen heutzutage nennt, dann möge ich doch einfach selber noch ein Kind bekommen. Und ob ich bitte von weiteren Anrufen absehen würde – sie und Oscar hätten sich bereits auf Namen geeinigt. Und tschüss!

Aber hallo, das waren ja gleich zwei, nein drei Beleidigungen auf einmal! Erstens natürlich das Auflegen. Benimmt sich so ein Kind gegenüber seiner Mutter? Doch wohl eher nicht. Zweitens dieses süffisante Dann-krieg-doch-selber-ein-Kind. Sagt man als junge Frau so etwas Gemeines zu einer Dame, die das gebärfähige Alter – ginge es nach geschäftstüchtigen Reproduktionsmedizinern – zwar noch nicht hinter sich hat, die aber selbst klug einschätzt, für Kinder bei Weitem zu alt zu sein? Aber nein! Drittens diese fiese Information, dass die

Namensentscheidung längst gefallen sei. Tut man das seiner Mama an, die bekanntlich eine ausgewachsene Namensmacke hat? Keinesfalls. »Wir haben uns bereits geeinigt.« Pah! Wie soll denn das gegangen sein ohne meinen fachfraulichen Rat?

Ich wählte Hannas Nummer. Klick. »Was soll das denn bitte heißen?«, bellte ich in den Hörer. »Mama«, sagte Hanna, »mach jetzt keinen Aufstand. Oscar und ich haben uns über das Thema unterhalten und uns geeinigt. Wir haben zwei Namen gefunden – einen Jungen- und einen Mädchennamen. Und dass du es gleich weißt: Wenn's ein Junge wird, kriegt er meinen Nachnamen, ein Mädchen Oscars. Und wenn du ganz lieb bist und mich drei Tage nicht anrufst, verrate ich dir zur Belohnung, wie das Baby heißen soll.«

Entschuldigung, aber das ging ja nun gar nicht. Die größte und engagierteste Namensexpertin sollte nicht nur hingehalten werden, nein, sie war nicht mal nach ihrer Meinung gefragt worden. Namen bleiben schließlich ein ganzes Leben. Und sie sind, das mögen andere bestreiten, eine Art Screenshot von Moden und Haltungen, man wird immer auch vom Zeitgeist bei der Auswahl beeinflusst.

Zu Beginn der Nullerjahre etwa war es unter coolen urbanen Eltern angesagt, ihre Kinder nach den Helden der eigenen großartigen Vergangenheit zu nennen. Ich kenne eine Pippi und einen Kalle. In meiner Küche saß auch schon ein kleiner Rocky. Ihre Eltern waren keine Spinner. Und doch hielten sie es für eine gute Idee, ihren Nachwuchs namenstechnisch in eine ewige Siebzigerjahre-Fernseh-Kindheit zurückzuschicken. Ein von einem Rocky besetzter Ethnologielehrstuhl scheint mir noch immer schwer vorstellbar.

In der jüngeren Zeit nun neigen Abitureltern wieder zum klassischen Damen- und Herrennamen. Charlotte und Luise sind schwer im Schwange, kleine Ludwigs und Friedrichs scheißen in Parkettwohnungen ihre Ökowindeln voll. Die hippen Eltern wollen damit eine Bildungs- und Distinktionsgrenze ziehen zu den Chayennes und Ashtons in der prekären Nachbarschaft. Wenn schon die Bundesregierung unseren Kindern keine sichere Zukunft anbieten kann, so ihre Logik, soll doch zumindest ihr Name etwas aussagen über Herkunft und Anspruch. Einem Heinrich verweigert später mal kein Gymnasium den Platz – sein Name lässt auf Eltern schließen, die einen guten Anwalt kennen oder womöglich selbst Juristen sind.

Edgar oder Katharina, Franz oder Elisabeth – so etwas in der Art stellte ich mir also vor, als ich Hanna drei Tage nach unserem ungut verlaufenen Telefonat mit allen Restbeständen an mütterlicher Dominanz fragte, wie das Kind denn nun verdammt noch mal heißen solle. »Sophie oder Gustav«, stieß sie hervor. »Okay, und weiter?«, fragte ich. »Nichts weiter«, sagte Hanna, »Sophie oder Gustav.«

Wie bitte, keine weiteren Namen? Das konnte doch nicht wahr sein. »Kinder brauchen aber mindestens einen zweiten Namen«, jammerte ich ins Telefon, »der zweite Name erzählt doch erst die Geschichte!« Hanna klang sehr, sehr genervt, als sie sagte, dass Oscar und sie einen einzigen Namen völlig ausreichend fänden und ob ich nicht auch der Meinung sei, dass unser Telefonat gerade wieder in diese übergriffige Richtung abdrifte. »Also, bis bald, Mama!«

Ich saß da und war platt. Also gut, Sophie und Gustav sind prima Namen. Prägnant, aber nicht überstrapaziert. Na ja, ein bisschen kitzlig in der Schreibung – da würde es später mal viele F-Nachfragen geben. Aber ohne zweiten oder dritten Namen irgendwie nicht komplett.

Dass ich glaube, Kinder bräuchten zwingend mindestens einen weiteren Namen, erklärt sich aus meiner eigenen Geschichte. Meinen Geschwistern und mir fiel irgendwann mal auf, dass unsere Namen – Andre, Jana, Anja – sich kaum voneinander unterschieden. Setzte man die ersten beiden Silben von Andre und Jana zusammen, kam dabei Anja heraus. Und würfelte man Janas Buchstaben ein wenig durcheinander, ergab das Anja. Und umgekehrt.

Mit dem Vorwurf fehlender Sorgfalt konfrontiert, zeigten sich unsere Eltern überrascht. Tatsächlich hatten sie sich bei der Namenssuche kaum Gedanken gemacht – sie benannten uns, wie es gerade Mode war. Dass ihre Auswahl eine gewisse Einförmigkeit, ja Ideenlosigkeit erkennen ließ, mussten erst wir, ihre Kinder, ihnen sagen. An zusätzliche Namen hatten sie schon gar keinen Gedanken verschwendet. Meine Eltern hatten zu tun. Sie mussten tagsüber den Sozialismus aufbauen und abends für ihre Kinderschar pünktlich einen Stullenberg auf den Tisch stellen.

Als ich vierzehn Jahre alt war, nahte der Frühling meiner Jugendweihe. Angelegentlich dieses Rituals, einer Art weltlichen Konfirmation realsozialistischen Zuschnitts, stellte sich heraus, was für bezaubernde Zweitnamen viele Mädchen und Jungen aus meiner Schulklasse eigentlich hatten. Damit die Jugendweiheurkunden auch ja korrekt beschriftet würden, sollte nämlich jeder von uns seinen vollständigen Namen in eine Liste eintragen. Neidvoll und schockiert stellte ich fest, dass die etwas bräsige Kerstin Schmidt in Wirklichkeit Kerstin Magdalena Schmidt hieß. Sven Urbscheit trug den stolzen Namen Sven Georg. Und wie gemein, dass Christine, die Klassenschönste, es sich all die Jahre hatte leisten können, ihren bezaubernden Zweitnamen Hermine zu verschweigen. Verdammt! Wieso hatte ich eigentlich nichts anzubieten? Eine schlichte Luise oder eine meiner Exzentrik angemessene Albertine?

Aber he, was nicht war, konnte doch noch werden! Könnte nicht auch ich all die Jahre meinen ganz persönlichen Wort-Schatz verborgen haben? War ich nicht mindestens fast so hübsch und geheimnisvoll wie Christine? Was, wenn ich jetzt »Anja Pauline Maier« in die Urkundenliste eintrüge?

Kurz vor der Niederschrift überlegte ich es mir doch noch anders. So ein schicker Pauline-Name wäre längst aufgefallen, den hätte ich doch längst erwähnt – es musste etwas sein, womit ich mich nicht brüsten könnte. Kurzerhand schrieb ich »Anja-Carla Maier« auf das Blatt.

Und was soll ich sagen? Mit exakt diesem Namen wurde ich an meinem Jugendweihetag auf die Bühne der Berliner Kongresshalle gerufen. Und genau so stand es in Federschrift auf meiner Urkunde aus Büttenpapier. Anja-Carla Maier. Mit C und Bindestrich. Meine Eltern kriegten sich fast nicht mehr ein vor Lachen. Es war nicht das erste Mal, dass ich an meiner pubertären Identität herumzuschrauben versucht hatte. Immer mal wieder hatte ich Fremden erzählt, ich sei adoptiert. Aber dass ich mir meine Macke diesmal hatte schriftlich geben lassen, fand Eingang in die Schnurrenecke meiner an Geschichten nicht armen Familie. Egal, ich hatte bekommen, was ich wollte: einen zweiten Namen. Auch wenn ich ihn danach nie wieder benutzen sollte.

Mir, dem bedauernswerten Mädchen mit dem zweisilbigen russischen Anagrammnamen, war klar: Wenn ich selbst mal Kinder haben sollte, würden sie sorgsam ausgewählte Namen tragen. Hanna stand, wie gesagt, bereits fest, als ich mit sechzehn Jahren Rainer Werner Fassbinders »Lili Marleen« gesehen hatte. Als ich dann mit Hanna schwanger war, gaben wir noch den schönen Frauennamen Emilie dazu. Tante Milli war eine alte Tante des Kindsvaters, die großartige Marillenknödel zubereiten konnte. Ich meine, Marillenknödel – das ist doch eine nach Zimt duftende Namensgeschichte, oder etwa nicht?

Als fünf Jahre später Hannas Schwester unterwegs war, kannte meine Namensbegeisterung keine Grenzen mehr. Vier Namen bekam das arme Kind – für diese Freiheit hatte ich schließlich ’89 hinter der Gardine gestanden. Kira war die Abkürzung des klassischen Frauennamens Katharina.

Über den waren Stefan und ich uns einig. Weil aber während der Schwangerschaft derart viele Namensdiskussionen geführt, dermaßen viele Vornamen auf den Tisch gepackt und anschließend widerrufen worden waren, weil also ein schier unübersichtliches Angebot an Namen vorlag, wählten er und ich noch jeweils einen für das Kind aus: Therese und Frieda. Schließlich, fünf Minuten vor der Geburt, fiel uns noch ein, ihr wenigstens den Namen einer ihrer Omas mitzugeben. Deshalb trägt sie heute den schönen Namen Erika, der sicher auch bald wieder in Mode kommt.

Kira hat uns dieses Neunzigerjahre-Namensgewitter oft vorgeworfen. Als sie zur Schule kommen sollte, wünschte sie sich nichts so sehr wie einen stinknormalen Namen. »Warum habt ihr mich nicht Elisa genannt wie alle meine Freundinnen?«, jammerte sie. Wir tätschelten ihr das blonde Haar, aber tatsächlich waren wir gottfroh, unser Kind weder Lisa noch Elisa, noch Max oder Lukas genannt zu haben.

Nun also sollte mein Enkelkind Gustav oder Sophie heißen. Na ja. In den Monaten bis zur Geburt versuchte ich noch einige Male, mit den jungen Eltern ein gepflegtes Namensgespräch vom Zaun zu brechen. Vor allem die Aussicht, dass mein Nachfahre mit nur einem Namen vorliebnehmen sollte, bereitete mir Sorgen. Doch das Paar verweigerte sich. Selbst Oscar, der ja noch relativ neu in der Familie und deshalb zur Höflichkeit verpflichtet war, ließ sich in keine Namensdiskussion verwickeln. Schließlich schickte ich nur noch Ein-Wort-SMS an die beiden. MERLE stand da. Oder LEVIN. THEA. ALBERT. Ich bekam nicht mal mehr eine Antwort. Die jungen Leute verschmähten meine Expertise.

Als schließlich und glücklich Sophie geboren war, als alles gut überstanden und die jungen Eltern ihre allererste SMS als Familie absetzten, erfuhr ich, dass das kleine Mädchen wie angekündigt Sophie heißen würde. Und, wie angedroht, keinen zweiten Namen bekommen hatte. Bis zuletzt hatte ich gehofft, dass die beiden sich noch für einen Geschichtennamen entscheiden würden. Für Ruth, den Uromanamen. Oder für Anne, Hannas Freundin. Irgendwas Zusätzliches, einfach nur zur Freude dieser grenzirren Oma, also mir, die sich das doch so sehr gewünscht hatte. Aber nix. So war es, und so bleibt es jetzt. Und wer ist schuld? Natürlich ich.

NALA WIRD ZUR ZUKUNFTSMUSIK, UND MEINE VERGANGENHEIT ZEIGT, DASS SIE KEIN ZUCKERSCHLECKEN IST

Irgendwann wird Sophie mich fragen: »Mama, warum habe ich nur einen Namen? – Und dann auch noch so einen schrecklichen?« Das weiß ich jetzt schon. Denn Kinder finden ihre Namen grundsätzlich blöd oder langweilig, und irgendwann stellen sie fest, dass eine zweite eingetragene Kennung dieses Problem beheben könnte: »Ich heiße jetzt nicht mehr Sophie, ich benutze jetzt nur noch meinen zweiten Vornamen: Nala.« So wird sie es ihren Schulfreunden erklären. Nala aus dem »König der Löwen« natürlich.

Kinder können so wunderbar lügen. Denn in Wirklichkeit besitzt sie nur einen Namen. Und wer ist schuld daran? Oscar und ich. Zurzeit sind wir noch sehr glücklich mit dem reinen Klang des einfachen ›Sophie‹. Leicht zu merken, spitznamentauglich und angeblich unserem sozialen Status angemessen. Letzteres hat mal eine Professorin etwas schnippisch zu mir gesagt. Dabei gibt es diesen Namen schon seit einer Zeit, in der wir noch nicht einmal wussten, wie das Wort »Status« geschrieben wird. Denn die Namen unserer Kinder standen für uns beide schon fest, als wir selbst noch unsere Zweitnamen cooler fanden als unsere richtigen. Bereits seit der dritten Klasse wussten wir beide unabhängig voneinander, dass unsere Kinder entweder Gustav oder Sophie heißen würden.

Gustav war mein Vorschlag, weil so mein bester Kindergartenfreund hieß. Und Sophie war Oscars, weil so sein Lieblingsmädchen im Ferienlager hieß. Punkt, aus. Reduktion ist die Mutter der Rationalisierung. Wer uns das versagen will, versteht unsere Generation nicht.

Oscar und ich gehören zu einer Generation, die sehr früh mehr wissen musste als nur, wo die Milch herkommt. Nicht nur die Namen noch nicht existenter Kinder, sondern auch, wo es hingeht, was wir wollen, wie die Zukunft aussieht. Haus oder Wohnung? Stadt oder Land? Bergsteiger oder Sesselpupser? Karriere oder Teilzeit? Nach 1989 war alles unsicher. Unsere Eltern wussten noch ziemlich genau, zwischen welchen drei Lebensmodellen sie zu wählen hatten: angepasst, aufsässig oder Untergrund. Deshalb dachten sie, unsere Zukunft müsste ein echter Knüller werden. Diese ganzen Möglichkeiten! Ins Ausland gehen und mal in Goa gewesen sein. Erstmals konsumentenorientierter Kapitalismus, der kostenlose Kundenhotlines installierte. Die Welt hatte ihre gesamte Größe entfaltet und war plötzlich grenzenlos geworden. Das war sicherlich schön, aber auch ein bisschen ungeheuerlich. Freiheit, Kunst und Drogen – das waren die Neunziger.

Unsere Generation musste den Tatsachen wieder ins Auge sehen: Es gibt kein endloses Wachstum. Wir werden nicht noch mehr besitzen als unsere Eltern oder deren Eltern während des Wirtschaftswunders. Wozu auch? Drei Autos auf jeder Einfahrt unserer zwei Häuser? Worauf konzentrieren wir uns also im Leben? Aufs Geldverdienen? Aber nur, wenn ich mich dabei nicht ausnutzen lassen muss. Aufs Kinderkriegen, um für den Erhalt der Menschheit zu sorgen? Nur wenn ich dabei nicht auf meine Karriere verzichten muss. Darauf, die Welt zu retten? Wie denn, wenn ich Geld verdienen muss und Kinder kriegen möchte? Und weil das eine wahrlich vertrackte Lage ist, in der wir Mittzwanziger uns befinden, müssen wir planen. Weit im Voraus.

Ins Ausland gehe ich heute, damit es gut in meinem Lebenslauf aussieht. Beim Jobcenter oder bei der Gebühreneinzugszentrale anzurufen ist teurer, als die Supermarkt-Baby-Hotline anzuwählen, die noch dazu 24/7 besetzt ist (außer aus dem deutschen Mobilfunknetz; 42 ct/min).

Als meine Mutter begann, mich zu ihrem kleinen Namenstickselbsthilfekreis einzuladen, lehnte ich dankend ab. Keine Zeit, keine Kraft, keine Lust. Es gab Wichtigeres zu tun. Schließlich mussten wir ein Sparkonto anlegen, damit Sophie, sollten Schul- und Studiengebühren im Laufe der nächsten zwanzig Jahre wieder eingeführt werden, auch eine angemessene Ausbildung bekommt. Außerdem war es alsbald an der Zeit, Kurse zu besuchen, Gelder zu beantragen, Liebe zu spüren und sich Sorgen zu machen. Sophie ist in eine Zeit hineingeboren, in der Namen einfach nicht mehr viel bedeuten. Wichtig sind andere Identitätsmerkmale, etwa Goareisen oder Onlineprofile. Als ich sah, dass meine Mutter nicht merkte, dass sie mit dieser Namensfrage nicht nur nervte, sondern auch eine meiner Grundfesten infrage stellte, begann ich grob zu werden. Ich legte auf, blaffte, stellte gemeine Vergleiche an. Doch sie gab nicht nach. Was sollte ich also tun, außer ihr ein striktes Redeverbot zu erteilen?

Ich hätte ja mal mit ihr reden können? Nein, nein, das hätte sie eh nicht verstanden. Ich glaube, dass sie, auch wenn sie das immer wieder abstreitet, eigentlich wollte, dass das Kind am Ende Sophie Anja Maier heißen sollte. Aber hätten wir damit angefangen, Verwandtennamen einzuschleusen, hätte die Diskussion kein Ende mehr gefunden. Denn Oscars und meine Familien sind groß. Um nicht zu sagen, riesig. Die Neunziger waren nämlich auch die Patchworkjahre. Und es gibt keinen Trend, den unsere Familien nicht mitgemacht hätten. Dementsprechend hätten wir zwei Omas, eine Tante, einen Onkel, vier Opas und vor allem unzählige Urgroßeltern gehabt, die potenzielle Namensgeberinnen und -geber geworden wären. Und ich habe mitansehen müssen, wie meine Schwester Kira während der Pubertät Identitätsprobleme wegen ihrer endlosen Namensflotte bekam. Nein, das würden wir unserem Baby nicht antun. Es blieb bei einem Namen, Ende der Diskussion.

Okay, ich gebe es zu: Eine Schnupperstunde in Anjas Namensdiskussionskurs hätte vermutlich nicht geschadet. Ich hätte mit ihr telefonieren oder wenigstens auf die Ein-Wort-SMS mit Ein-Wort-SMS antworten sollen. Schließlich hat meine Mutter ja tatsächlich seit Jahren Expertise auf dem Gebiet. Hätte sie ihr Hobby zum Beruf gemacht, wäre bestimmt sie es gewesen, die die Komparatistikprofessur innehätte. Zu unserer Entschuldigung: Oscar und ich befanden uns gerade auf einem so schmalen Grat, dass wir so eine Diskussion nicht gut, geschweige denn produktiv hätten führen können. Hätte meine Mutter mich tatsächlich zu einem von unserem Vorschlag abweichenden Namen bewegen können – Mascha stand auch bei mir hoch im Kurs, ich kannte nur zu viele Hunde, die so heißen –, hätte das einen ewigen Streit zwischen uns zukünftigen Eltern entfacht. Ich wäre als von meiner Mutter ferngesteuert gebrandmarkt worden, während Oscar von diesem Zeitpunkt an der sture, kompromisslose Fiesling gewesen wäre. Denn wie gesagt, eine Namensdiskussion stellt die Grundfesten infrage.

Und so ist auch die Geschichte um Sophies Namen ein Spiegelbild der Zeit. Ein Screenshot der Moden und Haltungen der Zehnerjahre. Traurig, aber wahr. Und letztlich doch irgendwie nur real. Sophies Namen werden wir, jedenfalls so gut es geht, mit Geschichten, Anekdoten und Fabeln längst vergangener Heldinnen und Supermenschen füllen, damit sie nicht nach Goa reisen muss. Sophie hat die einmalige Chance, ihren Namen positiv zu besetzen. Ohne dass ihr irgendein Ahne dabei in die Quere kommen könnte. Ich weiß, dass das eine große Verantwortung ist, aber ihre Zukunft ist ja auch voll großer Verantwortungen: Klimawandel, Globalisierung und wie die Probleme unserer Zeit alle heißen. Vielleicht wird ja ihre Enkeltochter einst sagen können: Ich bin nach der großen Sophie benannt. Sie hatte zwar keinen zweiten Vornamen, dafür aber mächtig viel Mut und Durchsetzungsvermögen. Ihretwegen gibt es heute noch Eisbären. Und wenn dieses Szenario nicht eintritt, kann meine liebe Mama ihr ja ein selbst gemaltes Bild oder ein anderes Kunstwerk für mindestens fünf Euro abkaufen. Das muss dann mit »Nala« signiert sein. In diesem Fall kann Sophie sich »Nala« nämlich in ihrem Personalausweis als Künstlernamen eintragen lassen.

4

DIE GEBURT

IN EINER BERLINER KACHELFABRIK WIRD EIN MÄDCHEN GEBOREN. ANSCHLIESSEND GIBT ES LAUWARME BULETTEN

Krachbumm machte die Tür des Barkas. Und Abfahrt! Drin saßen der Fahrer, die Hebamme und ich: eine Frau in Nöten. Meine Wehen kamen bereits im Achtminutenrhythmus. Unsere kleine Schicksalsgemeinschaft düste durch Ostberlin, auf der Suche nach einem Platz zum Kinderkriegen. Uns leitete die Hoffnung, diesen Platz zu finden, bevor bei mir die Presswehen einsetzten. Im günstigsten Fall sollte dies bitte, bitte ein Krankenhausbett sein.

Das hier ist die Geschichte von Hannas Geburt. Nicht umsonst habe ich meine Tochter nicht mit Einzelheiten behelligt, während sie schwanger war. Denn um ehrlich zu sein: Ich habe bis heute von keiner langwierigeren, erschöpfenderen und erniedrigenderen Geburt gehört als dieser. Also meiner. Also Hannas.

Wir schreiben das Jahr 1988. Die Menschen östlich der Berliner Sektorengrenze sind scheinbar nicht ausreichend unterdrückt. Anders ist nicht zu erklären, dass wir immer weiter und immer mehr Kinder kriegen. So viele kleine Staatsbürger sind unterwegs, dass in den Geburtskliniken der Hauptstadt der größten DDR der Welt die Kreißsaalbetten knapp werden. In der Charité, wo Hanna und ich eigentlich zum ersten Kennenlernen verabredet sind, ist die Station zehn Stunden nach Einsetzen meiner Wehen restlos überfüllt. Es stöhnt und seufzt aus allen Ecken, die Hebammen fegen durch die Räume, irgendwann ist der Laden einfach überfüllt. Zwischen zwei Wehen werde ich aufgefordert, meine Liege zu räumen und mich wieder anzuziehen. »Sie werden jetzt in ein anderes Krankenhaus gefahren. Hier sind die Papiere, viel Erfolg noch. Und tschüss!« Ich krümme mich ein wenig unter der nächsten anrollenden Wehe. Muss ich wirklich hier raus? Aber die Krankenhausverwaltung hat entschieden: Planübererfüllung im Bereich Geburten. Ich muss gehen und woanders niederkommen.

So war es. Und schon allein die Vorstellung, man legte heute einer Frau mitten in den Wehen nahe, sich eine andere Klinik zu suchen, lässt in meiner Phantasie die Schlagzeile aufleuchten: »WERDENDE MUTTER AUS KLINIK GEWORFEN! WAS KOMMT ALS NÄCHSTES, HERR GESUNDHEITSMINISTER?!«

Wir machten uns also gezwungenermaßen auf den Weg durch Ostberlin. Hinter unserem Barkas, einer Art VW-Bus realsozialistischen Zuschnitts, knatterte in seinem Trabant der besorgte Vater her. In Köpenick, am äußersten südöstlichen Stadtrand, sollte noch ein Kreißsaal frei sein, hatte die Zentrale durchgegeben. Und weil das so weit weg war, ging unser Krankenwagenfahrer auf Nummer sicher und fuhr schön in Ruhe noch mal tanken. Benzin für den Barkas gab's aber nur in der Rettungsstelle Prenzlauer Berg.

So kam es, dass unser »Storchenwagen« genannter Krankentransport sich durch den Feierabendverkehr drängte, rein in den winterlichen Prenzlauer Berg, durch eine dunkle Toreinfahrt, auf den Hof der Rettungsstelle. Benzin gluckerte, draußen war es kalt, es roch nach Achtzigerjahre-Berlin: Kachelöfen, Zweitaktgemisch, Schnee. Draußen auf der Marienburger Straße wartete der Vater bei laufendem Motor darauf, dass er uns Richtung Stadtrand folgen konnte.

Die Kollegin Hebamme war genervt. Zwischen den Wehen, die bei mir inzwischen alle sieben Minuten kamen, hielt sie mir einen regimekritischen Vortrag. Eine Sauerei sei das, schimpfte sie, dass es in dieser Stadt nicht genügend Kreißsäle gebe. »Die Leute sollen jede Menge Kinder kriegen. Aber wo – das ist denen da oben doch egal«, maulte sie. Ich hatte weiß Gott gerade andere Sorgen, aber die Lady hatte recht. Und sie hatte außerdem eine kleine Hand, die ich schraubstockartig drücken durfte, wenn die nächste Wehe kam.

Irgendwann hatten wir es nach Köpenick geschafft. Der Vater sprang aus dem Auto und rannte hinter uns her durch die Krankenhausflure. Zeitgleich erreichten wir die Ziellinie: den Kreißsaal. Die Milchglastür öffnete sich, eine Krankenschwester erwartete uns. »Aber der Vati – der bleibt mal schön draußen. Bitte verabschieden Sie sich voneinander!«

Okay, spätestens jetzt wusste ich, warum in diesem Krankenhaus noch Betten frei waren. Mag sein, dass die größte DDR der Welt einen robusten Umgang in Fragen von Mutterschaft pflegte – aber dass es bei der Geburt besser flutschte, wenn der Kindsvater dabei sein und Händchen halten kann, hatte sich Ende der Achtzigerjahre eigentlich im gesamten staatlichen Gesundheitswesen herumgesprochen. Also fast. Denn hier in Köpenick dachte man noch wie zu Kaisers Zeiten: Männer stören bei der Geburt, sie kriegen Schnappatmung, ihnen wird schlecht. Und deshalb müssen sie draußen warten oder dürfen derweil Schnäpse trinken gehen. Männer, die keine Schnäpse trinken, sollten nach Hause gehen und sich alle paar Stunden an einer öffentlichen Telefonzelle anstellen, um nachzufragen, ob Mutter und Kind es mittlerweile geschafft haben.

So kam es, dass Hannas Vater während der nächsten dreißig Stunden nicht dabei war, in denen ich versuchte – wie Hanna es zu formulieren pflegt –, »eine Melone durch eine Zitrone zu pressen«.

Die Geburt, dieser Vierzigstundenmarathon, war eine äußerst schmerzhafte, enervierende und sicher nicht ganz ungefährliche Angelegenheit. Denn der Wehentropf wirkte zwar, doch der Muttermund öffnete sich nicht, weshalb mechanisch nachgeholfen werden musste. Was das bedeutet, überlasse ich der Phantasie jedes und jeder Einzelnen.

Auf dem Rücken liegend, jämmerlich, schmerzgebeutelt, gerade dreiundzwanzig Jahre alt geworden und vor allem sehr allein viecherte ich also da in Köpenick so vor mich hin. Pezzibälle oder Geburtshocker gab es noch nicht mal in meiner Phantasie, sie waren Erfindungen des kapitalistischen Systems, das ich erst Jahre später bei der Geburt von Hannas Schwester kennenlernen sollte.

In meiner Erinnerung sehe ich nichts als weiße Kacheln. Nur in der Mitte hängt weit oben eine Bahnhofsuhr. Rechts und links keuchen hinter spanischen Wänden zwei weitere Frauen ihrer Niederkunft entgegen. Alle Stunde beugt sich jemand über mich und sagt irgendetwas Aufmunterndes wie »Wird schon!« oder »Kommt bald!«. Ein Hörrohr wird auf meinen Bauch gedrückt, jemand nimmt mit der Armbanduhr meinen Puls. Ich habe knapp zwei Tage nichts gegessen, irgendwann winsele ich nach dem Kaiserschnitt. Stattdessen kommt jemand und versucht, mir fummelig eine Periduralanästhesie zu verpassen. Es klappt nicht. Ich bin schuld.

Und als sich das Kind – also Hanna – schließlich doch endlich zum Landeanflug klarmacht, werden seine Herztöne auf ungute Art langsamer. Es klingt wie eine Slowmo-Tonspur, und schlagartig ist meine Pritsche von jeder Menge Leuten umringt. Bitten werden zu Anweisungen, Anweisungen zu knappen Befehlen. Von rechts wirft sich ein Pfleger mit seinem gesamten Körpergewicht auf mich. Er landet zwischen Bauch und Brust, um den Druck Richtung Muttermund zu erhöhen …

Ich will nicht jammern – und Mutter Natur hat ja alles so

eingerichtet, dass Frauen schmerzhafte Einzelheiten einer Geburt verdrängen können. Aber dass sich da ohne Vorwarnung ein Mann auf meine Rippengegend stürzte, war in dieser an panischen Momenten nicht gerade armen Situation ein extrapanischer. Doch dieser Frontalangriff bewirkte tatsächlich, dass kurz vor Mitternacht eine winzige Hanna von mir geboren – und von anderen sofort weggetragen wurde. Irgendwohin, wo Fachkräfte mal nachgucken konnten, ob an diesem säumigen, herbeigeschrienen Kind alles dran und in Ordnung ist. Und das war es zum Glück.

So, und deshalb habe ich Hanna in Ruhe gelassen mit meiner Geburtsgeschichte. Ich wollte nicht, dass sie denkt, ihre Entbindung müsste so lang und mitunter hoffnungslos werden wie meine. Und ganz ehrlich, es war auch nicht so, dass ich das Bedürfnis gehabt hätte, sie mit Einzelheiten zu behelligen. So wahnsinnig gern denke ich nicht an diese Stunden. Schon eher daran, dass später, als ich in meinem Klinikbett lag, der Vater kam. Eine Schwester brachte Hanna aus dem Babyzimmer. Er guckte sein Kind an und war sehr gerührt und auch froh, dass letztlich alle unbeschadet durch dieses Körpergewitter gekommen waren. Er fand sie unglaublich hübsch – ganz klar, das Blonde hatte sie von ihm.

Gott sei Dank war der Vater nicht nach alter Väter Sitte Schnäpse trinken gegangen. Er hatte zu Hause Buletten gebraten – mein Trostessen. Die packte er jetzt aus, sie waren noch lauwarm, und wir guckten raus in den ersten Dezembertag des Jahres 1988. Es hatte geschneit, alles war gut, und wir waren froh, dass unser Kind endlich da war.

Plötzlich rumpelte es mächtig. Neben dem Bett am Fenster war ein anderer frischgebackener Vater vom Stuhl gekippt. Seine Freundin, das Neugeborene im Arm, lachte ungläubig. Schwestern kamen herbeigeeilt, sie brachten den Mann in die stabile Seitenlage, schließlich wurde er wieder wach. Er grinste entschuldigend – zu viele Schnäpse, die er in der Geburtsnacht seines Sohnes getrunken hatte. Und für die Angestellten dieser Geburtsstation war wieder einmal bewiesen, dass Väter rein gar nichts hier zu suchen hatten.

WIE ICH MICH GEGEN DAS RAUSTANZEN ENTSCHIED UND DANN PLÖTZLICH WIEDER ALLEINE AUF TOILETTE GEHEN KONNTE

Ich hatte mal eine Nierenbeckenentzündung. Damals erzählte mir jemand, dass es nichts Schmerzhafteres gibt – außer einer Geburt. Ich dachte: »Na dann. Das war schlimm, aber ich habe es überlebt.« Doch je näher Sophies Geburt rückte, desto öfter fiel mir ein, dass ich damals ins Krankenhaus gebracht worden war, weil ich vor Fieber und Schmerzen nicht mehr alleine laufen konnte. Und dass ich drei Infusionen gebraucht hatte, bis meine Augen sich nicht mehr nach oben verdrehten. Kurz: Es war wirklich schlimm. Und die Geburt sollte noch schlimmer werden?

Im Geburtsvorbereitungskurs hatte die Hebamme diese Frage eher gemieden. Als die Geburt vorbei war, schwor ich mir, niemals einer Frau, die noch kein Kind bekommen hat, von dieser Nacht zu erzählen. Ein Schwur, den ich hiermit brechen werde.

Nicht nur, weil es schlimm war, sondern auch, weil ich mir während der ganzen Wartezeit alles ins Gedächtnis rief, was ich jemals über Geburten gehört hatte. Und das waren fast immer Erzählungen von Frauen, die das, was sie erlebt hatten, irgendwie loswerden wollten. Die meisten griffen zu Bildern wie »Du musst halt eine Melone durch eine Zitrone quetschen«. Ein Bild, von dem ich Albträume bekam. Die Zitrone hatte Angst und presste die Augen zusammen, während die Melone mit schallendem Gelächter auf die Zitrone zuraste. Manche dieser Frauen hatten vielleicht offene Rechnungen mit dem Universum und konnten deshalb nicht mit ihren lustigen Gleichnissen sparen.

An dieser Stelle ein Dank an meine Mutter. Denn Mütter von Schwangeren erzählen besser nicht von ihrer Entbindung. Kein Sterbenswörtchen! Ich habe so lange gebraucht, um zu verdrängen, dass ich aus meiner herausgekommen bin, da würden bildhafte Umschreibungen nur alte Wunden aufreißen. Ich hoffe und wünsche, dass ihr Karmakonto damit wieder aufgefüllt ist.

Meine Freundin Christiane fand hingegen von Anfang an, dass ich so viel wie möglich wissen sollte. Sie studiert Medizin und ist deshalb nicht sonderlich zimperlich damit zu erzählen, was sie so weiß und gesehen hat. Jedes Mal, wenn sie mich sah, fiel ihr ein, wie sich die Schädelplatten von Kindern bei der Geburt übereinanderschieben können, wie beängstigend blau manche Neugeborenen sind, wie verdreht manche Körperteile ... und dann das ganze Blut! Auch das Nähen der frisch entbundenen Frauen sei wirklich ein Erlebnis! Es hätte nur noch gefehlt, dass sie fragt, ob sie bei meiner Entbindung filmen darf, um sich den Streifen dann mit Popcorn und Freunden reinzuziehen.

Dass Sophie im Krankenhaus zur Welt kommen würde, war mir klar, als ich erfuhr, dass es in Geburtshäusern keine Opiumspritzen gibt. Natürlich spielte ich mit dem Gedanken, schamanenmäßig mein Kind aus mir rauszutanzen. Aber schon ab dem sechsten Monat, als ich anfing, beim Klogang meinen Schlüpfer zu grüßen, weil ich ihn so lange nicht gesehen hatte, konnte ich mir nicht mehr vorstellen, dass das, was da in meinem Bauch war, mal aus mir rauskommen würde.

Oscar und ich hoben uns die Kreißsaalbesichtigung so lang wie möglich auf, weil wir beide große Angst vor dieser Stunde null hatten. Er rettete sich in den schlauen Spruch: »Ein bisschen Überraschung muss ja auch sein.« Sophie kam zwei Wochen zu spät auf die Welt, weshalb ich kurz vor der Geburt doch noch in den Kreißsaal musste, um die Herztöne des Kindes kontrollieren zu lassen. Als ich da so lag, gebar gerade eine Frau ihr Kind, indem sie ein langes anhaltendes Lied mit nur wenigen Konsonanten sang. Da wurde mir klar, dass der Kreißsaal mit ß geschrieben wird, weil »kreißen« im Laufe der Sprachentwicklung zu »kreischen« wurde.

Vor lauter Angst lag ich bei meinem Herztönetermin ganz steif da, mit meiner Kugel vorne dran. Und als sich beim Rausgehen endlich die Schwingtüren hinter mir schlossen, liefen auch schon die Tränen. Meine Oxytocinvorräte waren bis auf den letzten Tropfen aufgebraucht. In den letzten Wochen hatte dieses Zuversichtshormon mir einige Male die Angst genommen und gemacht, dass ich superlocker sagte: »Ach, das haben schon so viele geschafft, mindestens sieben Milliarden Mal.« Doch jetzt war alles vorbei. Ich, der letzte große Wal, wünschte mir, mich an Land retten zu können, und fragte mich, was ich da bloß angestellt hatte. Hanna, Hanna, Hanna – wie konntest du es so weit kommen lassen? Ich hatte Dehnungsstreifen rundherum; meine Beine, dick wie Elefantenstampfer, trugen meinen überdimensional großen Bauch. Ich war froh, wenn ich es schaffte, Socken anzuziehen. Unmöglich, dass da etwas anderes als ein Monsterkind mit einem Riesenkopf rauskommen könnte.

Doch alles Beschwichtigen half nichts, der große Tag kam. Wir fuhren morgens ins Krankenhaus, wo es noch ganz ruhig war, bis auf eine Baustelle direkt vor meinem Fenster. Ich weiß noch, wie ich lachen musste, weil auch bei uns zu Hause vor dem Fenster die ganze Zeit gebaut wurde. Weil Sophie überfällig war, musste die Geburt eingeleitet werden, und bereits eine Stunde nach der ersten geheimnisvollen Wunderpille ging es endlich los. Die Schmerzen waren ganz anders, als ich sie mir vorgestellt hatte, und so hoffte ich immer noch, dass ich das große Desaster noch umgehen können würde. Ja, ich hoffte bis zum letzten Augenblick, dass alles viel einfacher ist.

Es war ohnehin alles anders, als ich gedacht hatte. Die Zeit verging wie im Flug. Das Baden tat keine Wunderwirkung. Ich wollte keine Musik hören, und der Sinn dieses seltsamen Hängeseils im Kreißsaal erschloss sich mir auch nicht. Ich hatte die ganze Zeit Angst, es würde reißen, und wagte es nicht, mich wirklich dran festzuhalten. Mein Atem hielt sich nicht an die Übungen aus dem Vorbereitungskurs, und ich hatte nicht das Bedürfnis, jemanden zu beschimpfen.

Oscar war die ganze Zeit an meiner Seite. Für uns beide waren es heftige, wenn nicht traumatische Stunden, aber ich war unendlich froh, ihn in meiner Nähe zu haben. Er hat die Hebammen unterstützt, meine Hand gehalten und mir gebetsmühlenhaft versichert: »Komm, Hanna, die Wehe schaffst du jetzt auch noch.«

Nach zehn Stunden hatte ich das Gefühl, dass meine Kräfte versagten, weshalb man eine Anästhesistin rief, um mir eine PDA zu legen. Mein Freund, der ewige Leuchtturm, sollte mir eine Rechtsbelehrung vorlesen. Statt der üblichen Gebärlaute schrie ich ständig nur noch »Ja«, damit man mich als belehrt betrachten konnte. Da hätte stehen können, dass ich dem Krankenhaus meine Leber schenke, ich hätte es nicht mitbekommen. Während die Nadel gelegt wurde, durfte ich mich nicht rühren. Das war das Alleranstrengendste. Die recht unerfahren wirkende Ärztin schaffte es einfach nicht, sie richtig in die Wirbelsäule zu stechen. Als die Nadel nach fünfzehn Versuchen endlich saß, war das Kind schon fast draußen. Es war wirklich wie im Film. »Ich kann den Kopf schon sehen. Pressen Sie noch mal beim Ausatmen.« Ich presste, presste, presste und plötzlich: »Gucken Sie mal, wer hier ist.« Und dann entspannte sich plötzlich alles, und es lag etwas auf meinem Bauch.

Es war toll, nach zwölf Stunden endlich runterzukommen und das Kind mit einem Lachgaslächeln in den Arm zu nehmen. Ich war erleichtert und stolz, dachte aber nicht: »Wow, das ist ja unglaublich«, sondern: »Na, das wurde ja auch Zeit.« Mir schossen auch keine Tränen in die Augen. Ich säuselte einfach immer wieder: »Hallo. Hallo.« Ich wollte unser Kind an diesem seltsamen Ort begrüßen. Am liebsten hätte ich noch eine kleine Führung gemacht und ihr alle Anwesenden vorgestellt. Aber Sophie schaute mir in die Augen, und ich bin fest davon überzeugt, eine endlose Verwunderung in ihrem Gesicht gesehen zu haben. Sie schien derart entgeistert zu sein, dass es den original Poklapser brauchte, bis sie ihren ersten Schrei von sich gab. Wir waren wirklich beide lebendig.

Der Leuchtturm hingegen weinte sofort und war nach dieser Odyssee endlich angekommen. Er hielt seine Tochter auf dem Arm, lief rot an und redete wirr. Wunderschön wirr. Wir lagen noch ewig da rum. In meiner Erinnerung waren es zehn Minuten, doch es müssen drei Stunden gewesen sein. Dann ging Oscar nach Hause. Morgens um sechs an einem gewöhnlichen Samstag begegnete er den üblichen Partygängern, die mit ihm auf die normale Straßenbahn warteten. Währenddessen telefonierte er seine Eltern wach, um ihnen zu sagen, dass ihm gerade etwas ganz Besonderes widerfahren war.

Ich blieb im Krankenhaus und betrachtete meine Tochter. Gerade hatte sie noch in meinem Bauch gesteckt, und jetzt war sie hier draußen auf der Welt. Während der Schwangerschaft fand ich es immer ziemlich schwachsinnig, den Tag zu feiern, an dem ein Mensch das Licht der Welt erblickt. Viel sinnvoller erschien es mir, den Tag zu erinnern, an dem die Mutter den ersten Tritt gespürt hatte. So lebendig erschien sie mir in meinem Bauch. Aber jetzt war sie noch viel wirklicher und sah noch viel schöner aus als auf den Ultraschallfotos. Ich schaute mein Mädchen ewig an und schlief nur eine Stunde. Wenn ich die Augen schloss, hatte ich Angst, sie würde beim Aufwachen nicht mehr da sein. Doch sie lag da. Klein und zerknautscht und plötzlich nicht mehr als Teil meines Körpers.

Plötzlich merkte ich, dass es an der Zeit war, meine Eltern anzurufen. Alles geriet in einen Fluss. Ich spürte, wann der richtige Zeitpunkt gekommen war, das Telefon zu nehmen und meinen verschlafenen Eltern ins Ohr zu flüstern, dass sie jetzt Großeltern waren. Plötzlich ist das, worauf alle gewartet hatten, wahr und unumstößlich. Willkommen im zweiten Teil meines Lebens.

Kurz bevor Oscar wiederkam, schickte ich dann eine SMS an mein gesamtes Telefonbuch: »Ein Wunder ist geschehen! Heute Nacht halb drei kam Sophie zur Welt und brachte viel Glück, Fassungslosigkeit und ein verwegenes Lächeln mit.« Manifest und unumstößlich.

Als ich am Nachmittag entlassen werden wollte, kam die Hebamme, um Sophie anzulegen. Während ich noch auf Wolke sieben schwebte, weil ich mich gerade verliebt hatte, kniff sie in meine Brust und hielt das Kind am Genick in Richtung Brustwarze. Es klappte nicht sofort, obwohl sie doch so zärtlich war. Trotzdem war ich komplett zuversichtlich, dass Sophie das schon verstehen würde, wohingegen die Hebamme in Panik verfiel. Sie fragte, ob meine nachsorgende Hebamme denn Zeit habe, heute noch zu kommen, um das Problem zu lösen – ich hatte keine Ahnung, es interessierte mich auch nicht. »Warum wollen bloß immer alle Mütter gleich nach Hause? Wenn Sie jetzt gehen, dann werden Sie Ihr Kind womöglich nicht stillen können, und dann schreit es die ganze Zeit, und dann wird es gelb.«

Fast hätte sie mich damit gehabt. Doch ich war so fest davon überzeugt, dass die Natur von nun an ein striktes Programm fahren würde und ich nur auf meinen Steinzeitcode hören müsse, dass gar nichts passieren konnte. Und so war es ja dann auch. Also blieb ich bei meinem Plan und fuhr nach Hause.

Zwar hätte ich mich wahrscheinlich ein bisschen schneller erholt, wäre ich noch eine Nacht im Krankenhaus geblieben, aber ich wollte in keinem anderen Bett schlafen als in meinem. Und von keinem anderen Tellerchen essen als von meinem. Dazu wollte ich einfach meine Ruhe. Endlich verstehen, was hier gerade passiert war. Denn letztlich überrumpeln einen die Ereignisse doch, da kann man sich noch so gut vorbereiten.

5

IM WOCHENBETT

KINDER STECKEN IN BROTFÄCHERN, UND EINE KINDERKRANKENSCHWESTER NIMMT DIE WICKELPRÜFUNG AB

Da war es nun, mein überfälliges Kind. Angeblich fünfzehn Tage nach Termin geboren. Aber wer legte so etwas eigentlich fest? Wir reden hier von Zeiten, in denen Geburtstermine einzig nach dem Regelkalender errechnet wurden. Von Daseinsformen, da hauptstädtische Prä-Muttis wie ich während ihrer kompletten Schwangerschaft einen einzigen Ultraschalltermin hatten, bei dem sie in Dreiergruppe und mit vorab freigelegtem Unterkörper sowie mitgebrachtem Handtuch in der Frauenklinik der Charité antanzen durften. Wir reden von Holzhörrohren, die auf den dicken Bauch gepresst wurden, und Frauenärztinnen, die kraftvoll zupackten, um die Kindsgröße zu ertasten. Wir reden hier also im Grunde von jenem gelobten, nahezu technikfreien Zustand, in den sich so manche werdende Mutter heute wieder zurückzusehnen scheint.

So jedenfalls, wie Hanna aussah – klein, dünn, Fusselhaare –, hätte sie gut noch eine Woche im Bauch bleiben können. Möglicherweise hätte sie dann nicht erst diverse Extraeinladungen pharmazeutischer und geburtshilflicher Art gebraucht, um sich letztlich doch auf den Weg in ihr Leben zu machen. Aber egal, wir hatten es geschafft. Das Kind war geschaukelt.

Ich war fix und fertig. Müde und hungrig und, ehrlich gesagt, keineswegs dermaßen euphorisiert, wie mir das in dem DDR-Standardwerk »Entwicklungswunder Mensch« vorausgesagt worden war. Dort war eine milde guckende, leicht verschwitzte Frau zu sehen, die ihr müde blinzelndes Neugeborenes anlächelte. Ich hingegen wollte einfach mal fünf Minuten alleine sein. Aber dass ich derlei Verheißungen keinen Glauben hätte schenken sollen, wusste ich spätestens, seit während der zurückliegenden Schwangerschaftsmonate nicht mal die versprochene »seidige Haut« oder das »volle glänzende Haar« sowie die »aktive Libido« wahr geworden waren.

Dass ich nach der Geburt eine ganze Woche im Krankenhaus blieb, war keineswegs meiner schwachen Konstitution geschuldet; Frauen blieben damals standardmäßig so lange in der Klinik. Ob der Tagesablauf mit frühem Wecken, Stillen nach der Stechuhr, ständigem Hin und Her im Zimmer und auf den Gängen und der harten Türpolitik gegenüber Besuchern sinnvoll war, sei dahingestellt. Hier war Krankenhaus: extraterrestrisches Gebiet, auf dem Ärzte und Schwestern das Sagen hatten. Ihren Anweisungen wurde diskussionslos Folge geleistet.

Die Anweisungen lauteten, grob gesagt: Wir sagen, was du tust und lässt. Noch besser: Du lässt einfach alles, wonach dir ist. Und wartest, bis wir dir sagen, was du als Nächstes machst. Ganz ehrlich, ich war nicht undankbar. Mein Körper wollte schlaaaafen. Mein Bauch wollte essen. Mein Intellekt war schon seit Monaten auf Demenz gepolt. So ein bisschen Wochenbettdiktatur war in meinem Fall keine schlechte Lösung. Und die sah dann folgendermaßen aus:

Um halb sechs enterte eine freundliche Krankenschwester unser Dreibettzimmer. Sie hatte kalte Fieberthermometer dabei. Wir schlurften zum Klo, putzten uns die Zähne, sagten unsere Körpertemperatur an und bekamen zum Dank jede eine Kanne Tee auf den Nachttisch gestellt. Dann bimmelte es im Flur. Wir schlüpften eilig in unsere Bademäntel und marschierten zur Babyausgabe. Was für ein Wort!

Und tatsächlich, am Ende des Ganges öffnete sich eine Milchglastür, eine Schwester schob einen meterlangen, in Kästen unterteilten Holzwagen in den Flur. In den Kästen lagen, fest eingewickelt wie kleine Brote, unsere Kinder. Ich suchte meines heraus – der Name stand ja auf einem Heftpflaster –, nahm es in den Arm und trug die süße Beute in mein Zimmer. Dort machte ich mich ans Stillhandwerk.

Acht Stunden hatte ich mein Baby nicht gesehen. Acht Stunden – zwischen zweiundzwanzig Uhr abends und sechs Uhr morgens –, in denen die Kinder im Kinderzimmer gelegen hatten, wo sie bei Hungerattacken mit Ersatzmilch und Traubenzuckerlösung versorgt worden waren. Zum Streicheln wird angesichts ihrer schieren Menge wohl keine Hand frei gewesen sein. Ich weiß es nicht genau, es war verboten, das Kinderzimmer zu betreten. Die Mütter sollten sich ausruhen. Sie sollten essen, schlafen und tagsüber alle vier Stunden ihr Kind vom Brotwagen nehmen und es stillen. Der Alltag zu Hause würde noch hektisch genug werden. Und weiß Gott, das stimmte.

Ich weiß, das klingt heute wie eine üble Phantasie. Neugeborene, ihren Müttern entrissen und quasi nur auf Kurzbesuch an der Mutterbrust. Frisch entbundene Frauen, die ihr Kind nur im Vierstundentakt zu sehen bekamen. Väter, denen zu festen Besuchszeiten ein stramm in Molton gewickeltes Bündel in den Arm gedrückt wurde, dessen Gesicht sie gerade mal mit dem kleinen Finger streicheln konnten. Aber so war es. Nicht lustiger, nicht schöner. Das waren die Regeln. Ich kannte keine anderen, und es war okay.

Obwohl: im Rückblick seltsam. Schon bei Kiras Geburt ein paar Jahre später war dieses Mütter-Kinder-Grenzregime komplett aufgehoben. Im Zweifel waren nun die Mütter die

Chefinnen im Ring – Krankenschwestern, Hebammen, Ärzte hatten sich ihren naturbelassenen, mitunter esoterisch fundierten Wünschen und Forderungen bedingungslos zu unterwerfen. Diese Selbstbestimmtheit von Gebärenden in einem Moment äußerster Verletzlichkeit ist wohl einer jener Punkte, an denen wir Ostfrauen den Westmüttern ruhig mal ein bisschen dankbar sein können. Es sollte von da an nur noch eine Dekade dauern, bis es unter Gebärenden in Berlin wieder Mode wurde, sich lieber einer praktischen Osthebamme ohne Mätzchen anzuvertrauen. Die wussten, wie der Hase läuft.

Noch aber schrieben wir den Winter 1988. Wenn ich also nicht mit Stillen befasst war, vertrieb ich mir die Zeit mit meinen Zimmergenossinnen. Obwohl wir komplett verschieden waren, verstanden wir uns prächtig. Ich war eher so die unpraktische, aber lustige Studentin. Bettnachbarin Sabine arbeitete in der Berliner Glühlampenfabrik, Marco war ihr zweites Kind – das erneute Muttersein bewahrte sie vor dem verhassten Schichtdienst. Außerdem musste sie auch noch auf ihren Freund aufpassen, der sich während seiner Krankenhausbesuche als eher lebensunpraktischer Geselle herausstellte. Er müffelte nach Schnaps und fragte immer wieder nach, wann Sabine denn nun endlich nach Hause komme – er habe nichts Sauberes mehr zum Anziehen.

Dann war da noch Nadine, die Spreewaldgurke. Nadine war gerade erst aus der sächsischen Provinz nach Berlin gezogen. Sie lernte Bürokaufmann, die Bezeichnung Kauffrau war für diesen typischen Frauenberuf noch nicht erfunden. Nadine hatte – als Verehrerin des englischen Königshauses – einem zarten Mädchen namens Dajana das Leben geschenkt. Mich würde heute interessieren, was aus diesem Kind geworden ist. Was wird man mit diesem Namen? Wie gucken Passbeamte am Londoner Flughafen?

Dajanas Mama jedenfalls war ein blutjunges Ding von siebzehn Jahren. Ihr Freund Sandro war ebenfalls jugendlich, bei genauerem Hinsehen noch kindlich. Während ihrer Schwangerschaft hatte Nadine sich am allerallermeisten darauf gefreut, ihr bald geborenes Kind nach Herzenslust schön anziehen zu können. »Ausstattung« lautete das Zauberwort. Und zu einer Ausstattung gehörte natürlich ein schicker, repräsentativer Kinderwagen – in dieser Hinsicht hat sich in den zurückliegenden Jahrzehnten nichts geändert. Na gut, außer vielleicht beim Preis.

Nun waren wir ja Bürger der DDR, wo es Schrippen für fünf und Busfahrten für zwanzig Pfennig gab. Und es gab auch Kinderwagen. Aber eben nur ein paar Modelle. Eines dieser Gefährte hatten pfiffige Produktgestalter mit einer Bommelborte rund um das Verdeck zu verschönern versucht. Erst neulich habe ich es wiedergesehen, die eBay-Preise für diese Produktdesignkatastrophe sind astronomisch. Nadine jedenfalls liebte diesen Kinderwagen. »Troddelchens« nannte sie den Bommelzierrat. Sie hatte es mit Geld, Beziehungen und guten Worten tatsächlich geschafft, in den Besitz eines solchen Gefährts zu kommen. Darüber freute sie sich tagelang. Denn darin würde sie ihre kleine Dajana durch Ostberlin kutschieren, und zwar »mit Troddelchens«. Noch heute beschreibe ich heiß geliebten Plunder mit diesem schönen Wort. Danke, Nadine!

Am siebenten Krankenhaustag, ich sollte nach Hause entlassen werden, stand ich wie ein Vollpfosten vor der Aufgabe, Hanna zum ersten Mal zu wickeln. Sie wurde aus all ihrem Molton, den Jäckchen und Hemdchen gewickelt und vor mich auf einen Wickeltisch gelegt. Nun zeig mal, ob du das kannst! Ich weiß noch, wie sich das anfühlte. Eine Riesenüberraschung, so ein kleines rosa Mädchen: Ich hatte sie erst einmal nackt gesehen. Und ich kannte keinen einzigen dieser komplizierten Handgriffe, mit denen ein Kind in Stoffwindeln gewickelt und schließlich mit allerlei Bändchentricks angezogen wurde.

Ungeduldig stand eine Kinderkrankenschwester neben mir und sah meinem Treiben zu. »Das müssten Sie doch im Kinderpflegekurs gelernt haben!«, sagte sie. Kinderpflegekurs? Nie gehört. Sorry, da musste das staatliche Gesundheitswesen einen Fehler gemacht haben – Frau Maier, 23, war offensichtlich durch sämtliche Müttertüchtigungsmaßnahmen gerutscht. Mal wieder: schuldig. Zweimal wurde Hanna nun aus- und angezogen. Einmal von der Kinderkrankenschwester, einmal von mir – als Nachweis, dass man mir dieses Kind anvertrauen konnte, dass es also nicht halb entblößt und mit losen Bändchen aufwachsen musste. Irgendwie kriegte ich es schließlich hin, und wir durften gehen.

Der Kindsvater sammelte uns ein. Völlig ermattet von einer Woche Rumliegen, watschelte ich, Hanna auf dem Arm, aus der Wöchnerinnenstation. Draußen war eisiger Winter. Der Trabbi töffte tapfer gegen die Kälte an, ich drückte Hanna an meinen Körper, sie würde nun für immer bleiben. Ein unglaublicher Gedanke. Ich fing an zu weinen. Gern würde ich sagen: vor Glück. Aber ganz ehrlich, ich hatte vor allem Angst. Wer war ich schon? Was konnte ich denn? Nicht mal eine Windel stecken.

Und tatsächlich, schon in der ersten Nacht in elterlicher Selbstverwaltung brach eine Hungerkatastrophe aus. Es kam keine Milch mehr! Damit und mit dem morgendlichen Gang in die nahe Kaufhalle sowie dem Erwerb von zahlreichen Flaschen aus Jenaer Glas und mehreren Packungen Fertigmilchpulver endete Hannas Stillzeit. Niemals hat man mich später von den Freuden des mütterlichen Nährens, der Innigkeit und diesem ganzen sonnigen Brimborium, das andere Frauen kennen und schätzen gelernt haben, schwärmen hören. Bei mir war Schicht im Schacht, ohne Abstillen, einfach so. Es war eine Niederlage, schon damals. Und auch als Hanna dreiundzwanzig Jahre später schwanger war, habe ich darüber kein Wort verloren. Man kennt derlei: Prägung, Schicksal,

Gene. Quatsch! Sophie sollte eine Chance haben. Und die bekam sie ja dann auch, nicht wahr? Und zwar mit allem, was dazugehört: kraftvollen Bäuerchen und Hungerschreien, Bauchglucksen und Windelladungen, einer komplett erschöpften und immer mal wieder übellaunigen Mutter. Und irgendwann auch diesem sonnigen Wohlfühl-Aggregatzustand, in dem sich Stillende und Gestillte angeblich befinden. Ich hab's selbst erlebt: bei meiner Tochter und bei ihrer Tochter.

ICH BIN JETZT WÖCHNERIN. UND DAS IST DIE SCHRECKLICHSTE WOCHE MEINES LEBENS

Ich möchte gerne mit zwei Irrtümern aufräumen. Erstens: Oft hatte ich gehört, dass Mütter nach der Geburt einen enormen Selbstbewusstseinsschub kriegen. Das stimmt nicht. Als meine Eltern am ersten Tag nach der Geburt zu uns kamen, um diese wunderbare Schöpfung auf der Erde zu begrüßen, sah ich sofort, dass alle mich ziemlich besorgt bis abgestoßen beäugten. Ich muss wirklich ziemlich beschissen ausgesehen haben. Meine Mutter nahm Sophie auf den Arm, und ich dachte: »Wow, die kann das gut. So werde ich das niemals hinkriegen.« Sie sagte nachdrücklich: »Das ist ein wunderschönes Kind, Hanna!« Und ich dachte: »Echt? Keine Ahnung. Wenn sie das sagt.« Meine Mutter fasste mir an die Schulter und hauchte voller Ehrfurcht: »Das hast du ganz toll gemacht, mein Kind.« Ich gab nur ein langsames »Hmm« von mir. Eigentlich hätte ich mit stolzgeschwellter Brust auf dem Balkon stehen, mein Kind in die Lüfte halten und »Wir sind alle eins« rufen müssen. Stattdessen war ich mir sicher, dass ich das hier noch ordentlich verkacken würde. Das nötige Mutterselbstbewusstsein sollte sich erst viel später einstellen. Nämlich als ich merkte, dass es mir egal sein konnte, was andere denken. Ich nehme mir das zu Herzen, was ich mir zu Herzen nehmen will. Also immer her mit eurem Lob, den Komplimenten und den Respektbekundungen.

Direkt nach der Geburt aber war ich extrem verunsichert. Obwohl das Kind sich prächtig entwickelte, hatte es nach meiner Diagnose schon in den ersten Wochen eine Lungenentzündung, unzählige Darmverschlingungen, Laktoseintoleranz, Hör- und Sehprobleme, und natürlich zeigte Sophie regelmäßig alle von mir festgelegten Zeichen einer Herzinsuffizienz. Depressionen und Neurosen waren ebenfalls vorprogrammiert, weil ich es nicht schaffte, sie rund um die Uhr ganz nah am Körper zu haben.

Außerdem hatte ich – zweitens – immer gedacht, dass ich mit der Geburt des eigenen Kindes endgültig zum VVE gehören würde, zum Verein Vollwertig Erwachsener. Zu dem wollen alle Kinder gehören. Denn das sind die wirklich Coolen: die alles selbst bestimmen dürfen und keinen Mittagsschlaf mehr brauchen. Doch zunächst stand mir eine Aufnahmeprüfung bevor, von der mir zuvor keiner etwas gesagt hatte. Sie bestand für mich nicht darin, besonders viele Fremdwörter in einen Satz einzubauen oder so viel Geld auf dem Konto zu haben, dass ich mir unendlich viele Klamotten kaufen konnte. Sondern darin, gleichzeitig die Verantwortung für zwei Wunder zu übernehmen. Jenes, das ich gerade geschaffen hatte. Und jenes, das das Erste trägt und tröstet. Mich selbst.

Die Feuerprobe war hart. Auch deshalb, weil ich nicht wusste, dass es nur eine Prüfung war und nicht den Rest meines Lebens so bleiben würde. Wenn meine Hebamme sagte: »Mach dir keine Sorgen. Sie isst und schläft doch, und ihr macht das alles wunderbar. Achte lieber mal auf dich«, fühlte ich mich nicht ernst genommen. Auf mich achten? Solange dieser Zwergmensch seine Füße unter meinen Tisch stellt, habe ich keinerlei Recht, auch nur einen Gedanken an meine Bedürfnisse zu verschwenden.

Am vierten Morgen nach der Geburt wurden wir um fünf Uhr wach. Mein Magen knurrte laut, um mich unmissverständlich daran zu erinnern, dass er sehr dringend gefüllt werden wollte. Natürlich hatte ich am Abend vorher nichts gegessen, weil ich dem Kind noch zwei Stunden beim Schlafen zugucken musste. Es hatte tagsüber Zeichen einer sehr schweren Bronchitis gezeigt. Oscar hatte sich geweigert, diese Aufgabe zu übernehmen, indem er sagte »Sie hat sich doch nur beim Stillen verschluckt!« Na, der musste es ja wissen.

Ich stand also auf, um mir schnell ein Nutellabrot zu machen. Die zugeführte Energie würde für vierunddreißig Minuten und achtundfünfzig Sekunden reichen, danach brauchte ich erneut einen ordentlichen Zuckerschub. Als ich gerade das Brotmesser zur Seite legte, schrie Sophie nach Essen. Das bedeutete: sofort das Messer weg, hinsetzen, Brüste raus. Dann sehnsüchtig das Brot vor mir anstarren, während das Ansaugen einen Feuerschmerz durch meine Brust fahren ließ. Nach einer Viertelstunde dachte ich, sie hätte aufgehört zu atmen, es stellte sich jedoch schnell heraus, dass sie nur satt war und deshalb die Augen geschlossen hielt. Ich legte sie vorsichtig hin, griff nach dem Brot und biss genüsslich hinein. Meine Zunge schob gerade den ersten Bissen in Richtung Gaumen, als Sophie die Unverschämtheit, die ich ihr angetan hatte, bemerkte. Ihr Schreien erforderte eine erneute Fütterung. Also wieder: Brot beiseite, hinsetzen – es war mehr ein Hinplumpsen, weil ich mich noch nicht gut halten konnte –, Boobies rauszerren, weil das Geschrei immer dringlicher wurde, beim Ansaugen möglichst ruhig bleiben und trotz der Schmerzen weder aufschreien noch das Kind mit einem schlagartigen Ruck nach vorn aus den Händen verlieren.

Sie trank zwanzig Minuten lang. Ihre Schmatzgeräusche wurden von den Botschaften meines Magens übertönt. Und jetzt musste ich auch noch dringend pinkeln. Als sie endlich fertig war, warf ich sie mehr, als sie zu legen, in ihr Bett und rannte auf die Toilette. Noch während ich da saß, hörte ich sie schon wieder weinen. Schnell wieder zurück, die Brüste waren ja noch draußen, anlegen und möglichst ruhig halten. Oscar blickte in meine Richtung: »Willst du was essen?« »Ja, verdammt!« Tränen rollten mein Gesicht herab auf Sophies Minikörper. Das war die erste und einzige Zeit, in der Oscar mich füttern durfte.

Andere Mütter und Hebammen hatten immer geschwärmt, wie Stillen die Bindung zwischen Mutter und Kind intensiviert. In der ersten Woche jammerte ich so viel, dass Oscar mir fünfhundert Euro bot, sollte ich tatsächlich – wie geplant – sechs Monate durchhalten.

Ich hasste es. Ich hatte mich noch nie über zu kleine Brüste beklagt, und jetzt waren sie so überdimensional groß, und ständig floss Milch aus ihnen heraus. Meine T-Shirts hatten immer zwei große nasse Flecken. Nachts wachte ich auf, nicht weil Sophie schrie, sondern weil ich dachte, ich hätte ins Bett gemacht. Dabei liefen nur meine Brüste aus. Jeden Tag verbrauchte ich eine halbe Packung Stilleinlagen, und es gab keinen Still-BH in meiner Größe. Wenn ich lief, schmerzten meine Brüste, und beim Stillen schoss die Milch mit derart hohem Druck, dass Sophie anfing zu weinen. Es schmerzte nicht nur während des Stillens, sondern auch, wenn die Milch gebildet wurde, und zwischen den Mahlzeiten, weil das Kind gar nicht so viel trinken konnte, wie ich im Angebot hatte.

In den ersten Tagen entzündeten sich meine Brustwarzen, bis sie blutig waren, eine Stillmahlzeit dauerte noch dreißig Minuten. Fünfzehn an jeder Brust. Zudem hielt ich mich strikt an die Dreistundenregel, weil es so schmerzte. Doch natürlich hatte Sophie manchmal auch schon nach zwei Stunden wieder Hunger, und so verbrachten wir täglich viel Zeit mit dem schreienden Kind auf dem Arm, darauf wartend, dass endlich die dritte Stunde heran war und sie mich wieder melken konnte.

Doch es ist wie mit der vermeintlich verlorenen Jugend: Gut Ding will Weile haben. Inzwischen liebe ich es. Ich habe mich an die Intimität gewöhnt, schließlich trinkt Sophie meine Körperflüssigkeiten (bäh!). Doch ich liebe es so, weil Sophie es so liebt. Wenn sie aufgeregt wie an Weihnachten sucht und den Mund aufreißt, dann kann nur ich ihr geben, was sie will. Wenn das Kind Hunger hat, dann hat es Hunger, und dann ist es egal, ob der Supermarkt gleich schließt oder das Telefon klingelt.

Die ersten Tage waren also ziemlich schrecklich. Sie vergingen langsam und unendlich zäh. Ich hatte Schmerzen wie nach einer Operation, und in besonders hoffnungslosen Momenten war ich mir sicher, dass es niemals besser werden würde. Wenn meine Mutter mich mal ans Telefon bekam, dann konnte sie ja auch nicht viel mehr machen, als zu sagen, dass es besser werden würde. Ja, ja, dachte ich dann, die hat gut reden.

Sophie schrie sehr viel, und ich musste immer verfügbar bleiben und konnte nicht rausgehen. Die Lichtblicke waren die Besuche der Hebamme. Sophie wurde gewogen und genau betrachtet. Ich konnte alle meine Fragen loswerden (»Ach, ich sollte den Body wechseln, wenn er dreckig ist?«) und hatte so etwas wie eine Verbindung zur Außenwelt (»Es regnet«). Nach dem fünften Tag reichte es mir, und ich wollte endlich wieder an die frische Luft. Ich zog alles an, was mir passte, und steckte Sophie ins Tragetuch. Mein Ziel war es, eingehakt in Oscars Arm die Straßenecke zu erreichen. Auf halber Strecke mussten wir wieder umkehren, weil mir schwindelig wurde. Ich war so stolz auf mich!

Als ich dann einige Tage später das erste Mal wieder einen Supermarkt betrat, überwältigte mich die bunte Warenwelt. Alles war so schön und fröhlich, und ich konnte mir ganz alleine aussuchen, was ich essen wollte. Sogar mein eigenes Geld hatte ich dabei. Ich holte es aus meinem Umhängeportmonnaie und bezahlte stolz einen Schokoriegel, sechs Brownies, eine Packung Nudeln und eine Flasche Malzbier. Zu Hause angekommen, köpfte ich sofort die Flasche und trank sie in einem Zug aus. Das war eine beschwerliche Reise gewesen.

Schrecklicher als die Tage waren die Nächte. In den Wochen vor der Geburt hatte ich mir angewöhnt, elf oder sogar zwölf Stunden zu schlafen. Natürlich wusste ich, dass das nicht so bleiben würde, aber ich brauchte diesen Schlaf so dringend. Die Schwangerschaft raubte wirklich viele Kräfte. Doch jetzt wurde ich alle zwei oder drei Stunden geweckt. Und jedes Mal musste ich eine halbe Stunde lang ruhig halten und durfte auf keinen Fall einschlafen. Meine Brüste waren derart prall, dass ich sie immer mit voller Kraft festhalten musste, um Sophies Nase freizuhalten. Ich weiß noch, wie glücklich ich war, als sie das erste Mal fünf Stunden durchschlief.

Wäre ich allein gewesen – ich weiß nicht, wie ich das hätte schaffen sollen. In dieser Zeit gewann ich die Erkenntnis, dass alleinerziehende Frauen, also solche wie früher meine eigene Mutter, einfach Großartiges leisten. Sie sind eine viel zu wenig wahrgenommene Gruppe in Deutschland, für die es einen Extrafeiertag und Extrageld und Extraplätze in Straßenbahnen geben sollte. Immer wenn ich nämlich mit den Kräften am Ende war, stand Oscar an meiner Seite und nahm mir Sophie ab.

Das Seltsame an der Anfangszeit war, dass ich mich freute über das Kind und natürlich glücklich über alles war. Aber gleichzeitig war das das Endgültigste, was mir je passiert war. Die Vorstellung, dass ich für immer verantwortlich sein würde, machte mir Angst. Wenn meine Mutter witzelte, sie würde gleich das Jugendamt verständigen, sollte Sophie nicht aufhören zu weinen, perlten mir Schweißtropfen die Stirn hinab. Obwohl es natürlich nichts zu ertappen gab, hatte ich oft das Gefühl, eine kalte Hand auf der Schulter zu spüren, die sagt:

»Na, hast du auch alles richtig gemacht?« Oscar, mein ewiger Leuchtturm, einige Freunde und auch meine Eltern waren es, die mir immer wieder sagten, dass alles genau richtig lief. Oscar versuchte, mir Stück für Stück Selbstbewusstsein einzuträufeln. Doch ich würgte das Zeug immer nur aus. Noch sah ich nichts hinter meinem Schleier der völligen Erschöpfung, worauf ich stolz sein konnte.

Ich empfand es als Vorwurf, wenn Sophie schrie. Ganz klar hatte ich etwas falsch gemacht und mal wieder versagt. Als meine Mutter nach einer dieser endlosen Schreiattacken einmal anrief, sagte ich wütend und desillusioniert: »So, sie kann jetzt wieder gehen, es reicht mir mit diesem Kind.« Zum Glück sagte sie nicht: »Na, das hättest du dir aber vorher überlegen können.« Oder »Tja, so ist das eben. Babys sind halt kein Zuckerschlecken.« Das war mir alles vorher klar. »Das bedeutet ja aber nicht, dass du nicht trotzdem so fühlen darfst.« Natürlich sollte Sophie nicht wirklich gehen, ich war einfach heillos überfordert. Da tat es gut zu merken, wie bei meiner eigenen Mutter die Erinnerungen zurückkamen: »Ich hab dich dann immer in den Kinderwagen gesteckt und bin rausgegangen. Das tat jedenfalls besser, als dich zu Hause rumzutragen.« Danke, Mama. Wenigstens eine, die einen klaren Gedanken fassen und sogar formulieren konnte.

Eine frischgebackene Mutter macht alles nach bestem Wissen und Gewissen und wird dennoch immer wieder verunsichert und genervt sein. Sie braucht Bestätigung, Mitgefühl, Liebe und mindestens eine helfende Hand, die ihr beim Aufstehen hilft, weil der Beckenboden noch nicht wieder auf Vordermann gebracht ist. Sie braucht einen ehrlichen und offenen Fixpunkt, einen Leuchtturm, der ihr erst später sagen wird, dass sie gerade scheiße drauf ist. Sie wird dieser Person unendlich dankbar sein.

Doch bis zur Linderung der Schmerzen war es ein langer und beschwerlicher Weg. So oft habe ich überlegt abzustillen.

Auch weil ich endlich mal wieder eine rauchen und etwas trinken wollte. Ich war so ungeduldig und konnte nicht abwarten, endlich wieder ins echte Leben zurückzukehren. Das Leben mit Baby ist zwar auch ziemlich echt, aber es findet in einem Paralleluniversum statt, und man muss darauf hinarbeiten, dass das alte und das neue Universum möglichst viele Schnittpunkte bekommen. Denn beide haben gute und schlechte Seiten.

Das erste Vierteljahr verging rasend schnell. Bereits nach drei Wochen war ich das erste Mal wieder auf einer Party und tanzte wild. Ich hatte schnell gelernt, glücklich darüber zu sein, was gerade ist, und nicht dem hinterherzuweinen, was mal war. Es ist ja nicht so, dass ich früher zufriedener gewesen wäre, als ich es heute bin. Eher im Gegenteil. So richtig schön und glücklich wurde es eben erst, als Sophie die Pflegestufe drei verließ und nur noch Pflegestufe zwei hatte. Sie brauchte keine Rundumbetreuung mehr mit ständigem Bereitschaftsdienst und Beatmungsgerät neben dem Bett, sondern konnte auch mal alleine rumliegen. Sie schlief auch ohne Schreien ein, und Essen ging auf einmal problemlos und machte ihr Spaß.

Ich hatte meine Feuerprobe bestanden. Im Traum kamen drei richtig krass Erwachsene vom Himmel herabgeschwebt und überreichten mir meine Mitgliedsurkunde inklusive Anstecknadel des Vereins Vollwertig Erwachsener. Zurzeit habe ich auch große Lust, irgendwann mal eine leitende Funktion in diesem Verein zu übernehmen. Ich war nicht vorbereitet auf die Wucht, mit der das Erwachsensein mich traf, doch als sich wirklich schnell alles leichter gestaltete, atmete ich erleichtert auf. Es bleibt also doch nicht für immer so. Das war auch der Moment, als ich beschloss, nach einem halben Jahr wieder in die Uni zu gehen. Denn ich denke, wenn man zu lange damit wartet, wieder in die Erwachsenenwelt hinauszutreten, wird man irgendwann selbst zum Kind. Dann will man plötzlich riesige, selbst gestrickte Mützen mit den dazu passenden Handschuhen tragen. Oder beschließt, wieder Kinderwörter in seinen Sprachschatz zu übernehmen. Ich hingegen bin völlig angekommen im VVE: Vorgestern habe ich mir einen glitzerpinken Terminplaner für all meine wichtigen Verabredungen gekauft. Er ist zwar noch leer, aber ich habe schon eine Diddlmaus reingemalt.

6

KONSUM

DIE FRAU MIT O ZIEHT UM, HAT RESPEKT VOR OBERARMEN UND WOHNT DER ÜBEREIGNUNG EINER WINDELTORTE BEI

Mittlerweile bin ich eine richtige ... Oma. Es fällt mir zwar verdammt schwer, dieses Wort auszusprechen. Meist sage ich lieber »eine Frau mit O«. Aber ja, doch, es ist unleugbar: In meinem Leben gibt es jetzt die kleine krummbeinige Sophie, Tochter meiner Tochter. Und ich bin die Mutter dieser Tochter. Also: Oma. Komm klar, sage ich mir immer wieder.

Und ich komme klar. Ich trage keinen grauen Haarknoten und besitze auch keinen Ohrensessel, in dessen Ritzen ich Himbeerdrops versteckt halte. Ich bin gut zu Fuß und neugierig, wie es so läuft, Hannas und Oscars neues Sophie-Leben. Und weil ich eh gerade Zeit habe, um dieses Buch zu schreiben, gehe ich den dreien einfach hinterher. Nach Leipzig. In dieser coolen unfertigen Stadt suche ich mir ein WG-Zimmer. Eine Mitbewohnerin borgt mir ihren alten Schreibtisch, mein Zimmernachbar seine Stehlampe. Ich revanchiere mich mit Weißwein und Anpassung an die WG-Regeln.

Es läuft wunderbar. Fast jeden Tag setze ich mich brav an meinen geliehenen Schreibtisch und tippe bis zum frühen Nachmittag auf meinem Laptop herum. Habe ich mal keine Lust, gehe ich ins Café und gaffe. Nachmittags sehe ich meist Hanna und Sophie und immer mal wieder auch Oscar. Ich schaue mir an, wie es ist, dieses Leben meiner Tochter mit ihrer Tochter und ihrem Freund. Sophie fängt an, mich zu erkennen. Sie lässt sich von mir herumtragen, sich den Hintern abwischen und auch ins Bett bringen. Sie lacht mich an, wenn ich ihr in den Babybauch pieke, und kneift mir zum Dank in die Nase. Wenn ich sie vorher lieb gehabt habe – jetzt fange ich an, sie zu lieben.

Hanna und ich sehen uns fast jeden Tag. Wir reden so viel miteinander wie seit Jahren nicht mehr. Ich habe einen Höllenrespekt vor Hannas Armmuskulatur, mit deren Hilfe sie ihren kleinen Brocken durch Leipzig trägt. Ich sehe, wie sie den Kinderwagen in den Hausflur wuchtet und anschließend – vor der Brust Sophie, hinten den Rucksack mit den Einkäufen – alles in den dritten Stock schleppt. Ich bin wirklich beeindruckt. Und immer mal wieder denke ich: Du lieber Himmel, das habe ich früher auch alles gemacht. Allein. Wie soll denn das bitte schön funktioniert haben? In solchen Momenten denke ich: vielleicht doch nicht immer so spielend, wie ich die Zeit allein mit Hanna in Erinnerung habe. Hanna erzähle ich davon nichts. Ich will keine Dankbarkeit. Ich habe Kinder bekommen, weil ich sie wollte.

Es frühlingt heftig in diesen Wochen. Meist ist es schön, manchmal zwischenmenschlich knifflig, aber immer, wirklich immer interessant. Hätte mir jemand ein Jahr zuvor prophezeit, ich würde mit meiner immer mal wieder ganz schön komplizierten Hanna Wochen verbringen, ohne dass Türen knallen oder Schweigestrafen verhängt werden – ich hätte das für einen rosafarbenen Traum gehalten, in dem jemand die Skriptseiten vertauscht hat.

Es ist Mittwoch in Leipzig. Der Tag ist noch jung, erst am Nachmittag habe ich einen Termin, nichts wartet auf mich. Ich fahre ins Café Grundmann, wo es guten Kaffee und Frühstück gibt, Hollerbrause und die grandioseste Art-déco-Inneneinrichtung, die man sich nur wünschen kann. Es ist voll und gesprächig. Für mich gibt es noch einen kleinen Tisch, an den ich mich setze, Zeitung lese und einen guten Blick auf die anderen Gäste habe.

Gleich gegenüber an der Wand hat sich eine Runde zum Sektfrühstück getroffen. Neun Frauen um die fünfzig sitzen da. Cappuccinotassen, Sektgläser und Rühreiteller, gelöstes Lachen und gerötete Wangen – sie scheinen ihren Spaß zu haben. Links außen am Tisch, strategisch goldrichtig, sitzt eine blonde Frau. Sie ist deutlich jünger als die anderen und hat ein noch recht frisches Baby auf dem Arm, links von ihr ragt der fabrikneue Kinderwagen in den Raum. Ganz klar, hier findet eine Babybesichtigung durch die lieben Kollegen statt.

Immer wieder nimmt eine der Frauen das kleine Bündel auf den Arm, damit auch Mama mal von ihrem Croissant abbeißen oder einen Schluck Kräutertee trinken kann. Sie ziehen das weiße Mützchen zurecht und zupfen an der rosa Babydecke. Erinnerungen an die eigene Mutterschaft werden heraufbeschworen, es werden Namensdiskussionen geführt und unter gelöstem Gegacker die schönsten Anekdoten aus dem DDR-Gesundheitssystem zum Besten gegeben. Irgendwann ist dann doch mal Schluss mit der ausgedehnten Mittagspause – die Rechnung wird bestellt, die Frauen nehmen ihre Jacken vom Haken. Aufbruch.

Doch bevor sie zurückkehren in ihr Büro und an ihre Schreibtische, überreichen sie der jungen Mutter noch ihr Geschenk. Sie haben nachgedacht, was eine Frau und ihr Kind in einer mitteleuropäischen Großstadt gebrauchen könnten. Sie haben Geld gesammelt und eine Entscheidung getroffen. Es ist: eine Windeltorte. Eine besonders monströse Nutzlosigkeit in einer an Nutzlosem nicht eben armen Babywarenwelt. Eine Babytorte kann man nicht essen. Sie besteht aus Dutzenden zusammengerollten Papierwindeln, die mit Geschenkband zusammengebunden und von kundigen Händen zu zwei oder drei Stockwerken aufgetürmt wurden. Verziert sind sie mit diversem Tinneff wie Schnullern, Babyrasseln sowie – in diesem Fall – Q-Tips statt Kerzen.

Mit leuchtenden Gesichtern tragen zwei der Kolleginnen die in Knisterpapier gehüllte Scheußlichkeit herbei. In den Augen der Beschenkten sehe ich Fassungslosigkeit. Die Windeltorte ist etwa einen Meter hoch – wie soll sie das Teil nach Hause kriegen? Hätte sie ein wagenradgroßes Blumengesteck geschenkt bekommen, hätte sie es großzügig der Kellnerin weiterreichen können. Die Gäste des Cafés hätten ihre Freude gehabt. Aber so eine verdammte Windeltorte will doch kein Mensch. Nicht mal die Windeln kann man noch gebrauchen – durch das Rollen und das straffe Zusammenbinden sind sie unnütz geworden. Ein Riesenhaufen Wohlstandsmüll also, mit dem man seinem Kind nicht mal mehr den Arsch abwischen kann.

Das erste Mal hatte ich so ein schreckliches Ding im Fernsehen gesehen. In der Serie »Sex and the City« besuchten die vier Heldinnen eine Babyshower, ein Fest, auf dem einer werdenden Mutter gehuldigt wird. Groß im Bild damals: eine Babytorte. Zusammengerollte Windeln als Geschenk, dachte ich damals noch – was für einen Schund die Amis sich ausdenken! Dass zehn Jahre später im stilvollen Leipziger Café Grundmann exakt dieser Schund mit großer Geste überreicht werden könnte, wäre mir nicht eingefallen.

Aber so ist es. Die lieben Kolleginnen ziehen ihrer Wege. Und die Mutter sitzt da. Im Arm ihr Baby und vor sich auf dem Tisch, zwischen zerknüllten Papierservietten, eine einen Meter hohe Nutzlosigkeit. Was soll sie anderes tun, als die Kellnerin zu bitten, ein Taxi herbeizutelefonieren? Und genau das tut sie.

Weiß Gott, es gibt dezentere Geschenke. Zum Beispiel einen Umschlag, mit dessen Inhalt die junge Mutter erwerben kann, was sie gerade braucht fürs Kind. Aber so etwas macht halt keinen Spaß. Ein Geschenk muss sichtbar sein, und es soll irgendwie auch die Erfahrungen und die Haltung der Schenkenden gegenüber dem Neugeborenen zum Ausdruck bringen. In diesem Fall lautet sie ungefähr: Wir sind mit fünfzig raus aus der Kinderphase und wissen deshalb auch nicht, was ihr jungen Dinger so braucht. Nimm denn also diese Windeltorte!

Auch meine Geschenke sollten etwas meinen. Ich habe Sophie Weleda-Kosmetik geschenkt – und es war mir egal, ob sie oder Hanna das Zeug verbrauchen. Außerdem habe ich Sophie die erste Babydecke von Hanna geschenkt: hellblau mit weißen Sternen – jene Babydecke, die schon meine Babydecke war. Die also ganz, ganz alt ist und heilig. Ein echtes Muttergeschenk.

Dann habe ich Sophie eine Babynagelschere geschenkt. Die Funktionalität des kleinen Gebrauchsgegenstands hatte mich wegen der elegant abgerundeten Spitzen überzeugt. So etwas Schönes hatten wir früher nicht. Und ich habe Sophie Löffel geschenkt, die sich bei Hitze verfärben. Ist der Brei zu heiß, wird das gelbe Plastik grell orangefarben. Wie geil!, dachte ich, als ich mich nach all den Jahren mal wieder in der Babyabteilung im Drogeriemarkt umschaute: Löffel, die sich verfärben! Das Wort »Schund« fiel mir erst wieder ein, nachdem Hanna sowohl die formschöne Schere als auch die verrückten Löffel bei uns zu Hause »vergessen« hatte.

Dabei kann sie noch froh sein. Wir hätten ihr auch eine handgefilzte Mutterpasshülle für dreißig Euro schenken können. Quasi als Ausdruck dafür, wie begrenzt ihre Welt ab dem Tag von Sophies Geburt sein wird. Oder die Rassel »Carlotta« aus 925er Silber zu zweihundertzwanzig Euro; Namensgravur gegen Aufpreis möglich. Stattdessen gab's ein Zehn-Jahres-Buch, also eine Art Kalender, in den sie Sophies ersten Zahn oder auch den Maserntermin vermerken und wahlweise beweinen oder bejubeln kann. Sie kann echt froh sein, dass es keine Babytorte geworden ist. Womöglich ist sie das auch.

Als ich neulich auf Sophie aufgepasst habe, nutzte ich die Gelegenheit, das Kinderzimmer genauer unter die Lupe zu nehmen. Seltsamerweise verlangt ja irgendein seltsamer Kodex, dass man bei seiner erwachsenen Tochter komplett ignoriert, wie unordentlich und, ja, mitunter auch ein wenig schmutzig es in deren Wohnung aussieht. Früher, als sie ihr Zimmer noch bei uns zu Hause hatte, hätte ich reinkommen und laut »Hier sieht's ja aus!« sagen dürfen. Heute lege ich vor Betreten der Wohnung meine Mutterscheuklappen an, ignoriere den Keksklebrest an meiner Kaffeetasse und tue beim Besuch der Toilette so, als sei das Putzen derselben eine dumme Angewohnheit des zurückliegenden Jahrhunderts.

Diesmal aber hatte ich Zeit und freie Bahn, Sophie und ich waren allein in der Wohnung. Ich marschierte also mit ihr ins Kinderzimmer. Dort, in einer Ecke, lagen sie, die ungeliebten Geschenke. Diverse staubige Teddys. Reprints von Bilderbüchern, die eher künstlerisch denn kindgerecht aussahen. An dem sauteuren LaufIernwagen, den Stefan und ich Sophie zu Weihnachten geschenkt hatten, war sogar noch das Schleifenband dran. Und irgendwo dazwischen sah ich sie: weiße Sterne auf hellblauem Grund, meine alte Babydecke. Schnief!

Es gehört zur Stellenbeschreibung einer Frau mit O, über derlei Brutalitäten hinwegzusehen. Ebenso, den Reflex zu unterdrücken, die Decke aus dem ganzen Gemurkse hervorzuziehen und in Sicherheit, also wieder zurück nach Hause zu bringen. Sehr hilfreich, ja geradezu therapeutisch ist der Gedanke daran, wie man selbst einst die mannigfachen Geschenke der eigenen Kinder vernachlässigt hat. All die Fensterbilder und Knetekreationen. Wie man das schöne und sehr große Geburtstagsbild mit den Marienkäferchen erst ganz nach oben aufs Regal gelegt, irgendwann den Staub davon abgepustet und es schließlich dem Papiermüll übergeben hat. Hat das Kind das mitgekriegt? Manchmal ja. Und war das schlimm? Wahrscheinlich immer.

WAS DER KINDERWAGEN ÜBER DIE ELTERN AUSSAGT UND WIE ICH GANZ SCHNELL MEINE GRUNDSÄTZE ÜBER BORD WERFE

Sophie ist ein ganz besonderes Kind. Ich weiß nicht, ob meine Mutter sich darüber im Klaren ist, aber sie ist einfach das beste Kind, das unter dieser Sonne seine Windeln vollmacht. Da ich ja weiß, dass es mit mir ähnlich schön gewesen sein muss, und ich ihr etwas Gutes tun möchte, erzähle ich jetzt mal von meinem kleinen Goldprinzesschen.

Ein Tag mit Sophie ist immer eine echte Offenbarung. Und das bereits seit vier Monaten. Nachdem sie zwölf Stunden durchgeschlafen hat, lässt sie ihren angestrengten Eltern noch genug Zeit auszuschlafen, sich hübsch zu machen und den teuren Rotwein vom Vorabend auszujoggen. Anschließend wird der durch frisch gepressten Orangensaft ersetzt, während Sophie sich noch räkelt und mit einem zarten Gurren ihren Start in den neuen Tag ankündigt. Langsam schaut sie sich um, ob schon jemand da ist, um sie anzuziehen. Wenn nicht, spielt sie ein bisschen mit ihrer blau-weißen Babydecke, schaut die Wand an oder übt zu sprechen.

Sobald jemand kommt, begrüßt sie ihn oder sie – sie macht da natürlich Unterschiede und kennt die gesellschaftlichen Gepflogenheiten – mit begeistertem Armewackeln (Männer) oder mit hin und her drehendem Kopf, wie zum Küsschengeben (Frauen). Anschließend wird mit viel Kichern und Lachen die Tagesgarderobe ausgewählt. Sophie ist enorm stilsicher, alles, was sie trägt, stimmen wir gemeinsam farblich aufeinander ab. Immer zwei Basics und ein Special. Obwohl sie so unwahrscheinlich hübsch ist, dass ich mich schon wundere, dass noch kein Babymodelscout sie gecastet hat, ist sie nicht eitel. Es ist ihr egal, dass sie keinen teuren Baby-Ferrari bekommen hat, sondern den grauen Gebrauchten für fünfzig Euro. Sie weiß eben, dass es anderen Kindern auf der Welt schlechter geht und die das Geld dringender gebrauchen können.

Wenn sie beim Essen etwas möchte, was auf unseren Tellern ist, schaut sie uns erst höflich an und kostet dann auch nur kleine Portionen. Niemals würde sie uns etwas wegessen oder uns vom Essen abhalten wollen. Ich merke richtig, wie es sie schmerzt, dass ihr Kehlkopf noch nicht so weit entwickelt ist, dass sie fragen könnte: »Liebe Mama, sag, könnte ich vielleicht ein Fitzelchen von deinem Salat haben? Ich möchte doch, dass mein Darm sich auf alle Lebensmittel einstellt, sodass ich ganz bald all die leckeren, von Papa zubereiteten Speisen durchprobieren kann. Bitte?«

Sie entwickelt sogar schon eine Art Empfehlungsverhalten. Neulich stand die vor Fett triefende Pizza vor mir, und ich hatte Sophie auf dem Schoß. Als ich kurz wegsah, schnappte sie sich ein Drittel von meinem Teller und warf es auf den Boden. Sie lachte kurz auf, als wollte sie sagen: »Siehst du, Mama, NDHZD – nimm die Hälfte zu dir. Und du wirst bald wieder zufrieden mit deinem Körper sein.«

Wenn die Mahlzeit dann beendet ist, möchte sie oft allein sein. Sophie macht gern Kraftübungen, hört dabei Musik oder schläft einfach noch eine Runde. Was ihr halt so in den Sinn kommt. Sie kann auch schon ihre Spielzeuge auseinanderhalten und entscheidet selbst, mit welchem sie in ihrer Freizeit spielen möchte. Auch wer Freund und Feind ist, kann sie bereits unterscheiden. Angelächelt wird jeder, aus reiner Höflichkeit, versteht sich. Aber in ihr kleines, reines Herz schließt sie nur jene, die ihr Weltbild erweitern und bei denen sie merkt, dass sie ihnen etwas bedeutet. Sie gibt jedem eine Chance, weil sie weiß, dass alle Menschen gleich sind. Diskriminierung oder gar Rassismus verabscheut sie, und da hat sie auch keinen Sinn für Humor. Ist das nicht wundervoll? Sie ist wahrlich ein Engel, und ich kann mir nicht vorstellen, dass das irgendjemand anders sehen könnte.

Und genau hier beschleicht mich immer wieder diese eine kleine Frage: War das bei uns auch so? Hat meine Mama mich auch immer geküsst und gekuschelt, so viel sie konnte? Hat meine Mama alles getan, um mir alle Türen offen zu halten? Beide Antworten sind verlockend. Falls ja: Wunderbar, dann ist ja klar, warum ich so eine einzigartig tolle Mutter bin. Ich habe es von meiner eigenen abgeschaut. Falls nein: Wow, bin ich eine tolle Mutter. Ich kann es noch besser als meine eigene, und aus mir ist schon etwas Richtiges geworden. Was für eine Zukunft steht dann Sophie erst bevor? Friedensbotschafterin? Literaturnobelpreisträgerin? Glücksforscherin?

Problematisch ist, dass ich die Frage meiner Mutter nicht stellen kann: »Mama, hast du dich auch immer so aufopferungsvoll um mich gekümmert wie ich mich heute um Sophie? Warst du gut zu mir, oder darf ich meine Psychosen endlich auf meine frühe Kindheit schieben?« In Ermangelung einer geeigneten Gesprächspartnerin suche ich über Ecken nach einer Antwort. Dafür muss ich zwangsläufig auch bei anderen Eltern schauen: Wie gehen die mit ihren Kindern um? Und vor allem: Wie zeigen die ihre Liebe?

Ein wichtiger Anhaltspunkt ist der Kinderwagen. Vielleicht ist das wie mit den Autos. Dicke Autos müssen etwas kompensieren. Verkackte Kindheit oder kleine Penisse. Kompensiert dann ein Tausend-Euro-Vorzeigebuggy mangelnde Zeit, fehlende innere Werte oder einfach nur Traditionslosigkeit? Wie gesagt, unserer hat fünfzig Euro gekostet und war in der fünften Generation gebraucht.

Und das, obwohl meine Mutter uns von Anfang an einen kleinen Porsche andrehen wollte. »Nein«, sagte ich, »nein, Mutter, Sophie soll von Anfang an wissen, was Konsum mit einem machen kann. Und deshalb beginnen wir mit Enthaltsamkeit und tasten uns schrittweise voran.« Doch dieses Gespräch fand statt, bevor das Kind diese wunderbare bunte Glitzerwelt betreten hatte. Sobald sie die erste Windel vollgekackt hatte, standen jede Menge Menschen Schlange, um das Kind mit Kram zu überhäufen. Wir kriegten hässliche Bodys in Größen geschenkt, die wir erst in einem Jahr brauchen konnten. Doppelt. Von kreativen Bastelfreundinnen selbst Gemaltes, Gebasteltes und Geklebtes, das jetzt in einer kleinen Kiste ruht und vielleicht nie wieder das Tageslicht erblicken wird. T-Shirts, auf denen »Zuckermäuschen« stand mit Ä-Punkten in Sternenform. Zwei Lauflernwagen, Riesenplüschtiere, Krachmacherspielzeug, Eimer, die falschen Cremes, Spielzeug mit dem traurigen Kind von null bis drei drauf, das vor der Benutzung warnt, riesige Gemälde, heilige Bücher und Decken, die niemals kaputtgehen durften. Eine kleine Drehorgel, die mir mit verschwörerischem Blick und dem Satz »Du musst es ihr jeden Abend vorspielen und sagen, dass sie es von mir hat« überreicht wurde. Und ein einziges Mal ein Paket Windeln. Da habe ich mich gefreut. Das fand ich wirklich super. Ich dachte: »Endlich mal jemand, der mitdenkt. Ich freue mich ja über all den Nippes, aber ohne Windeln kann sie auch keine pinkfarbenen Höschen tragen – und so ein Paket kostet mindestens genauso viel.«

Es ist schon seltsam, was man für eine Anspruchshaltung entwickelt. Immer wenn jemand Klamotten geschenkt hat, die noch viel zu groß waren, empfand ich das als super egoistisch, statt mich zu freuen, dass uns auch bei anhaltendem Wachstum Sophies nicht die Klamotten ausgehen würden. »Der will doch nur, dass wir auch in acht Monaten noch an ihn denken, wenn wir Sophie dieses seltsam geformte Oberteil anziehen!« Sicherlich meinten es die Leute nur gut, aber das nützte mir auch nichts. Außerdem stellten viele mehr oder minder diskrete Forderungen mit ihren Geschenken. Der Jahresweiser meiner Mutter hat mich dazu verdammt, das Ding auch zu führen. Denn früher oder später wird sie entweder selbst danach fragen oder Sophie erzählen, dass dieses Ding existiert. Dann wird meine Tochter zu mir kommen und mich fragen, ob sie mal drin blättern kann. Ich sehe jetzt schon ihre kleinen Tränen auf das edle handgeschöpfte, vor allem weiße Papier tröpfeln. Ja, ich habe es nicht gemacht. Weil ich nicht konnte. Ich kann doch unmöglich alles aufschreiben. Außerdem ist Sophie doch da. Es ist komisch, so hinter ihrem Rücken alles über sie aufzuschreiben. Das macht man doch nicht!

Wegen all dieser seltsamen Anforderungen, die Geschenke so mit sich bringen, und damit Sophie in einer normativ einwandfreien Welt aufwächst, behalten wir unseren grauen Quietschewagen. (In Wahrheit wollen Oscar und ich uns damit stets versichern, dass wir immer noch megahypercool sind.)

Wenn er und ich durch die Straßen laufen, boxen wir uns nach wie vor gegenseitig auf den Oberarm, sobald wir einen Bugaboo sehen. Der Boxer ist genauso überflüssig wie die Babykutsche. Das ist unsere Art, uns gegenseitig zu versichern, dass wir schon für die Zukunft vorgesorgt haben. Wir haben uns die Dinger angeschaut, und tausend Euro für einen Kinderwagen mit nichts dran auszugeben, bloß weil die Erfinder sich irgendwie – nämlich durch den Preis – von den bestehenden Marktangeboten abheben wollen, überlassen wir lieber anderen. Sophie war nach fünf Monaten so sehr in ihre XXL-Kinderwagenkiste eingequetscht, dass wir uns fragten, was wohl gewesen wäre, wenn wir uns auf so einen Pakt mit dem Bugaboo-Mann eingelassen hätten. Die Tragetaschen darin sind so klein, da hätten wir sie wohl früher zum Sitzen zwingen müssen, oder wir hätten ihr die Beine amputieren müssen, damit sie da reinpasst. Das investierte Geld muss sich ja schließlich lohnen.

Noch schlimmer sind die Stokke-Kutschen. Bei deren Anblick sind wir dazu übergegangen, den jeweiligen Eltern direkt eine Kopfnuss zu verpassen. Die Firma Stokke hat sich nämlich dazu entschlossen, Kinderwagen zu bauen, in denen die Kinder auf Brusthöhe auf einem kleinen, natürlich individuell gestaltbaren Thron sitzen. Unter dem Thron befindet sich ein recht wackelig daherkommendes Konstrukt, das eher nach dem Prototyp des Segways aussieht als nach TÜV-geprüfter Kindersicherheit. Diese an Giraffen in der Savanne erinnernden Geräte sind noch teurer, noch seltener und sehen mehr aus wie die Gehhilfe der Zukunft als ein Transportmittel für Kinder. Für uns sind diese Hammerteile ganz klare Fälle von: »Mein Kind kann nicht eher laufen als andere, aber ich habe mehr Geld dafür ausgegeben. Ob es einen Rückenschaden von der Sitzschale davonträgt, ist mir egal.« Von den bunten und unsicheren Fahrradanhängern, die das Kind daran hindern, selbst laufen und Fahrrad fahren zu lernen, fange ich jetzt mal gar nicht erst an.

Ja, aus mir spricht der Neid. Ja, wir haben nicht so viel investiert, um später beim Fotoanschauen sagen zu können: »Schau, das war damals das Beste vom Besten.« Nein, wir werden eher sagen müssen: »Der war zwar grau, aber praktisch. Na ja, er hat ein bisschen gemüffelt und gequietscht. Er ging auch nicht in jeden Kofferraum, und das Sonnendeck war total vergilbt. Aber dafür hast du da ganze sechs Monate reingepasst. Super, oder?«

Der Kinderwagen zeigt dem sozialen Umfeld nicht, wie man zu seinem Kind steht. Er zeigt lediglich, welche Beziehung man zum Konsum hat. Und er zeigt, wie wichtig es einem ist, was die anderen von einem denken. Ist es mir also egal, ob die anderen die Grau-Orange-Mischung auch mögen? Ganz ehrlich: Nein. Aber ich habe dennoch tatsächlich andere Themen in meinem Kopf als die Farbe und Beschaffenheit der Tragewanne. Und wenn wir alle mal einen Moment innehalten. Dann wissen wir doch eigentlich, dass gute Eltern diejenigen sind, die morgens um vier die Windeln wechseln und trotzdem zurücklächeln, wenn das Kind lächelt. Eltern, die das Kind aufheben, wenn es fällt, und auch wenn es schon wieder lacht, noch mal »Heile, heile Segen« singen. Gut oder schlecht entscheidet sich noch lange nicht an der PS-Zahl des fahrbaren Untersatzes. Unseren Kindern ist es doch völlig egal, in was für einem Kinderwagen/Hochstuhl/Strampler sie sitzen. Hauptsache, es ist jemand da, der sie liebt und ihnen ab und zu Essen gibt. Der Rest kommt dann von ganz allein. Amen.

Das sage ich jetzt. Aber im akuten Fall denke ich eher: Haha. Ihr seid dumm, und ich bin klug. Ich gehe keinen Pakt mit dem Teufel ein. Was bilde ich mir ein, den Luxusschmu zu wollen, wo es doch in manchen Ländern überhaupt keine Kinderwagen gibt. Wo ist da das Erbarmen für die Armen? Sophie wird das ganz sicher verstehen. Wir werden sie so offen und liberal erziehen, dass sie froh und dankbar ist, überhaupt ein Dach über dem Kopf und jeden Tag eine einigermaßen sättigende Speise auf dem Tisch zu haben. Denn: Ich sage es niemandem, aber mein Kind ist klüger und besser als alle eure Kinder zusammen. Mein Understatement bedeutet nur, dass ich Sophie noch mehr liebe als ihr alle auf den Spielplätzen mit den perfekten Klamotten und euren Croozern, Bugaboos und Stokke-Gehhilfen zusammen.

PS: Drei Monate später schenkte meine Mutter uns einen niegelnagelneuen und vor allem teuren Kinderwagen, den ich inzwischen über alles liebe. Ich möchte nie wieder etwas anderes schieben. Sophie hat nur das Beste vom Besten verdient.

DAS KIND BEKOMMT EIN ZEITGEMÄSSES GEFÄHRT, UND DIE FRAU MIT O WUNDERT SICH ÜBER SYSTEM-ELTERN

Als Hanna unterwegs in diese Welt war, stand noch die Mauer. Die Auswahl an Kinderwagen entsprach also planwirtschaftlichen Bedingungen. Eher klein denn groß. Eher Plaste als Elaste. Und eher »klassisch« im Design, nimmt man als Maßstab, dass die ostdeutsche Konsumgüterproduktion dem globalen Trend stets locker fünfzehn Jahre hinterher war. Nein, es gab keinen Kinderwagenmangel wie vielleicht bei Badezimmerfliesen, Schlagbohrmaschinen oder Papiertaschentüchern. Aber mal ehrlich, wollte man sein Baby nach der Geburt in ein Gefährt legen, das aussah wie eine Wachstuchtischdecke oder Oma Waltrauds alter Bouclé-Vorhang auf vier Rädern? Eher nicht.

Ich machte mich beizeiten auf die Suche. Den vier, fünf handelsüblichen Modellen aus dem VEB Zekiwa, dem Zeitzer Kinderwagen-Werk, schenkte ich keinerlei Aufmerksamkeit. Hier war schließlich kein gewöhnliches Baby im Anmarsch, sondern das Kind einer zur Exzentrik neigenden Dreiundzwanzigjährigen, das der entsprechenden Ausstattung bedurfte. Ich blätterte den Kleinanzeigenteil der Zeitung durch, wo immer mal gebraucht angeboten wurde, was Tante Ilse aus Bochum oder Oma Helga aus Salzgitter der armen Ostverwandtschaft mitgebracht hatten. Aber mit meinen zweihundert Mark Stipendium spielte ich eh nicht in der entsprechenden Liga.

Schließlich, kurz vor dem Geburtstermin, schoss ich im An- und Verkauf am Rosenthaler Platz das ultimative Gefährt. Dunkelroter Stoff auf weißem Gestänge für hundertzwanzig Mark, Einkaufsnetz und Rasselkette gab's umsonst dazu. Ich scheuerte das gute Stück ordentlich ab, besorgte mir eine Matratze, und als es so weit war, schob ich mit meinem schönen Kinderwagen stolz wie Bolle durch den Prenzlauer Berg.

Ebendort, im einstigen Hippie- und heutigen Muttibezirk, sehe ich sie heute noch manchmal: die Wachstuchtischdecken auf vier Rädern. Die Trends und Zeitläufe haben dafür gesorgt, dass Eltern mit Hochschulabschluss sich entscheiden, ihr Kind in diese Rollpanzer zu legen. Kaum Federung, wendig wie ein Trecker und attraktiv wie eine Kittelschürze. Eine schlimme Krankheit namens Ostalgie lässt selbst mich mitunter versonnen lächeln, wenn ich diese Kinderschubsen über die sanierten Granitplattenwege schettern sehe.

Die Mehrheit der heutigen Kinderwagen im Straßenbild jedoch scheint unmittelbar einem Raumforschungsinstitut zu entspringen. Es handelt sich um schwarze Nussschalen auf mattiertem Alugestänge, deren Ausmaße tapfer die Tatsache zu ignorieren scheinen, dass Neugeborene noch wachsen. Dass sie also binnen weniger Wochen an Gewicht, also auch Länge zulegen und in einem zum Preis des Gefährts in keinem Verhältnis stehenden Tempo der winzigen rollenden Babywanne entwachsen sein werden.

Wie machen die das, diese neuen Eltern?, denke ich. Diese Kinderwagen sind so winzig, dass darin schon eine zwei Monate alte Zoë die Knie anziehen müsste. Oder bleiben Kinder heute länger klein – wegen der guten Biokost oder der erblichen Magerkeit von Mama? Ich hätte nicht übel Lust, mal einen Blick in eines der kleinen dunklen Wägelchen zu werfen. Womöglich schaut mir aus dem Tausend-Euro-Schlund ein erbsengroßes nacktes Drachenbaby mit roten Augen entgegen, das sich erst nach Jahresfrist und mehreren Hektoliter Muttermilch in einen Menschen verwandelt?

Sei's drum, in solch einem finsteren Teil sollte meine Enkeltochter nicht durch die Welt kutschiert werden. Es sollte irgendwas sein zwischen den NASA-Hybriden und der Wachstuchdecke. Und auf jeden Fall schöner als jene abgeschrammelte Kutsche, mit der Hanna und Oscar die kleine Sophie durch Leipzig schoben: eine irgendwie grau geblümte Scheußlichkeit.

Dass ich den neuen Kinderwagen bezahlen würde, galt mir als Selbstverständlichkeit. Ich stellte mir vor, wie ich mich zum Dank dafür gemeinsam mit Hanna durch Baby-Walz- und Hauptstadtmutti-Portale klicken würde, um uns über stilistisch fehlgeleitete Eltern zu amüsieren und für Sophie nach der perfekten Mischung aus Design, Technik und Preis zu fahnden. Umso irritierter war ich darüber, dass Hanna und Oscar sich nicht recht freuen wollten, als ich ihnen meine Schenkung in Aussicht stellte. Diese Nachhaltigkeitsfetischisten des 21. Jahrhunderts meinten doch tatsächlich, der treue Graugeblümte tue es noch.

Außerdem, wurde mir erklärt, werde Sophie ja noch viel »im System« herumgetragen. Das »System« ist das, was Frauen meiner Generation Babykiepe nannten – eine Erfindung, die wiederum von unseren Müttern, unseren Frauen- und unseren Kinderärzten strikt abgelehnt wurde. Begründung: Das Kindsköpfchen finde in der Kiepe keinen richtigen Halt. Und ganz ehrlich, wenn ich heute System-Eltern sehe, deren Kinder ihre zarten Köpfe haltlos durchs Straßenbild baumeln lassen müssen, würde auch ich gern hin und wieder mal das Jugendamt anrufen. Hanna hat Glück, dass ihr »System« nicht nur aus einem ansprechenden Pfeffer-und-Salz-Stoff gefertigt ist, sondern auch kopftechnisch jeden Komfort bietet.

Gott sei Dank hatte Hannas und Oscars grau geblümte Karre alsbald irgendeinen Schaden. Ihn zu reparieren wäre bei dem alten Ding teuer geworden. Und so signalisierte mir das junge Paar schließlich doch uneingeschränkte Kaufbereitschaft. In den folgenden Tagen wechselten wir Mails. In Hannas Posts ging es um technische Daten wie Hydraulik, die siebenfach verstellbare Rückenlehne, das feststellbare Schwenkrad und die gnadenlos gute Federung. In meinen ging es eigentlich immer nur um eines: die Schönheit. Während also Hanna schrieb: »Guck mal, der hier wiegt nur elf Kilo und hat gepolsterte Fünf-Punkt-Gurte«, schrieb ich als übergriffige, zahlungskräftige große Mutter: »Aber nicht mit diesen bekloppten Guckfenstern an der Seite! Das ist doch nicht euer Ernst!«

Am Ende wurde es ein hypermoderner Buggy mit gebürstetem Metallicgestänge. In Blau. Na gut. Ich überwies das Geld und machte die äußerst witzige Bemerkung, man möge mir, der Spenderin, zu Ehren eine Plakette an das Gefährt meiner Enkelin nageln. Ich hatte nicht das Gefühl, dass Oscar und Hanna das auch nur ansatzweise lustig fanden. Trotzdem, wenn ich Sophie sah, nötigte ich ihre Eltern, mir ein wenig dankbare Freude vorzugaukeln, indem ich das blaue Gefährt ein bisschen anschubste und fachfraulich »leichtgängig« murmelte. Pflichtschuldig brachten die jungen Eltern so etwas wie Zufriedenheit mit dem erworbenen Produkt zum Ausdruck. Aber Freude? Nun ja.

Dass etwas nicht stimmen konnte, merkte ich spätestens, als ich mit Hanna spazieren war und sah, wie ruppig sie den leicht nach links abdriftenden Wagen herumriss. Ich schwieg fein still. Schlecht gelaunte Produktkritiken bitte an irgendjemanden, aber nicht an mich! Der Kinderwagenerwerb war insgesamt nicht das Jubelereignis geworden, als den ich als konsumfreudige Ostlerin mir das ausgemalt hatte.

Wenig später wurde der neue, blaue und sauteure Butz von gewissenlosen Hehlern aus Hannas Hausflur geklaut. Was danach kommen sollte, wollte ich eigentlich schon gar nicht mehr wissen. Ich hoffte einfach, dass Hanna und Oscar die richtige Hausratversicherung hatten – und die hatten sie. Sie nahmen das Geld und kauften davon einen anderen hypermodernen Untersatz für Sophie. In Rot. War mir egal. Dies war nicht mehr mein Wagen. Er war gekauft von entfremdetem Geld, Versicherungsgeld. Er hatte Seitenfenster. Er wog kolossale sechzehn Kilogramm. Was soll man denn dazu noch sagen?

Dass der Rote auch noch technische Raffinessen aufwies, bemerkten wir anlässlich meines und Stefans erstem Wochenende allein mit Sophie. Wir marschierten mit dem Kind durch den kalten Wintertag, Sophie, beschützt vom Verdeck, schaute mit festem Blick den Weg hinunter. Aber dann wurde sie müde, ihre Augen fielen zu und der Kopf nach vorn. Ganz klar, dieses Kind wollte hingelegt werden. Aber wie? Stefan und ich senkten unsere verzweifelten Blicke in die ausgefeilte Kinderwagentechnik. Überall gebürstetes Aluminium, die Scharniere kunststoffverkleidet. Wo bitte war hier der Knopf zum Hinlegen eines Kindes?

Wie gerufen kam uns eine Mutter entgegen, sie führte ebenfalls einen Hightechwagen mit Kind bei sich. Ich sagte: »Entschuldigen Sie bitte, wissen Sie, wie man diesen Kinderwagen runterklappt?« Sie schaute uns prüfend an. Zwei Mittvierziger in einem Park, im Wagen ein Kind. Waren wir womöglich Entführer? Hatte es bei uns nicht geklappt mit der Fortpflanzung, und jetzt hatten wir uns dieses müde blauäugige Mädchen geschnappt, um mit ihm an einem entlegenen Fleck der Welt glücklich zu werden? Hastig stieß ich hervor: »Wir sind nur die Großeltern, wissen Sie.« Aha, machte es bei der Mutti. Lässig fasste sie mit einer Hand irgendwo in die Eingeweide von Mura, schon war Sophie sanft gebettet. Und tschüss! »Sag mal«, fragte Stefan, »warum sind wir denn ›nur‹ die Großeltern?« »Ach«, antwortete ich, »als dermaßen späte Mutter möchte ich nun wirklich nicht dastehen.« Sophie gab einen zustimmenden Schnarcher von sich.

7

NEUE WELTEN

SOPHIE WIRD SAMT EQUIPMENT IN EINEM LOKAL VERKÖSTIGT UND IST COOLER ALS MAXI UND IHR REISEKLO

Weil Oscar gerade ein Praktikum macht, ist er derzeit so etwas wie ein Five-to-nine-Vater. Ein Papa also, der während der Kernarbeitszeit unabkömmlich ist, dafür aber ab dem späten Nachmittag bis zum frühen Morgen einsetzbar. Ein Papa, der morgens, nach Kaffee und Deo duftend, das Haus verlässt, Freundin und Kind Nasenküsschen verpasst und anschließend für den Rest des Tages in einem Büro verschwindet. Dort verrichtet er allerlei wichtige Tätigkeiten, die ihn aus Familienperspektive unbrauchbar machen für Obliegenheiten des täglichen Bedarfs. Sophie zur Tagesmutter bringen zum Beispiel ebenso wie Sophie von der Tagesmutter abholen. Mit Sophie laufen üben im innerstädtischen Bereich, sich mit ihr in einen Buddelkasten setzen oder ihr mal schnell auf einer Parkbank diskret die übergelaufene Windel wechseln. Sophie den Schnodder von der Nase wischen, ihr ein Pfirsich-mit-Vollkorn-Gläschen reinlöffeln oder den Einkauf fürs Abendessen erledigen. So was.

Und weil ich das alles weiß, lade ich heute die Kleinfamilie ins Restaurant ein. Sollen doch einfach mal andere kochen, Mutti zahlt. Hanna, Sophie und ich stehen also kurz nach fünf vor dem Bürogebäude, in dem Oscar seit Wochen allmorgendlich verschwindet – dann kommt er raus, und wir steuern gemeinsam den Leipziger Ratskeller an, um dort ein frühes Abendessen zu ordern. Das Restaurant ist weitläufig und um diese Uhrzeit noch relativ leer. Wir bekommen vom freundlichen Kellner einen etwas abseits gelegenen Tisch in der Ecke, wo die junge Familie sich und alles Weitere ausbreiten kann, was so ein Besuch im gastronomischen Bereich erfordert. Den Hochstuhl für Sophie trägt der Kellner herbei, Sophies Flasche, die Kekse, den Latz und ein Pappbuch holen ihre Eltern aus dem Kinderwagen. Der steht nun wie ein rotes Alumahnmal direkt neben unserem Tisch.

Wieder einmal frage ich mich, wie schlecht diese Welt doch sein muss, in der Eltern gezwungen zu sein scheinen, den Fahruntersatz ihres Kindes sogar in Restauranträume mitzunehmen. Als Hanna Ende der Achtzigerjahre geboren wurde, stellte ich ihren Kinderwagen sorglos vor jedem Geschäft ab – inklusive Kind wohlgemerkt. Bremse treten und rein in den Wochenendeinkauf! Als dann Mitte der Neunzigerjahre ihre Schwester Kira da war, ließ ich den Wagen immer noch stehen – mittlerweile sicherte ich ihn aber mit einem Fahrradschloss und nahm das Baby mit hinein in die bunte Warenwelt. Heute, zwanzig Jahre später, verrammeln ganze Buggy-Armadas die Türen und Gänge von Geschäften, Cafés und Restaurants. Nie, niemals würde der Nachwuchs irgendwo achtlos vor Supermärkten abgestellt, das verstehe ich ja. Aber warum mittlerweile ein wuchtiger Kinderwagen als ständiger Begleiter selbst in engsten Räumlichkeiten gilt, das will sich mir nicht erschließen.

Ähnlich verhält es sich mit der Frage, warum Kinder eigentlich überallhin mitgenommen werden müssen. Haben Babys Spaß daran, mit ihren Eltern Zeit in eng bestuhlten Gasthausstuben zu verbringen? Schmeckt Erziehungsberechtigten überhaupt ihr Essen, wenn sie den teuer bezahlten Gastronomieausflug mit einem Kind im Hochstuhl oder auf ihrem Schoß verbringen, wo es wahlweise probieren möchte, Fläschchen nuckelt oder Pipi muss, während Mama mit der linken Hand ziemlich gehindert in einem liebevoll zubereiteten Gericht herumstochert? Ist es Eltern überhaupt möglich, sich auf eine irgendwie erwachsene Weise zu unterhalten, wenn Klein Anna/Benno/Julius die ganze Zeit dazwischenquakt und dabei das Kindergericht auf dem Kinderteller zu kleinen grauen Klümpchen verarbeitet?

Die Antwort lautet: Ja, manchmal. Hin und wieder ist es einfach praktischer, jemand anderen Essen kochen und servieren zu lassen, als zu Hause in den taghell erleuchteten, leeren Kühlschrank zu starren und sich darüber zu streiten, wer verdammt noch mal die letzte Ecke Gouda verputzt hat. Oder man verfügt über eine zahlende Kindsoma, die meint, den Kindseltern eine Freude zu machen, indem sie sie in den örtlichen Ratskeller schleppt.

Sophie meistert ihre spätnachmittägliche Restaurantherausforderung recht gut. Meist sitzt sie stolz wie Bolle im Hochstuhl, lässt sich von Hanna, Oscar oder mir Brot- oder Kartoffelstückchen reichen und ist insgesamt ganz froh, solange jemand zuverlässig einen Erwachsenenfinger zur Verfügung stellt, an dem sie sich festklammern kann. Erst gegen Ende der Mahlzeit wird sie unruhig. Einer von uns muss nun das Essen kalt werden lassen und mit ihr den Gastraum erkunden. Ich als Alterspräsidentin bin das zum Glück nicht. In ihren Stoppersocken keult Sophie durchs Restaurant. Erwachsene, die ihrer ansichtig werden, lächeln freundlich in ihre blauen Augen hinein und wenden sich anschließend wieder ihrem Tischgespräch zu. Erst ganz zum Schluss, als ich bezahlt habe und das komplette Kinderequipment inklusive Kind wieder zusammengesucht und im Kinderwagen verstaut werden muss, geht es ein bisschen holterdiepolter. Aber der Kellner hat gut aufgepasst während seiner Ausbildung; er sammelt, stoisch lächelnd, Sophies zerrissene Papierservietten vom Boden auf und wischt die angesabberten Brotkrümel vom Tisch. Er bedankt sich artig fürs

Trinkgeld und sagt zum Abschied tatsächlich noch so was wie »Gern wieder«.

Gut gelogen, denke ich. Aber sei's drum. Tatsächlich haben wir unseren Restaurantbesuch mit Kind anständig über die Bühne gebracht. Kein Glas ist umgekippt oder zu Bruch gegangen. Niemand von uns hat andere Gäste genötigt, unseren Aufenthalt wortreich zu würdigen. Kein Kleinkind ist in der Küche aufgetaucht, angefeuert von einem Erziehungsberechtigten, sich doch hier mal alles ganz genau anzuschauen. Wir haben gut Umsatz gemacht, sogar für unsere einjährige Begleitung haben wir Kloß mit Soß geordert. Wir haben zum Wickeln die entsprechenden Örtlichkeiten aufgesucht. Wir haben Trinkgeld gegeben und treten nun den geordneten Rückzug an, damit das Kind zu seiner gewohnten Schlafenszeit ins Bett kommt. So weit alles prima. Aber hatten wir auch Spaß? Na ja.

Schimpft mich eine spießige Frau, eine, die nicht kapieren will, dass sich in diesem Lande einiges zugunsten des Nachwuchses und seiner Erziehungsberechtigten gedreht hat – aber nach wie vor empfinde ich Kinder abends im Restaurant als unpassend. Und nicht nur das. Ich bin sogar der Überzeugung, dass Kinder nach zwanzig Uhr besser in ihrem Bett aufgehoben wären, statt gemeinsam mit ihren Eltern und Großeltern die örtlichen gastronomischen Angebote auszuchecken. Ich meine, so wie wir Erwachsene am nächsten Morgen an der Werkbank stehen müssen, kann das doch nur funktionieren, wenn wir zuvor unseren ausgeschlafenen Nachwuchs in Kita oder Schule untergebracht haben. Ich brauche meine sieben Stunden Schlaf. Und ich weiß, dass meine Töchter einst mindestens genauso viel, wenn nicht gar zwei Stündchen mehr Bettruhe brauchten, um dem Kita-Morgenkreis in einigermaßen aufmerksamem Zustand folgen zu können.

Was treibt Eltern nur, in den späten Abendstunden in Begleitung ihrer Kinder Wirtshäuser aufzusuchen, um dort Mahlzeiten einzunehmen, für die Tiere gestorben sind – was sie jedoch kaum zu würdigen in der Lage sind, da ihre kleinen Tischgesellen sie permanent auf Trab halten? Wieso muss es für das Kind das aufwendige Clubsandwich mit Biopute und Benimmse bei Tisch sein, wenn man doch zu Hause in aller Ruhe ein paar Fischstäbchen in die Pfanne hauen und alles bequem vollsauen könnte? Warum geben Eltern viel Geld dafür aus, sich von ihrem übermüdeten Nachwuchs permanent unterbrechen zu lassen, Mitgäste zu irritieren, Kellner in stille Raserei zu versetzen und nicht einmal miteinander ein gepflegtes Erwachsenengespräch führen zu können? Warum?

Erst kürzlich haben sich mir diese Fragen wieder drängend gestellt. Ich war mit Stefan beim Italiener. Es war unser Kennenlerntag. Der liegt nun auch schon mehr als zwei Dekaden zurück, sodass wir uns nicht unbedingt getroffen haben, um Neuigkeiten auszutauschen. Geplant war eine Art Abendgeplänkel bei gutem Essen und Wein. Doch selbst wenn es etwas Wichtiges zu bereden gegeben hätte – nichts wäre so interessant gewesen, wie jene Familie zu beobachten, die gegen 21 Uhr das Lokal eroberte. Wie bei einer Varieténummer wurde die Tür von außen aufgestoßen und ein gigantischer Kinderwagen in den Gastraum bugsiert. Hinterher stolperten: ein Vater, eine Mutter sowie ein etwa zwei Jahre altes sehr niedliches gelocktes Mädchen. Zusätzlich zu allerlei Babytüchern, Schals und Jacken baumelte am Arm der Mutter eine Trageschale für Neugeborene, in der ein entsprechender Zeitgenosse lag und wie am Spieß schrie. Schnell war klar: Die vier hatten vor, diese Nacht ganz en famille direkt an unserem Nachbartisch zu verbringen.

Weil das Jüngste ja schrie, heulte auch die Ältere erst mal eine Runde. Die Eltern waren noch dabei, sich aus ihren zahlreichen Jacken zu pellen und ihr ganzes Equipment über den

Raum zu verteilen, und zischten deshalb ihre Tochter an. Schhhhhhhhhhh! Als endlich alle Platz gefunden hatten – also Mama und Papa einander gegenüber, Maxi im Hochstuhl, Mini an der entblößten Brust der Mutter und der Kinderwagen im Gang –, wurde bestellt. Mama und Papa tranken Wasser, Maxi Milch aus ihrer Flasche, Mini Milch aus der Brust. Für Maxi wurde ein leerer Teller bestellt, für Mama und Papa Gabelgerichte, die wenig später aufgetragen wurden. Das war klug, denn beide hatten – maximal! – immer nur eine Hand frei. Mit der anderen wurde an Mini oder Maxi herumgezupft, Minis Bäuerchen herausgeklopft, Maxis Nase abgewischt und ansonsten lustlos im Essen herumgestochert.

Die vier machten im weiteren Verlauf des Abends weder nennenswerten Lärm noch Dreck, sie machten aber auch nicht den Eindruck, gemeinsam etwas Angenehmes zu erleben. Im Gegenteil, beide Eltern sahen müde und angestrengt aus, untereinander wechselten sie im Grunde kein Wort. Wenn sie sprachen, dann mit Mini und Maxi und irgendwann nur noch mit Maxi, weil Mini an Mamas Schulter eingeschlafen war. Und dieses zweifelhafte Vergnügen ließen sie sich Pi mal Daumen achtzig Euro kosten. Wie gesagt, es war eher ein Italiener der Kennenlerntag-Feier-Kategorie.

Stefan und ich plänkelten wie geplant vor uns hin. Wir lobten den guten Wein, spachtelten drei Gänge in uns hinein, entschieden uns gegen einen Nachtisch und diskutierten mit gesenkten Stimmen, ob wir mit Mitte vierzig einfach zu alt und bei Weitem nicht urban genug gegenüber modernem Familienleben eingestellt seien. Immer mal wieder schauten wir uns das Elend am Nachbartisch an. Es war mittlerweile halb elf, die Eltern hatten die halb geleerten Teller beiseitegeschoben, sie schwiegen und nippten gerade an ihren Wassergläsern, als sich die scheinbar schlafende Maxi mit einem Schreckensschrei zurück auf die Showbühne meldete. »Kaaaacka!«, presste sie hervor. Es war klar, was jetzt angesagt war: ein hurtiger Gang zum Klo. Aber was tat Papa? Er richtete den Blick Richtung Fußboden und scannte das umherstehende Equipment.

Endlich entdeckte er, was er gesucht hatte. Unter Mamas Stuhl nämlich stand ein knallpinkfarbener, ovaler Plastikkoffer. Papa hob die nun doch schon sehr dringende Kacka-Rufe ausstoßende Maxi von seinem Schoß und griff sich das pinkfarbene Gepäckstück. Erst jetzt konnte es losgehen Richtung Toilette. Im Vorbeigehen entzifferte ich, was auf dem Pinkding stand: »My Carry Potty.« Ich musste kurz grübeln, was exakt ich hier gerade gesehen hatte. Und auch als ich es verstanden hatte, musste ich es mir noch einmal übersetzen, um ganz sicher sein zu können. Denn dies hier war ein Kinderreiseklo. Ein pinkfarbener Klapptopf, in den die kleine Maxi exklusiv ihre Würstchen absondern konnte und der anschließend wieder zusammengeklappt und fein säuberlich unter dem Restauranttisch deponiert werden würde.

Man mag so oder anders zu Verdauungsprodukten von Kindern stehen. Ich zum Beispiel habe damit keinerlei Probleme, sie pinkeln halt Elfenpipi und machen Kinderkacki. Aber die Vorstellung, dass die niedliche Maxi einen transportablen Thron besitzt, damit ihre Eltern zur besten Schlafenszeit lustlos in teuren Restaurants herumsitzen können, finde ich ekelhaft. Ich möchte kein frisch gespültes Plastikklosett unter dem Nachbartisch deponiert wissen. Lieber spendiere ich Hanna und Oscar einen TÜV-geprüften Babysitter. Oder noch besser: Ich komme selbst zu ihnen, schenke ihnen fünfzig Euro fürs Restaurant und wechsele mit aller Ruhe und Liebe sämtliche Windeln, die Sophie vollzumachen geruht. Und zwar nach einer anständigen Portion Fischstäbchen.

FERIENRESORT MIT SWIMMINGPOOL VS. CUBA LIBRE UND WIE SOPHIES WACKELNDE ARME MIR NEUEN MUT GEBEN

Kennen Sie das auch? Gerade waren Sie noch in ein tadellos interessantes Gespräch verwickelt, der Raum war mit Menschen gefüllt, und die Musik spielte laut. Doch plötzlich sitzen Sie allein bei Kerzenschein in der Küche und müssen für die nächsten fünfzehn Minuten irgendwie mit sich selbst klarkommen. Nein? Dann sind Sie wohl noch nie als Einzige in einer Gruppe schwanger gewesen. Plötzlich wird man ständig alleine sitzen gelassen, weil alle gemeinsam rauchen gehen müssen. Und selbst wenn ich darauf bestand, dass sie sich ja ans Fenster stellen könnten (im Spätsommer), schauten sie mich nur mit einem »Du hast ja keine Ahnung, was gut für dich ist«-Blick an. Nicht selten wurde Oscar gesagt, er solle mal ein bisschen besser auf mich aufpassen.

Seit feststand, dass ich für die nächsten neun Monate in einer Art Ausnahmezustand leben und sich auch danach einiges ändern würde, behandelten mich alle wie eine Rollstuhlfahrerin, die noch nicht weiß, dass ihre Beine gelähmt sind. Durch die Schwangerschaft entwickelte ich eine leichte bis mittelstarke Identitätskrise, weil ich einfach nur dazugehören wollte – und es allem Anschein nach nicht mehr tat. Bloß weil man wie ein rohes Ei aussieht, bedeutet das nicht, dass man auch so behandelt werden möchte.

Dabei begann alles so schön unangenehm: »Ähm, darf man euch jetzt beglückwünschen?« war schon eine der nettesten Reaktionen auf die Verkündung meiner neuesten Neuigkeit. Viele meiner Freunde hatten nur ein »Ts« oder sogar »Ein Kind? Ach du Kacke« übrig. Ich war ihre erste echte Schwangere, und die meisten wussten nicht, wie sie damit umgehen sollten. Später dann übten sie an mir das »Achtung, sie ist schwanger«-Programm, wenn sie mir schneepflugartig den

Weg freiräumten. Ich winkte dann immer etwas peinlich berührt und entschuldigend in die verstört schauende Menschenmenge. Ständig erkundigte sich einer nach meinem Befinden, nicht selten auf eine Weise, die die Frage mit einschloss, ob man nicht besser einen Eimer für eventuelle Notfälle bereitstellen sollte.

Als das Kind dann da war, musste ich die meisten meiner zwischenmenschlichen Beziehungen ein bisschen umbauen. Viele sahen mich als mutige Pionierin, während ich lieber die Alte plus Kind geblieben wäre. Ich bemühte mich ständig, auch über etwas anderes als über Sophie zu reden. Nicht, dass ich nicht stundenlang von ihren Gemütszuständen hätte schwärmen können, aber ich wollte es nicht, aus Angst, zu einer nervtötenden Mutterkuh zu werden.

Doch meine Mühen waren ohnehin vergebens, die meisten wollten tatsächlich alles über diese neue Erdenbürgerin erfahren. Von meiner Gefühlswelt hingegen schienen sie gelangweilt bis überfordert zu sein. Ich diente als Informationskanal, nicht als Philosophie-Talkrunde. Plötzlich gab es in meiner näheren Umgebung auch jede Menge Halbfremde, die wissen wollten, wie lange die Geburt gedauert habe, wann mein Muttermund wie weit geöffnet gewesen sei und ob das Stillen gut klappe. Nicht selten erfuhr ich Details über Brustentzündungen von Verkäuferinnen, Busfahrerinnen oder ehemaligen Lehrerinnen. Heerscharen angehender Hebammen, Ärztinnen, Kindergärtner und sonstiger sozial Engagierter sezierten meine Erfahrungen, um sie mit ihrem theoretischen Stoff abzugleichen. Ich war ihr lebendes Objekt.

Meistens war das nicht schlimm, es war ja insgeheim auch mein Lieblingsthema. Aber wenn immer der gleiche Fragenkatalog abgehandelt wird, ist das schon irgendwann verdächtig eintönig. Meinen Freundinnen und Freunden fiel es oft schwer zu verstehen, dass ich nicht mehr fünf Programmpunkte und eine spontane Reise zu ihnen erledigen konnte, sondern mit null bis maximal einer Sache pro Tag komplett ausgefüllt war. Oft rief ich sie an, zwischen Klamottenbergen, Babykotze und Beziehungsstress, um mich auszuheulen, und sie gingen ans Telefon und fragten freudig erregt: »Hast du Lust, heute Abend zwischen eins und vier tanzen zu gehen?«

Mit meiner Abiturfreundin Aljonuschka hatte ich viele solcher Gespräche. Wir beide sind uns sehr ähnlich. Wir sind uns oft unsicher, was die Zukunft bringen wird, und bevor die Welt jeden Moment einfach stehen bleiben könnte, machen wir lieber noch einen drauf. Deshalb sind wir auch ähnlich impulsiv. Das zieht die Menschen an – Spontaneität, Freiheit und Dominanz. Gäbe es Idiotenschach, das im Doppel gespielt wird, wären wir zusammen das Schlusslicht der Weltrangliste. Denn Nachsicht und Voraussicht sind nicht so unsere Stärken. Ist ja auch klar, schließlich kann niemand beweisen, dass es die Vergangenheit oder die Zukunft gibt. Warum dann also darüber philosophieren?

Aber mit Sophies Geburt trat plötzlich eine Entfernung zwischen uns ein, die all unsere Ähnlichkeiten auseinandertrudeln ließ. Als ich Mutter wurde, wurde sie zeitgleich, nach dem Ende einer langen und intensiven Beziehung, zur wilden Berliner Singlelady. Während in mein Leben eine kleine Masse Mensch trat, trat in ihr Leben eine große Menge Männer. Während ich mit Muttergefühlen umherlief, steckte Aljonuschka mitten in pubertären Jugendgefühlen. Wir beide lebten in extremen Situationen. Wenn ich sie bat, mehr Rücksicht auf mich zu nehmen und mich hin und wieder auch mal zu fragen, wie es mir geht, wollte sie, dass alle Menschen noch viel freier miteinander umgehen. Einfach ein bisschen weniger Anspruch, ein bisschen weniger Forderungen. Warum ist es so schwer, dem anderen seine Freiräume zu lassen? Es gab kaum eine Frage, die mich zu dieser Zeit weniger beschäftigte. Unsere Leben unterschieden sich nun durch ein großes Wort: Verantwortung. Die für sich selbst steckt sie locker in ihre Handtasche, ich habe so viel davon, dass ich gar nicht mehr weiß, in welchem Rucksack noch Platz dafür sein soll.

Doch Aljonuschka hat es deshalb nicht leichter. Zu dieser Erkenntnis zu gelangen kostete mich all mein Einfühlungsvermögen, und nicht selten war ich kurz davor, vor Wut, Neid und Eifersucht zu zerbersten. Sie macht jeden Tag Party und ist unwahrscheinlich begehrt. Aber sie weiß nicht, wo sie hin soll. Aljonuschka hat eine abgeschlossene Ausbildung, einen Mac und sonst nicht allzu viel, worauf sie achtgeben müsste oder womit sie ihre Zukunft gestalten könnte. Mein Leben hingegen verläuft derzeit nach einem strengen Zeitplan – wenn man mich fragt, nach einem zu strengen. Wie gerne würde ich hin und wieder das Verlangen spüren, meine Freunde anzurufen, sie zu sehen und vielleicht sogar ein Glas Wein mit ihnen zu trinken. Eigentlich immer. Doch wonach streben wir, wenn nicht danach, jeden Tag auf die nächste Windelladung zu warten?

Als sie mich neulich besuchte, verkündete sie stolz: »Hanna, ich weiß jetzt endlich, was ich werden will: Künstlerin.« In diesem Moment dachte ich: »Dann werde ich eben Teilzeitmutter!«, es schwang etwas Bitterkeit mit, da ich mir eingestehen musste, dass ich solche Sprünge nicht mehr ohne Weiteres machen konnte. Ich war so neidisch, dass sie das einfach so sagen konnte. Dass sie diesen Unsinn niemandem erklären musste außer sich selbst. Und dass sie das, wenn sie es wirklich wollte, sogar machen konnte. Denn ohne Verantwortung für andere kann man auch mutig sein und richtig echten Quatsch machen. Ich spürte, dass da etwas in mir brodelte, das nicht gut für mich war. War ich wirklich schon so spießig, dass ich anderen ihre phantastischen Träume nicht gönnte, geschweige denn, sie dabei unterstützte?

Bevor die Künstlerin zur Pädagogin werden wollte, fuhr sie noch für einen Monat nach Kuba zur Selbstfindung (»Kuba? Was willst du denn da?«). Währenddessen machten Oscar, Sophie und ich unseren ersten Familienurlaub. Es ging nach Portugal in ein im Internet empfohlenes Urlaubsresort mit zwei Pools, anlageninternem Supermarkt, Friseur, Wäscherei und Bankautomat, alles schön, sicher und sauber. Es war trotzdem toll, klar. Sonne, Wasser, hin und wieder nach Lissabon düsen und sich ohne äußere Einflüsse zu dritt Zeit füreinander nehmen. Eines Abends schrieb mir Aljonuschka aus Kuba, sie habe heute den schönsten Tag gehabt. Musik, Real Life, Tattoos und selbst gebrannten Rum. Da flammte es schon wieder auf. Das stechende Gefühl. Das Gefühl, etwas zu verpassen. Das Gefühl, das kleine Kinder haben müssen, wenn sie sich die Schaufel des Buddelkastennachbarn krallen und »Ich auch« sagen. Das Gefühl, mein Leben als Mutter nicht anzweifeln zu dürfen und trotzdem lieber selbst gebrannten Rum trinken zu wollen. Das macht mich wütend auf mich selbst. Warum werde ich nicht satt?

Ich entwarf eine halb wütende Antwort, dass unser Urlaub auch toll sei, bäh. Sofort kam zurück: Super! Ich freu mich für euch! Aljonuschka schrieb, dass sie jetzt sogar ein Tattoo habe. Zwar sei sie beim Stechen ohnmächtig geworden, aber jetzt sitze eine Schildkröte mit roten Augen auf ihrem Handgelenk. Ich las es Oscar laut vor, eine Stichflamme schlug aus meinem Mund. »Was? Oh Mann, sie wird es so bereuen. Vor allem rot!« Der Satz stand im Raum. Sophie lag auf dem Bett und strampelte, Oscar zuckte mit den Achseln und spielte weiter mit ihr. Ich musste plötzlich ganz dringend raus. Die Worte hallten in meinem Kopf nach, ich fühlte mich auf einmal widerlich alt. Sie hatte sich einen Traum erfüllt mit dieser Reise, mit diesem Tattoo, mit diesem Selbstfindungstrip. So hatte sie es selbst genannt. Ich hatte mir einen Traum erfüllt mit dieser Reise, dieser Familie, mit dieser Selbstverwirklichung. War das wirklich mein Traum? Ich rannte zum Pool, sprang hinein und versuchte, so lange wie möglich unter Wasser zu bleiben. Ich sprang noch mal, ging unter die Dusche und versuchte, die

Selbstzweifel abzuwaschen. Ich betrachtete mich im Badezimmerspiegel und sah nichts als Unbehagen. Müde Augen, ein von Schwangerschaft gezeichneter Körper und Zweifel in der Brust.

Als ich zurückschlich, waren Sophie und Oscar verschwunden. Die Decke war über das ganze Bett ausgebreitet, doch darunter raschelte es. Es quietschte, jemand machte »pssst«. Die Decke begann sich zu bewegen. Ich hörte Sophies Arme auf die Matratze schlagen. Sie war ganz aufgeregt, weil plötzlich alles dunkelweiß war. Ich stand davor, und mir wurde klar, dass unter dieser Decke die zwei Menschen liegen, mit denen ich ein Bündnis eingegangen bin. Für sie und für mich bedeutet dieses Bündnis alles auf der Welt, und wenn ich nicht Teil davon wäre, wäre alles kaputt. Und deshalb blieb ich dabei. Als ich die Decke anhob und »Hallo« sagte, grinsten die beiden mich an.

Worüber beschwere ich mich eigentlich? Ich habe doch alles, was ich jemals wollte, und noch viel mehr. Andere suchen danach ihr Leben lang. Bei mir kam es halt eher als gedacht, na und? Oscar sagt: »Wenn du willst, kannst du gleich nächsten Monat in den Flieger steigen und auf Kuba literweise Rum trinken und dir von nackten Männern Flammen über den Hintern tätowieren lassen.« Nein, ist schon gut, ich möchte kein Tattoo. Vielleicht irgendwann einen Nasenring. Aber erst wenn Sophie groß genug ist und nicht mehr getragen werden muss – sonst zerrt sie da immer dran rum.

8

LANGEWEILE UND UNRUHE

ES WIRD MILCH GEKAUFT, ES WERDEN WINDELN GEBÜGELT UND GELERNT, DASS MUTTERSCHAFT GANZ SCHÖN LANGWEILIG SEIN KANN

Als Hanna geboren wurde, war es Winter. Ein langer, kalter Winter in Ostberlin. Kachelöfen, frühe Dunkelheit, späte Helligkeit, fünf Fernsehprogramme. Es war frustrierend. Also ernsthaft: komplett frustrierend. Ich kann mich an eine Nacht erinnern, in der sich dieses neue Hanna-Baby als ausgesprochen anstrengend erwies und nicht im Entferntesten ans Schlafen dachte. Es war drei Uhr morgens, die Öfen in meiner Hinterhauswohnung waren längst kalt, der Fernseher zeigte – in Ost wie West – nur noch Testbilder. Und ich tigerte als einarmige Frau zwischen Küche und Zimmer hin und her. Ich schwor mir, die Erinnerung an diese Nacht sicher zu speichern und umgehend abzurufen, sollte ich erneut auf den verwegenen Gedanken kommen, noch mal ein Kind zu bekommen. Würde dieses Kind je wieder schlafen?, fragte ich mich. Würde es auch mal Ruhe geben? Würde ich jemals wieder mit beiden Händen essen können?

Die Fragen waren berechtigt. Schließlich, das war eindeutig, fehlte es der Sechzig-Zentimeter-Lady an nichts. Satt, sauber, in schönster Fliegerposition auf Mutterns Arm – was wollte sie denn noch, verdammt?!

Es gibt ja einen gütigen Gott, der macht, dass man das Schlimme beizeiten verdrängt. Gebärmutterkrämpfe, Dammnähte, Schlafmangel, Inkontinenz sowohl unten rum als auch im Brustbereich – geschenkt. Was kommt, geht auch wieder, sagt meine Mutter. Was ich aber nie vergessen habe, ist jene grüne Langeweile, die mich in den ersten, sagen wir, drei Monaten nach Hannas Geburt immer wieder befiel. Die Tage dehnten sich und waren von erschütternd kurzen Nächten flankiert, in denen die REM-Phase kaum länger als wenige Minuten zu dauern schien, so erschöpft war ich den überlangen Rest des Tages. Und was stellt man an mit einem Tag, der um fünf Uhr beginnt, durchaus mal bis zwei Uhr nachts dauern kann und dessen Struktur von einem winzigen Kind diktiert wird?

Wenn ich heute im Drogeriemarkt des Vertrauens Mütter sehe, wie sie versonnenen und müden Blickes mit ihrem Kinderwagen die Regalreihen entlangschlendern und die überbordende Warenwelt inspizieren, bereit, bis zur nächsten Breimahlzeit oder dem Beginn des nachmittäglichen Müttertreffens sämtliche Inhaltsstoffe der angebotenen Produkte auswendig zu lernen – dann möchte ich die gern mal zur Seite nehmen und sie anbellen: So schön hatten wir es damals nicht! Nein, wirklich, so schön hatten wir es nicht. Es gab einen kleinen Laden, eine Kaufhalle, einen Gemüseladen – und wenn man damit durch war, konnte man sich noch zwischen Drogerie und Park entscheiden. Fachgeschäfte für Babydecken, Ökospielzeugboutiquen oder Babymassagepraxen waren noch nicht erfunden. Irgendwie mussten wir unsere Tage anders rumbringen.

Ich erinnere mich, wie ich nach Hannas Geburt vor lauter Langeweile nicht nur anfing, meine hausfraulichen Fähigkeiten dahingehend auszubauen, dass ich Strampler und Hemdchen formationsweise auf die Leine hängte. Nein, ich begann auch, ihre Stoffwindeln zu bügeln und nach einem »Schön weiß«- und »Nicht mehr ganz so weiß«-System in den Schrank zu stapeln. Ich kochte mit Inbrunst Glasflaschen und Nuckel aus und fand einen in meinem späteren Leben nie wieder erlebten Gefallen am Staubsaugen. Um es kurz zu machen: Von diesem ewigen Baby-Stand-by war ich ein bisschen bekloppt geworden. Bei anderen Familien stapelten sich die unabgewaschenen Tassen und Teller, man fiel über Windeleimer und nasse Wäsche. Bei mir hatte sich stattdessen das denkende Hirn zugunsten eines Ordnungsfimmels der ausgeprägteren Sorte abgeschaltet. Statt in den mir verbleibenden Pausen vielleicht doch mal ein Buch zur Hand zu nehmen, packte ich meine Nähmaschine aus und stellte in der knappen Zeit allerlei Puppenkleidung her, in die ich das wehrlose Kind hineinfriemelte, bevor wir »eine Ausfahrt an die frische Luft« machten.

Da zuckelten wir dann durch den Prenzlauer Berg, die grundgenervte Mutter und ihr ausnahmsweise mal schlafendes Baby. Vorbei an Ladenwohnungen, in denen verarmte Künstler wohnten und wo heute ökozertifiziertes Spielzeug und Bio-Cupcakes verkauft werden. Im Konsum schaute ich nach, ob Babysaft geliefert worden war – wenn ja, bunkerte ich gleich mal zehn Flaschen. Ich kaufte im Lebensmittelladen Milch. Beim Gemüsemann ignorierte ich die Weißkohlköpfe und erstand die wöchentliche Flasche Sanddornnektar. Und in der Drogerie fragte ich nach, ob Papiertaschentücher gekommen seien. Dann schwänzelte ich hinüber in den Park, wo ich mich frierend auf eine Bank setzte und mich zu Tode langweilte. Einmal saß dort auf der Nachbarbank einer dieser jungen dissidenten Lyriker. Er las ein Reclam-Bändchen und schaukelte mit der Stiefelspitze seinen Kinderwagen. Bei diesem Anblick musste ich fast weinen. Der Mann war ganz offensichtlich noch er selbst – trotz Kind. Was war eigentlich mit mir los, dass mich die grüne Langeweile fraß?

Bald schon löste sich das Problem von selbst. Überraschenderweise entpuppte sich mein Puppenbaby als lernfähiger Kleinmensch. Sie fing an zu lachen, und wir vertrieben uns die Zeit mit Rasselspielen und Tütenknistern. Sie wollte herumgekugelt und angelacht werden. Sie brauchte Gemüsebrei und fuhr komplett auf geriebene Möhrchen ab. Und als sie das erste Mal den linken Arm fest machte, damit ich ihr leichter ihren Jackenärmel überstreifen konnte, da wusste ich: Jetzt geht's aufwärts. Aus dem dauerningelnden und kommunikationsunfähigen Neugeborenen war ein kleiner Schatz geworden, mit dem ich noch viele tolle Sachen erleben würde. Von nun an sah es in meiner Wohnung unordentlich und krümelig aus. Ich hatte verstanden, dass ich nicht die Sorte Mutter war, die gut mit Neugeborenen kann. Und dass diese Einsicht immer noch besser war, als so zu tun, als wäre man eine selbstlose Würmchenexpertin.

Bis heute mache ich mir einen Spaß daraus, frischgebackene Eltern damit zu erschrecken. »Ich kann ja nicht so mit den ganz Kleinen«, sage ich gern, während die Mutter gerade ihre Bluse aufknöpft und der Vater die Stillrolle und den Fencheltee herbeiholt. »Im Ernst«, sage ich dann, »ich habe mich in der ersten Zeit entsetzlich gelangweilt mit meinen Kindern.« Meist wird rasch das Thema gewechselt. Wie, was – eine Mutter, der die Mütterlichkeit nicht ab der ersten Minute aus allen Poren spritzt? Mit der muss doch irgendwas nicht in Ordnung gewesen sein. Postsozialistisches Töpfchentrauma oder so. Ich halte das peinliche Übergehen meines Geständnisses inzwischen sehr gut aus. Denn ich weiß, dass es durchaus immer noch Frauen gibt, die sich etwas Schöneres vorstellen können, als vier Kilo Lebendgewicht nächtelang durch die Wohnung zu tragen.

Auch bei Hanna hege ich den Verdacht, dass sie kurz nach Sophies Geburt keineswegs zu jeder Tages- und Nachtzeit komplett glücklich war. Dass sie übermüdet war, war ja nicht zu übersehen; sie kriegt bei Schlafmangel immer so hübsche schiefe Augen. Aber wenn wir mal telefonierten und sie als Tagesfazit damit rausrückte, im Supermarkt gleich ums Eck

Windeln, ein Graubrot und einen Liter Milch erstanden zu haben, dann erinnert mich das doch fatal an jene grüne Langeweile, die mich seinerzeit, in jenem Winter Ende der Achtzigerjahre, um die Häuserecken getrieben hat. Und die mich gelehrt hat, dass ein Kind zu bekommen leider nicht der Freifahrtschein ins Glück ist. Sondern auch die Gelegenheit, zu sich selbst ein bisschen ehrlicher zu werden. Sonst würde man ja völlig durchdrehen.

HEUTE SCHEINT DIE SONNE NICHT. UND WAS MACHEN WIR JETZT?

Mit der Ankunft eines neugeborenen Kindes stellt sich ein dauerhafter Zustand der angespannten Langeweile ein. Einerseits gibt es nicht viel zu tun, außer das Kind immer wieder zu füttern und müde zu machen. Da ist nicht viel mit sich verabreden und Leute treffen. Auch die vielen Wochenendunternehmungen, die extra für Familien veranstaltet werden, wie Straßenfeste, Parkfeste, Seefeste, Einkaufscenterfeste oder Nebenstraßenfeste, können mit einem Kleinstkind noch nicht wahrgenommen werden. Schließlich kriegt ein Baby davon nichts mit, und für die Eltern ist es sowieso sturzlangweilig. Trotz all der Langeweile lebt man in einer ständigen Habachtstellung. Seit Sophie da ist, habe ich andauernde Rücken-, Kopf- und Gelenkschmerzen, weil Entspannung so ziemlich das Letzte ist, wofür ich mir Zeit nehme. Jederzeit kann es passieren, dass sie von der Couch runterfällt, sich irgendwas über das Gesicht zieht oder Kleinteile verschluckt. Mit dem Kopf vor den Türrahmen knallt, in der Badewanne wegrutscht, sich die Kacka ins Gesicht schmiert. Alles schon passiert. Uns fehlt nur noch der Standardsturz von der Wickelkommode.

Um diese ständige Anspannung etwas runterzufahren, wollte ich etwas unternehmen. Als ich nach der Geburt endlich wieder richtig vor die Haustür konnte, unternahm ich täglich Streifzüge durch unsere schöne Innenstadt. Ich ging in alle Läden. Zunächst vor allem Klamottenläden. Da war ich sehr bald sehr frustriert, weil mir nichts mehr passte. Außerdem ist shoppen mit einem Kinderwagen, wie mit einem Laster in einer Einbahnstraße wenden zu wollen. Bald schon stürmte ich die Drogeriemärkte der Stadt, wo sich mir eine komplett neue Warenwelt eröffnete.

Meine Streifzüge führten schließlich dazu, dass ich eine ausgewachsene Kaufsucht entwickelte, die mir erst auffiel, als ich ein schlechtes Gewissen hatte, wenn ich mal nichts aus einem Laden mitnahm. Also musste ich einen Ort finden, wo ich dieser Lust frönen konnte, ohne uns dabei in den Ruin zu treiben. Auf keinen Fall wollte ich jemals wieder produktlos vor die Schwelle eines Geschäfts treten. Das Gefühl war unerträglich gewesen. Und so wurde ich zur Dauerkundin im Supermarkt. Ständig ging ich hin, ob ich musste oder nicht, ließ mein weniges Geld dort und hatte auch noch Spaß dabei. Denn hier kaufte ich nicht so offensichtlich nur ein, um einzukaufen. Was ich hier erstand, hatte Nutzen und Wert für die ganze Familie.

Der Supermarkt steht praktischerweise nur wenige Gehminuten entfernt und lächelt mich jeden Tag an. Er sagt: »Komm, komm! Ich kann dir alles geben, was du brauchst. Ich bin dein Freund und Helfer und habe sogar bis zehn Uhr abends geöffnet. Und kein Mensch fragt dich hier, ob du sonst nix zu tun hast.« Ich nannte ihn liebevoll »Magasin«. Er war wirklich immer für mich da. Aber er hatte letztlich doch nicht alles, was ich brauchte.

Die Auswahl war begrenzt, in den Regalen stand einfach immer das gleiche Produkt zwanzigmal nebeneinander. Es gab Tage, da waren manche Regale auch einfach leer. Und solch exotische Sachen wie Tiefkühllasagne gab es gar nicht. Es war einfach schlimm. Magasin enttäuschte mich ein ums andere Mal, und wie bei einem guten Freund hatte ich das Gefühl, mich mal mit ihm an einen Tisch setzen zu müssen, um unser gemeinsames Problem aus der Welt zu schaffen. »Magasin, ich habe dich gern. Aber zumindest den Liter Milch, den ich als absoluten Not-Anti-Langeweile-Kauf bei dir suche, solltest du mir doch geben können.« Doch Magasin war nicht einfach so an einen Tisch zu kriegen, also schrieb ich ihm einen Brief.

Meine Beschwerde war deutlich, aber ich habe keine Menschen schlechtgemacht. Ich bin in Gedanken die einzelnen Regalreihen durchgegangen und habe einfach gesagt, was mir fehlt. Hier die Vanilleschoten, da die Obst- und Gemüsevielfalt und dort die an heißen Tagen gekühlten Softdrinks.

Es war mir ein bisschen peinlich, aber ich habe es trotzdem getan: Während Oscar und Sophie gerade schliefen, ging ich heimlich auf die Magasin-Seite, um dem Kundenservice eine Beschwerde zu schreiben. Das Schlimmste daran war, dass ich meinen Beschwerdebrief tagelang in meinem Kopf gewälzt hatte. So viel Zeit hatte ich. Die Frage, ob ich noch Rang zehn von zehn auf der Coolnessskala belegen würde, trieb mich um. Und die Antwort schien mir klar: Natürlich nicht. Wer das Angebot eines Supermarktes so gut kennt, dass er weiß, was alles fehlt, der hat eindeutig zu viel Zeit, zu wenige Freunde und höchstwahrscheinlich ein Kind zu Hause.

Zunächst erzählte ich Oscar nichts. Das war mir einfach zu unangenehm. Doch als wir wieder mal einen dieser sinnlosen Gänge zum Magasin unternahmen, stand da am Eingang ein Kundenbefrager. Er befragte die Leute, ob sie alles gekriegt hätten, was ihnen fehlte, wie sie die Ausstattung fänden und so weiter. Und als meine Augen anfingen zu glänzen und Oscar die Schweißperlen auf meiner Stirn sah, fragte er mich: »Hast du was damit zu tun?« Ich schaute ihn an und platzte heraus: »Jajaja!« Schön, wenn der Partner einen so gut kennt.

Ich erzählte ihm, was ich getan hatte und dass ich sogar

schon eine »Danke für Ihren Hinweis, wir bearbeiten Ihre Anfrage«-Antwort bekommen hatte. Statt Lob erntete ich nur Hohn von Oscar. Er meinte, ich sei jetzt endgültig in der Spießer-Erwachsenenwelt angekommen, und wenn ich nicht aufpasste, würde ich noch zum Wutbürger werden. Er bot mir an, ein Plakat zu malen, auf dem stand: »Ich bin so wütend, dass ich ein Plakat gemalt habe.« Ich schämte mich.

Die nächsten Wochen mit Sophie zogen sich und wurden immer länger. Es entstand eine Art Lethargie, die meiner Psyche und meinem Körper keineswegs guttaten. Ich fühlte mich nutzlos und hatte das Gefühl, etwas zu verpassen. Ich trat auf der Stelle, und es schien keine Erlösung in Sicht zu sein. Mit der Entdeckung meiner Kaufsucht hatte sich auch das ständige Bummeln erledigt. Zudem hatte mein Konto ganz schön gelitten. Sich aufzuraffen fiel Oscar und mir immer schwerer, an manchen Tagen gingen wir nur raus, um die Zeitung aus dem Briefkasten zu holen und sie dann am nächsten Tag ungelesen in den Papiermüll zu schmeißen. Der Fernseher lief ständig, und ich schaute immer die gleichen Serien, hörte immer die gleichen Geschichten. Kurz: Es war enorm ermüdend. Nicht mal mehr Magasin konnte mich glücklich machen.

Als wir eines Tages noch dringend eine möglichst matschige Banane brauchten, um für Sophie einen Brei machen zu können, standen wir bei Magasin plötzlich vor verschlossener Tür. Ein Schild erklärte, dass Magasin für eine Woche wegen Umbauarbeiten geschlossen sein würde. Ganz ehrlich: Ich war ein bisschen stolz! Offenbar hatte die Magasin-Zentrale ein ähnliches Problem wie ich erkannt und arbeitete nun an einer Verbesserung der Verhältnisse. Meine Beschwerde war nicht ganz unberechtigt gewesen, und ein großer Teil der Wutbürgerschuld fiel von meiner Schulter. Doch jetzt würde der Laden für eine ganze Woche verschlossen bleiben. Ernsthaft, eine Woche ist mit Baby eine lange Zeit. Schon nach ein paar Tagen lief ich heimlich hin, um zu schauen, ob nicht doch vielleicht schon vorzeitig geöffnet wurde. Doch hinter den Türen waren nur Staub und Lärm.

Und dann war es endlich so weit. Es gab einen großen Supermarktrummel. Wir machten alles mit. Kriegten Kekse umsonst, weil wir beim Loserubbeln verloren hatten. Ich trank einen Kaffee, über dessen Herkunft ich mit der Kaffeefrau debattierte. Oscar trank einen Frauensekt um 15 Uhr, nachdem er das stark erweiterte Weinregal inspiziert hatte. Wir schenkten den Magasin-Leuten unsere Adresse, um beim großen Magasin-Gewinnspiel Handballfreikarten gewinnen zu können, und kauften endlich unsere Tiefkühllasagne. Beim Rausgehen drehten wir noch das Glücksrad der Tombola, und der nette Mann, der etwas einsam auf dem Magasin-Parkplatz in sein Mikro sprechen musste, sagte: »Ooh, ein Gewinn. Möchten Sie ein Plüschtier oder eine Packung Kaffee?« Wir nahmen das Plüschtier. Der Teddy sitzt jetzt auf einer Häkeldecke in unserer Schrankwand »Sylvie«. Ich werde ihn dort sitzen lassen und als Mahnung betrachten. Sich auf die Wiedereröffnung eines Supermarkts zu freuen und dann auch noch einen Teddy bei der Tombola zu gewinnen ist definitiv das Ende jeder Langeweileschleife. Schlimmer kann es nicht werden.

9

WEIHNACHTEN

ES GEHT EINE WEIHNACHTSEINLADUNG EIN, UND DIE BRUTALE WAHRHEIT MUSS RAUS

Die Mail kommt am Wochenende. Hanna und Oscar laden uns ein, Weihnachten bei ihnen in Leipzig zu feiern. Beide, schreiben sie, freuen sich auf eine volle warme Bude und kündigen an, »einen eigenen Riesenweihnachtsbaum« aufstellen zu wollen. Alle Mailempfänger werden höflich gebeten, im Falle ihrer Zusage schon mal zu avisieren, was sie an Speisen und Getränken zum Gelingen des Abends beitragen wollen, sowie vorsorglich ein Hotelzimmer zu reservieren. Als ich mein Postfach öffne, sind draußen dreißig Grad.

Die Mail hat einen Verteiler, aber ich kann nicht sehen, wer noch eingeladen ist. »Undisclosed recipients«, heißt die Zauberformel. Haben Oscars Eltern und sein Bruder auch diese Einladung bekommen? Sicher.

Meine Eltern? Vermutlich. Sie sind achtzig Jahre alt, nicht tattrig, aber doch eher nicht so geschmeidig, an Weihnachten durch die Republik zu kurven und in einer Dreizimmerwohnung mit fremden Leuten zu feiern. Stefans Eltern? Das wäre in etwa dieselbe Problemlage.

Meine Geschwister? Ich denke an meinen Bruder, Hannas Onkel. Er verfügt über eine ausufernde Patchworkfamilie, deren Mitglieder eher nicht bereit sein werden, nach Sachsen zu reisen. Und mit meiner Schwester spreche ich seit anderthalb Jahren nicht mehr – der Gedanke, sie bei Hanna zu treffen, macht mich beklommen.

Also, wer ist noch eingeladen? Ich weiß es nicht und werde es nur durch Nachfragen erfahren. Es macht die Sache nicht einfacher, dass eine Antwort auf die Einladung binnen einer Woche erwartet wird. Hallo, wir haben Sommer! Meine Tochter war auch schon mal spontaner. Sei's drum. Ich spüre den deutlichen Impuls, am 24. Dezember nicht nach Leipzig aufzubrechen, um mit einer noch nicht näher beschriebenen Gruppe Menschen Weihnachten in einer Dreizimmerwohnung zu feiern und am Ende des Tages die Minibar eines Hotels zu inspizieren. Ich möchte nicht. Das zu erfahren wird die Gastgeberin nicht freuen, klar. Aber soll ich lügen?

Ich stelle mir dieses Weihnachtsfest folgendermaßen vor.

Leider kommen wir viel zu spät – die A9 war vereist, und es gab unterwegs Stau wegen eines üblen Unfalls mit zwei Schwerverletzten. Jetzt, gegen einundzwanzig Uhr, sind wir doch noch eingetroffen. Wir sitzen zu zehnt in Hannas und Oscars Wohnung. Sophie schreit und schreit schon den ganzen Abend, denn zu Weihnachten schenkt sie uns ihren ersten Milchzahn. Leider können wir nicht auf der Couch sitzen – weil Oscar darauf bestanden hat, seinen »eigenen Riesenweihnachtsbaum« aufzustellen, wurde das Möbel durch Küchenhocker von Nachbarn ersetzt. Aber zum Glück gehen immer drei bis vier Leute raus auf den Balkon, um zu rauchen. Wir sitzen derweil mit Oscars Großeltern da und tauschen Höflichkeiten aus. Kira haben wir letztlich zu Hause gelassen – sie wollte, wer mag es ihr verdenken, am Weihnachtsabend lieber bei ihrem Freund sein.

Um zehn gibt es dann Essen. Die Weihnachtsgans, die Oscar wie versprochen zubereitet hat, schmeckt unglaublich lecker, auch wenn es bei zehn Personen für jeden nur ein kleines Stück geben kann. Auch die selbst gemachten Klöße von Oscars Mama sind kaum zu übertreffen, genauso wie der

Stollen von Stefans Eltern. Leider, leider können weder Sophie noch Hanna mitessen – die eine, weil sie in einen fiebrigen Zahntraum gesunken ist und dort leise schluchzt; die andere, weil sie vor lauter Kummer über die Frage, ob man nicht doch noch den Kindernotarzt anrufen sollte, nichts runterkriegt. Auch von Oscar ist nicht viel zu sehen – er fungiert heute als Kümmerer und kümmert sich deshalb um alles ...

Gut möglich, dass ich übertreibe. Aber auch gut möglich, dass dieser Weihnachtsabend tatsächlich so ablaufen würde. Als meine Töchter klein waren, habe ich stets zugesehen, ein warmes, sicheres und gut vorbereitetes Plätzchen unter einem Großeltern-Weihnachtsbaum zu ergattern. Die Bestätigung, eine vorzeigbare Familie zu sein, zog ich nicht aus diesem Dezembertermin. Ich war einfach froh, dass jemand anderes kochte und backte, und dass dies jemand war, der über ausreichend Geld verfügte, Speisen und Getränke von gehobener Qualität zu kredenzen. Und wenn alles vorbei war – wenn die aufwendig verpackten Geschenke aus dem Papier gerissen und von kleiner Kinderhand auf den Haufen mit den anderen zwanzig Gaben gepfeffert waren –, dann war ich froh, einfach Mann und Kinder einpacken zu können und nach Hause zu fahren. Dort, wo wir die schlafenden Mädchen in ihre Betten trugen, kündete gerade mal ein Weihnachtsstrauß davon, dass die Christenheit sowie alle Ungläubigen wie ich diesen Abend gefeiert hatten. Darauf tranken wir noch einen Schnaps, und dann gingen auch wir ins Bett.

Als die Töchter größer wurden, zogen wir in ein Haus. In dieses schöne neue Haus luden wir damals gleich nach dem Einzug die komplette Großfamilie ein. Internet gab es noch nicht. Aber ein Telefon, mit dem wir alle einluden und sie verdonnerten, dieses und jenes an Speisen und Getränken beizusteuern. Im Gegenzug versprachen wir, einen eigenen Riesenweihnachtsbaum aufzustellen und es an nichts fehlen zu lassen, was Gastlichkeit und ultimatives Großfamilienfeeling erzeugt. Hotelzimmerbuchungen wurden nicht erwartet – unsere Familie wohnt in einem Umkreis von sechzig Kilometern.

Als dann der Weihnachtstag heran war, wurde es nix mit der Kuscheligkeit. Stefan verschwand in der Küche, schmiss dort den Herd und das Radio an und ward den Rest des Tages nicht gesehen. Die Kinder trollten sich in ihre gerade erst bezogenen Zimmer, hängten draußen »Weihnachtsmannwerkstatt«-Schilder an die Türen und plünderten meinen Geschenkpapiervorrat. Ich stand vor der Baumherausforderung, ging wütend in den Garten und sägte mit dem Fuchsschwanz eine krüppelige Brandenburger Kiefer ab. Die stellte ich ins Wohnzimmer, dann suchte ich den Weihnachtsschmuck. Der war aber noch irgendwo in einer Umzugskiste versteckt. Ich gab schließlich auf und wickelte eine grellbunte Lichterkette um den Stock mit Nadeln. Die Kette mit ihren irisierenden Lämpchen hatte ich noch aus den frühen Neunzigern übrig, sie hatte zu anderen Zwecken als zu christlichen Festen mein Bettgestell geziert.

Als dann abends alle, auch die Verspäteten, da waren – inklusive der sechs Nichten und Neffen –, wurde es erst so richtig anstrengend. Nicht dass es nicht auch schöne Momente gegeben hätte, nicht dass die Kinder sich nicht gefreut hätten und ihre selbst gebastelten Geschenke sofort auseinandergefallen wären, so frisch war noch der Klebstoff. Nein, es war gut und richtig kuschelig. Aber eben auch sehr aufwendig und laut und schmutzig. Es gab wie jedes Jahr auch ein bisschen Streit – jemand hatte sich verspätet, und ein Kind spuckte angewidert seinen Kartoffelkloß zurück auf den Teller. Das war alles auszuhalten. Was nicht auszuhalten war, war dieses Gefühl absoluter Überforderung, der Impuls, nach dem Essen und vor der anstehenden Bescherung alle rauszuschmeißen. Weil wir uns selbst übel nahmen, die ganze

Bagage eingeladen zu haben, und sie an diesem Weihnachtsabend dann doch zum Teufel wünschten.

In den folgenden Jahren feierten wir zuverlässig bei unseren Eltern. Da war alles vorbereitet, wir mussten uns um nichts kümmern. Und wenn wir nach Hause kamen, gingen die Töchter von selbst ins Bett, und Stefan und ich tranken zwei Schnäpse. Schön war das und ist es jedes Jahr aufs Neue. Und so hätte ich es gern auch wieder.

Ich rufe Hanna an und erkläre es ihr. Sie ist sauer, wirklich verletzt, dass wir nicht kommen werden. Ich sage, dass ich lieber ehrlich zu ihr bin. Dass ich mir was Schöneres vorstellen kann als einen knallgemütlichen Weihnachtsabend mit Anreise, Riesenweihnachtsbaum und Hotel. Hanna ist unversöhnlich. Logisch.

Ich denke im Stillen über die Frage nach, warum ich meinen Hintern nicht mal ihr zuliebe nach Leipzig bewege. Meine Antworten darauf sind schwachbrüstig. Aber ich weiß: Ich will wirklich nicht. Ich sage am Telefon: »Sei nicht sauer« und nehme den Satz gleich wieder zurück. Ich kann ihr ja nicht wehtun und dann fordern, dass sie keinen Schmerz fühlt. Radikal, wie sie ist, sagt Hanna, dass sie nach dieser Abfuhr gar nicht mehr möchte, dass wir kommen. Das trifft. Aber es trifft die Richtigen und klärt die Luft. Mal sehen, was nächstes Jahr ist.

MEIN ERSTES EIGENES WEIHNACHTEN UND WIE ICH ALS STIEFMUTTER FAMILIENZWANG ERZEUGE

Wären wir in Großbritannien und könnte Sophie schon sprechen, würde sie mir vermutlich bald folgende Frage stellen. »Mom, what are Grandma and Granddad doing on Christmas Eve, this year?« Und ich würde antworten: »The same procedure as every year, Miss Sophie.«

Wir sind zwar nicht in Großbritannien, und Sophie kann auch noch nicht sprechen, aber es wird wirklich die gleiche Weihnachtsprozedur wie jedes Jahr für meine Eltern sein. Alle werden eine Biogans essen, dann die Geschenke auspacken und anschließend beim Kaffee quatschen. Das ist schön, aber nach über zwanzig Jahren auch wahrlich immer das Gleiche. Und da unsere Familie sich nicht nur Weihnachten, sondern ziemlich häufig sieht, sind die Geschichten allermeistens auch nicht neu. Warum ich das erzähle? Weil ich folgende Mail verschickt habe.

»Es ist Hochsommer in Leipzig, und wir genießen sowohl die Hitze als auch unsere schöne, kühle Wohnung. Und trotzdem denken wir jetzt schon an Weihnachten. Wir würden in diesem Jahr gerne bei uns in der Wohnung feiern! Dafür können wir einen Weihnachtsbraten und Alkohol (vielleicht auch Saft) zur Verfügung stellen. Eingeladen sind alle Familienteile, die Lust und Kapazität haben, für eineinhalb Tage nach Leipzig zu kommen. Da der Platz bei uns begrenzt ist, würden wir euch bitten, für den Fall, dass ihr kommt, im Hotel einzuchecken. Am besten sagt ihr uns innerhalb der nächsten Woche Bescheid. Wir freuen uns jedenfalls auf eine volle warme Bude – Oscar will unbedingt einen eigenen Riesenweihnachtsbaum aufstellen.«

Ich wartete tagelang auf Antworten aus meiner Familie, zunächst sagte mein Onkel ab. Seine Frau will mit ihrer Mutter zusammen feiern, und ihre Kinder werden am ersten Weihnachtsfeiertag bei deren Vater sein. Kein Problem, dachte ich, vielleicht umso besser, wenn nicht alle da sind. Die Taktik war, alle einzuladen, zu hoffen, dass viele absagen würden, und am Ende wäre nur die Kernfamilie am Tisch versammelt: Omis und Opis.

Doch mit dem Anruf am Montagabend hatte ich wirklich nicht gerechnet. Meine Mutter. Sie will über Weihnachten reden. Es tue ihr leid, aber sie hätten keine Lust, abends um zehn im Hotel vor dem Fernseher zu sitzen. Sie kommen nicht.

Dazu fällt mir erst mal nichts ein. Sie redet sich um Kopf und Kragen. Sie dachte, wir würden auf Kleinfamilie machen wollen und nur der Höflichkeit halber fragen. Unsere Wohnung sei zu klein. So ein Weihnachtsfest sei kein Zuckerschlecken, das sei viel zu schwierig für uns. Sophie sei noch viel zu klein und werde nicht schlafen können. Vielleicht müssten sie an Weihnachten sogar arbeiten. Wir sollten doch lieber zum Essen bei ihnen am ersten oder zweiten Weihnachtsfeiertag kommen. Ich erkläre, dass wir eigentlich vorhatten, eher ein gemeinschaftliches Besäufnis mit einem Braten als Weihnachtssymbol und Magenfüller zu veranstalten als ein ruhiges Beieinandersitzen. Ich zähle auf, was wir alles vorhatten, um ihre schweren Lider oben zu halten. Weihnachtsmarkt, Weihnachtsmesse, Julklapp. Und ich sage, dass ich ihre Entscheidung blöd finde und damit nicht gerechnet hätte. Außerdem verwende ich mein neues Lieblingshasswort, von dem ich weiß, dass ich damit meine Eltern richtig reizen kann: »Ich finde das sehr spießig.« Es klappt sogar, meine Mutter wird sauer. Um sich nicht zu streiten, sagt sie Gott sei Dank noch schnell: »Du wolltest so schnell eine Antwort haben, mal schauen, was sich da noch entwickelt.«

Um offen zu sein: An meine Eltern hatte ich die Mail eher der Form halber verschickt, sie war nicht wirklich als Frage gemeint. Es war sonnenklar für mich, dass sie gerade in diesem Jahr Weihnachten mit mir verbringen wollen würden – und sei es am anderen Ende der Welt und nicht nur zwei dumme Autostunden entfernt. Schließlich hatten wir gerade ein anstrengendes Jahr hinter uns, und es würde das erste Weihnachten zusammen mit Sophie sein. Es sollte unglaublich romantisch und lustig werden. Ein Weihnachten, an das man sich noch lange erinnern würde, weil die Küche so schlimm aussah und wir nachts rausgehen mussten, um das Kind zum Einschlafen zu bewegen. Ich hatte geglaubt, dass meine Einladung eine willkommene Abwechslung sein würde und kein schrecklicher

Familienzwang im Stiefmutterformat. Zudem haben die beiden offenbar keinerlei Vorstellung davon, wie anstrengend es ist, mit Minikind ständig von einem Großelternpaar zum anderen zu heizen. Wir müssen ständig organisieren und sind ohne Auto auch nicht sehr mobil. Außerdem knallt Sophie mit hundertprozentiger Sicherheit nach dem zweiten Mal hin- und herfahren und neue Leute sehen, neue Orte erkunden irgendwann durch. Da gibt es keine Ruhe, keinen Frieden, keine Geruhsamkeit. Dagegen ist für den Rest der Großfamilie ein Weihnachtsfest bei uns zu Hause mit den Menschen, die man mag, vielleicht kein Urlaub, aber zumindest ein netter Kurztrip. Und letztlich ging es ja nur um ein einziges Weihnachtsfest. Nicht um die kommenden vierzig.

Ich habe erst einmal nicht mit meiner Familie zusammen gefeiert. Als ich fünfzehn war, verbrachte ich sechs Monate in Frankreich und blieb über die Feiertage bei meiner Gastfamilie. Damals schrieb ich in einer Mail an meine Großeltern: »Ja, es war schön, aber so richtig toll ist Weihnachten eben nur mit der eigenen Familie. Home is nun mal, where the heart is.« Klar, als Kind habe ich Weihnachten geliebt, so wie alle Kinder. Ich habe mich immer hübsch gemacht, und manchmal spielten meine Schwester und ich sogar Christkind und Wichtel. Bei uns gab es nämlich keinen Weihnachtsonkel, der betrunken die Rute schwang. Ich wollte das als Kind gerne und hab es dann irgendwann selbst in die Hand genommen. Weihnachten war immer das Fest schlechthin. Da gab es die meisten Geschenke, alle waren beieinander, und abends fuhren wir mit dem Auto nach Hause, wo Mama und Papa uns nur noch ins Bett legten, weil wir eh schon mit dem Klappen der Autotüren eingeschlafen waren.

Und in diesem Jahr wollten wir diesen Kreislauf von vorn beginnen lassen. Wir haben den Anfang dieser neuen Generation geschaffen. Das erste Kind, das nach zehn Durstjahren endlich wieder leuchtende Augen kriegt, für das man einen

Baum schmückt und Lieder singt. Vor dem man die Geschenke verstecken muss und das dann völlig erschöpft einfach irgendwo einschläft. Das Kind, das mit dem Wissen aufwachsen soll, dass Weihnachten etwas ganz Besonderes ist.

Am nächsten Tag ruft meine Mutter noch mal an. »Da biste sauer, stimmt's?« Na, immerhin hat sie das bemerkt. »Ja«, sage ich, und sie: »Das tut mir leid.« Mehr nicht. Insgeheim hatte ich gehofft, dass sie doch kommen würden, wenn ich es mir so sehr wünschte. Aber die Trägheit hat offenbar bereits Monate vor dem eigentlichen Event gesiegt. Einen letzten Versuch starte ich noch: »Ich finde das Argument so schwachsinnig«, ich schaffe es nicht, meine Enttäuschung zu verbergen, werde undiplomatisch und wütend. »Ihr sitzt doch auch sonst an Weihnachten um zehn vor dem Fernseher. Ob nun im Hotel oder zu Hause, ist da auch egal. Und außerdem ist nicht gesagt, dass es um zehn vorbei sein wird.« Ein stilles Ende und Klicken in der Leitung. Wir legen auf, und mir steigen die Tränen in die Augen. Mich bei ihrem Weihnachten dabeizuhaben scheint meinen Eltern weniger wichtig zu sein, als ein möglichst unanstrengendes und ortsnahes Fest zu feiern.

Nachdem ich mich beruhigt habe, frage ich mich, was an der ganzen Geschichte eigentlich so dramatisch ist. Es tut weh, dass meine Eltern mir nicht zutrauen, dass ich so etwas sowohl planen als auch veranstalten kann. Aber ist es denn überhaupt Pflicht, Weihnachten immer miteinander zu verbringen? Fakt ist, dass jetzt offenbar die Beziehungen neu geordnet werden. Und so etwas wie ein Weihnachtsfest ist ja der absolute Klassiker unter den Familiendramen. Es ist wie mit kleinen Kindern, die ihre Freunde in Erst-, Zweit- und Drittbeste einteilen. Ich fühlte mich mindestens an die vierte Stelle gesetzt. Meine Mutter meinte, dass es auch zum Erwachsenwerden gehöre, so einen Konflikt auszuhalten. Mag sein. Gehört da aber nicht auch dazu zu erkennen, wann etwas jemandem, den man mag, wirklich wichtig ist, und dann auch über seinen eigenen Schatten springen zu können?

Oscars Familie sagte ohne Umschweife zu. Ob sie familienfanatischer ist oder einfach unehrlicher? Klar wünsche ich mir Ehrlichkeit zwischen meinen Eltern und mir. Aber manchmal muss man zur Erhaltung des Friedens doch auch ein bisschen flunkern oder nur die halbe Wahrheit sagen können. Das habe ich seit meinen Bemühungen um die Aufnahme in den Verein Vollwertig Erwachsener gelernt. Dann flunkere ich jetzt eben, wenn meine Eltern auf die reine Wahrheit setzen wollen. Nee, ist kein Problem, die Sache mit Weihnachten.

DER FINALE WEIHNACHTSKRACH GEHT ÜBER DIE BÜHNE, UND MIT ZWEI WOCHEN VERSPÄTUNG WECHSELT EIN LAUFLERNWAGEN DEN BESITZER

Vier Monate sind seit dem Weihnachtsstreit vergangen. Vier Monate, in denen kaum die Rede davon war, worüber wir uns da eigentlich in die Wolle gekriegt hatten. Es ist auch wurscht, in vier Tagen ist Weihnachten, ich liege völlig geschafft auf der Couch und schicke Hanna eine E-Mail. »Sag mal, Schnuppi«, schreibe ich, »wie lautet eigentlich deine Skype-Adresse?« Mit dieser Mail fängt der ganze Ärger wieder von vorn an – aber das weiß ich noch nicht, als ich auf Senden drücke.

Tatsächlich habe ich gerade erst den Zauber des Bildtelefonierens entdeckt. Gerade erst bedeutet: Etwa zehn Jahre nach der Erfindung von Skype bin ich in der Lage, auf meinem iPad zu skypen. Eingerichtet habe ich diese Möglichkeit nicht selbst, Stefan war so freundlich, weil unser guter Nachbar Bert beschlossen hat, diesen Winter in Thailand zu verbringen. Bert ist Rentner, der darf das. Ich bin Werktätige von Beruf, ich darf das nicht. Aber ich kann mit Bert skypen, um angelegentlich unserer Gespräche zu sehen, wie sich hinter ihm im Bild die Palmenwedel im Abendwind wiegen, während vor meinem Küchenfenster die Spatzen mit ihrem Flügelschlag den Schnee vom Meisenring fegen.

Also. Ich. Couch. Skype. Mail an Hanna: Sag mal, Schnuppi!

Schnuppis Antwort lässt nicht lange auf sich warten. Falls ich das wissen wolle, um zu Weihnachten mit ihr zu skypen, »muss ich dir sagen, dass ich das nicht möchte«, schreibt sie. »Ich will an dem Abend keine schlechte Laune haben müssen und vor allem nicht heulen müssen, weil ich euch lustig unterm Weihnachtsbaum kuscheln sehe. Verzeih diese drastische Absage, aber das kann ich nicht.«

Aha, das kann sie also nicht. Unglaublich lange vier Monate sind vergangen seit dieser üblen Weihnachtsdiskussion. Sophie kann inzwischen sitzen und ihr Spiegelbild küssen, die Welt hat sich ein paarmal gedreht – aber meine Tochter kann ihrer Mutter nicht verzeihen, dass sie ihr für den 24. Dezember einen Korb gegeben hat. Ich rufe Hanna an und sage ihr, dass dieser Spaß jetzt aber wirklich mal ein Loch hat. Dass unser Streit dermaßen lange her ist und wir im Übrigen bekanntlich am ersten Weihnachtsfeiertag zu ihnen nach Leipzig kommen würden. Dass ich, kurz gesagt, keinen Bedarf habe, mir von ihr ein schlechtes Gewissen machen zu lassen, weil ich ihre Einladung ausgeschlagen habe. Im Gegenteil, ich fordere von ihr, meine erwachsene Entscheidung wie eine Erwachsene zu respektieren.

Dann wird's bunt am Telefon. Ich weiß nicht, wie das in anderen Familien ist, ob dort ein respektvollerer Umgang mit den Altvorderen gepflegt wird. Oder ob Kindern – seien sie volljährig oder nicht – von ihren Eltern nur ganz sanft vermittelt wird, dass sie nicht einer Meinung sind. Bei uns jedenfalls wird es gern mal ein bisschen heftig und laut; jedenfalls dann, wenn die Tochter der Mutter verklickert, dass diese ihrer von der Natur und der Evolution zugedachten Rolle als

Beschützerin und Kümmerin nur mäßig nachkomme. Dass sich die Eltern im Grunde nie so recht für die Belange ihrer Tochter interessiert hätten und es in diesem speziellen Fall offenbar unzumutbar fänden, am 24. Dezember ihren Hintern nach Leipzig zu bewegen.

»Warum denn bloß?«, frage ich barsch zurück. »Ja, du hast jetzt ein Kind, ja, ihr seid jetzt eine Familie – aber bedeutet dies, dass sich eure Verwandtschaft allen euren Bedürfnissen anzupassen hat?« – »Jahaaa«, triumphiert nun die Tochter, Oscars Familie sei die Feier mit dem Enkel inklusive kulinarischer und monetärer Unterstützung offenbar wichtig genug. Selbst Oscars gebrechliche Oma habe sofort – sofort! – zugestimmt, nach Leipzig zu düsen, um dort unterm Riesenweihnachtsbaum den Abend verbringen zu dürfen. – »Pass mal auf«, belle ich meine Tochter an, »ich hab's satt, mir von dir ständig ein schlechtes Gewissen machen zu lassen. Dass wir nicht kommen, steht seit vier Monaten fest, vielleicht könntest du dich mal wie eine Erwachsene verhalten und die Gegebenheiten akzeptieren, statt mir immer wieder klarzumachen, dass ich mich schämen soll?«

Es folgt ein ungutes Gerangel. Es fallen Wörter wie »immer« und »nie«, »wir« und »ihr«, »wichtig« und »Scheiße«. Schließlich sage ich, dass ich, wenn wir wie abgemacht am ersten Weihnachtsfeiertag nach Leipzig kämen, mir kein schlechtes Gewissen machen lassen wolle. Worauf sie meint, dass es möglicherweise eh keine gute Idee sei, am Tag nach Heiligabend anzureisen – sie wisse einfach nicht, ob sie das überhaupt noch wolle. Daraufhin lege ich einfach auf.

Im Grunde ist es eine sehr tröstliche Einrichtung, dass das Bildtelefon noch nicht den kommunikativen Standard darstellt. Denn so bleibt Hanna erspart, mitansehen und -hören zu müssen, welche Flüche ich ausstoße, während ich durchs Haus tigere. Ich meine, was soll das? Ist mit der Niederkunft einer noch so süßen Sophie der Anspruch auf großelterliche

Willfährigkeit verbunden? Ich sage: Nein, ist er nicht. Dieser Ansicht verleihe ich im Schutz der privaten vier Wände auf drastische Weise Ausdruck. Ich fluche und tobe, sage Dinge, die besser ungesagt blieben.

Trotzdem tut mir natürlich all das leid. Verdammt noch mal, warum bin ich nicht in der Lage, mal so einen Weihnachtsabend hinzuimprovisieren? Warum versage ich meiner Tochter die Anwesenheit an diesem für sie ja offensichtlich äußerst wichtigen, familienbildenden Tag? Jetzt, ja, jetzt wäre ich bereit. Sie hat mich so weit. Ich würde mich am 24. auf die Autobahn schwingen und astronomische Hotelpreise bezahlen, um fünf Stunden in einer überhitzten Wohnung zu verbringen und Weihnachten zu simulieren. Aber jetzt will sie mich ja nicht mehr. Und jetzt muss ich da durch.

Tatsächlich ist es dann genau so. Wir fahren nicht. Weder am 24. Dezember noch am ersten Weihnachtsfeiertag. Wir sind ja ausgeladen. Es ist zu spät, die Geschenke mit der Post zu schicken, sie kämen ohnehin nicht mehr pünktlich an. Und wenn ich Hanna wäre, würde ich ernsthaft überlegen, sie vom Paketboten direkt in den Müllcontainer im Hof werfen zu lassen.

Am Heiligabend kommen Stefan und ich spätabends müde und bedrückt von meinen Eltern nach Hause. Es war schön, ja. Aber nur mittelschön ohne Hanna. Ich schicke ihr eine SMS, frohe Weihnachten, schade, blabla. Keine Antwort. Wir stellen uns vor, wie die heilige Dreifaltigkeit Hanna/Oscar/Sophie mit Oscars Familie lustig unter dem Riesenweihnachtsbaum sitzt, wie sie die Gans und Schnäpse verputzen. Da holen Stefan und ich auch die Flasche raus. Wir trinken deutlich mehr als zwei Schnäpse. Und um Mitternacht heule ich.

Zwei Wochen später fahren wir nach Leipzig. Es war weiß Gott nicht einfach, diesen Termin zu kriegen. Die Familienbeziehungen sind unterkühlt. Als wir unsere Geschenke auspacken, müssen Oscar und Hanna sich artig bedanken. Es bleibt ihnen nichts anderes übrig. Sophie kriegt einen Lauflernwagen, den besten und ökoholzzertifiziertesten, den es gab. »Ja, danke«, sagt Hanna, »ganz toll.« Ja, so, ganz toll. Beim Abschied umarmen wir uns vorsichtig. Jetzt bloß nichts kaputt machen. In knapp zwölf Monaten ist wieder Weihnachten.

Trotzdem war der Besuch richtig. Nach der umfassenden Weihnachtskrise haben Hanna und ich das dringende Bedürfnis, uns wieder einzukriegen. Jede hat der anderen gezeigt, wo der Hammer hängt. Und jetzt arbeiten wir mal brav daran, dass es nicht wieder zu einem Crash kommt. Wir telefonieren regelmäßig, ich bekomme Fotos gemailt. Auf einem ist Sophie zu sehen, wie sie mit unserem Ökolauflernwagen durch die Wohnung karrt. Wir treffen uns alle wieder öfter, ohne offizielle Feiertage. Und es tritt ein, was wohl jede von uns gehofft hatte: Wir vergessen diese ungute Weihnachtsgeschichte. Das geht, tatsächlich.

10

BESUCHSZEITEN

EINE BLAUÄUGIGE KLEINKÖNIGIN WIRD EIN JAHR ALT UND BEKOMMT SCHLAGSAHNETÜRME

Heute wird Sophie ein Jahr alt. Dieses Jahr ist durchgerauscht. Sophie war angekündigt, traf ein, stellte alles auf den Kopf und ist nun nicht mehr wegzudenken. Sie macht einfach alles eins a richtig. Sie wächst und gedeiht, bekam pünktlich zwei Zähne, steht allein, wenn sie vergisst, sich festzuhalten. Sie stößt immer mal wieder ihren spitzen Ich-bin-eins-Signalschrei aus, sie kann richtig gut tanzen und ist – sorry – auf sehr ansprechende Weise verfressen. Sie schläft regelmäßig, und zwar mit halb heraushängendem Schnuller und diesem verrückten Rachenrasseln. Sie schenkt so gut wie jedem ein Lächeln. Und sie kann auch dieses Babygucken, Sie wissen schon: Kinder, die auch durch Angrinsen und Backentätscheln nicht aufhören zu gucken, als planten sie gerade ihre nächste Meditationswoche irgendwo im srilankischen Hochland. Ach.

Laut dem aktuellen Bericht der Weltgesundheitsorganisation haben hierzulande neugeborene Mädchen eine Lebenserwartung von dreiundachtzig Jahren. Jungen verabschieden sich schon etwas früher, nämlich mit achtundsiebzig. Das bedeutet, dass Sophie rein rechnerisch noch gut und gern achtzigmal den Tag ihrer Geburt feiern kann. Die erste Party allerdings wollen wir ausrichten.

Stefan und ich laden deshalb zum Kindergeburtstag ein.

Die ganze Bagage soll kommen, wir versprechen, für reichlich Torte und Würstchen mit Kartoffelsalat zu sorgen. Ach, denke ich, es ist wie früher! Nur dass diesmal nicht zehn Kindergartenkumpels bei uns einfallen, sondern zwanzig Erwachsene, die einer einjährigen Blauäugigen huldigen.

Während meiner Regentschaft als Mutter – vor der Entthronung also – waren Kindergeburtstage bedeutende Tage im Jahreskreislauf. Meist nahm ich einen Tag Urlaub, um alles Nötige vorzubereiten. Ich buk Kuchen und kaufte kiloweise Preise und Miniwindbeutel. Ich putzte die Wohnung und verdonnerte meine Töchter, gefälligst ihre Zimmer so aufzuräumen, dass ein paar Quadratmeter Platz für die Gäste entstanden. Brav schoben sie den Wohlstandsmüll der zurückliegenden Monate an die Seite. Sodann nutzten sie den neu gewonnenen Platz auf ihrem Schreibtisch, um aufwendigste Einladungen zu basteln. Gekaufte Karten oder kopierte Zettel – E-Mails gar! – hielten erst ab Ende der Neunzigerjahre Einzug. Bis dahin fanden zweimal jährlich Klebe- und Filzstiftmassaker statt.

In den Einladungen standen die Partykerndaten: Ort, Uhrzeit sowie – sehr, sehr wichtig – das Ende der Sause. Zudem galt es damals als schicklich zu schreiben, das einladende Kind erwarte keine Geschenke; es wäre aber erfreut, wenn die Gäste »gute Laune und Stoppersocken« mitbrächten. Erst Hannas Schwester Kira wagte beherzt den Aufstand gegen so viel Bigotterie. Selbstverständlich erwarte sie Geschenke, schrie sie und bestand darauf, nur den Teil mit den gut gelaunten Stoppersocken zu schreiben.

Der Nachmittag selbst war ein sozialer Tsunami, der durch unsere Altbauwohnung fegte. In kurzer Folge purzelten zehn Kinder durch die Wohnungstür, die unseren ganzen schönen Kaffeetrinken-Pfänderspiele-Abendbrot-Plan schrotteten. Manche brachten gleich mal ihre Eltern mit, die ungeniert durch alle Räume taperten und sich nur zu gern von

Stefan und mir auf einen Sekt einladen ließen. Manche Kinder waren einfach schüchtern, manche wollten gleich wieder nach Hause oder hatten eingekackt. In jedem Fall galt für diesen Tag die Devise: freundlich bleiben und selbst die aggressivsten Gören nie anherrschen. Auch nicht, wenn sie – das nur eine Erinnerung von vielen – den Federboden des Bettes durch Gruppenhüpfen entzweibrachen und die Bettwäsche in Fetzen rissen. Und selbst dann noch ruhig bleiben, wenn die fünfjährige Hanna sich wütend am Boden wand, weil sie beim Topfschlagen partout nicht verlieren konnte. War sie nun das Geburtstagskind, oder was?!

Irgendwann war es vorbei. Das letzte Kind war mit seiner um drei Stunden verspäteten Mutter ganz, ganz herzlich verabschiedet worden. Die Töchter lagen in ihren Betten – eine von ihnen auf der Matratze daneben. Das Klo war einmal grob durchgeputzt. Und auf dem Weg zur Küche latschte man in einen dieser scheißteuren Preise, die der glückliche Gewinner im Flur vergessen hatte. Ach ja, Kindergeburtstag. Was für ein Fest.

Nur einmal wurde in all den Jahren nicht gefeiert. Und das war, als Hanna eins wurde. Natürlich war auch dieses wunderbare Kind angekündigt, eingetroffen und hatte alles auf den Kopf gestellt. Sie hatte zum ersten Geburtstag sogar zwei Zähne mehr als Sophie, und ja, sie konnte schon laufen. Sie hatte den einzigartigen maierschen Appetit, brachte mit ihren irren blauen Augen Wildfremde zum Grinsen, aber konnte auch dieses stupide srilankische Meditationsgesicht aufsetzen.

Der große Unterschied zu Sophie bestand in der Tatsache, dass Hanna keinen Vater hatte. Jedenfalls keinen, mit dem ich den ersten Geburtstag unserer gemeinsamen Tochter verbringen hätte können. Wir hatten uns sieben Monate zuvor getrennt. Insgesamt also höchstens mittelgute Voraussetzungen, um gemeinsam zu feiern.

Als der Tag näher rückte, fragten mich meine Eltern, was denn für Festlichkeiten geplant seien. »Keine«, antwortete ich. »Herrgott, sie wird eins – das merkt sie doch gar nicht!« In mir war gerade alles durcheinander, ich musste funktionieren. Für Gefühle war kein Platz.

Der betreffende Tag im November 1989 war ein dunkler, kalter Donnerstag. Drei Wochen zuvor war direkt vor Hannas und meiner Haustür die Mauer »gefallen«, wie man das heute so falsch wie verklärend formuliert. Kurz zuvor hatte ich mich in einem Anfall von Entschlusskraft vom Vater meiner Tochter scheiden lassen und war nun tagaus, tagein damit befasst, wenig zu essen, viele Zigaretten zu rauchen und darüber nachzudenken, wie dieses ohnehin komplizierte Leben für Hanna und mich weitergehen könnte. Irgendwo in meinem Gefühlshaushalt quäkte eine sentimentale Stimme, dass trotz des ganzen Riesenkrachs Hannas Vater dem Ruf des Herzens folgen und, die Arme voller Geschenke, am Abend vor der Tür stehen würde.

Und so eilte ich morgens zum Kindergarten, um Hanna abzugeben. Und ich eilte nachmittags wieder herbei, um sie einzusammeln. Sie taperte mir entgegen, ich hatte ihr zur Feier des Tages ein rotes Cordkleid angezogen. Das stopften wir nun in den Schneeanzug, setzten ihr die Mütze auf – und ab ging's nach Hause. Der Briefkasten: leer. Der Ofen: kalt. Der Kühlschrank: leer. Die Wohnung: leer bis auf uns beide. Langsam verfiel ich in Panik. Mir schwante, dass so ein erster Geburtstag möglicherweise nicht nur ein Feiertag für den kleinen Jubilar sein könnte. Sondern mindestens genauso sehr für dessen Mutter. Beziehungsweise Vater, sofern vorhanden. Aber da war niemand, mit dem ich mich hätte freuen können. Hanna war bettreif, die Party im Kindergarten hatte sie echt mitgenommen. Und wer feierte mich?

Ich war nun seit mehr als einem halben Jahr allein mit Hanna. Das war stressig, ja. Aber einsam? Nie. Alleinerziehende verfügen nämlich über die traumwandlerische Fähigkeit, dichte und gute soziale Netzwerke zu knüpfen. Sie okkupieren gnadenlos die Großeltern, sie freunden sich mit der Kindergärtnerin an, sie laden alte Freunde ein, die schon immer mal ein echtes Baby kennenlernen wollten. Sie sind sozial kompetent, dass es kracht. So war das im letzten halben Jahr gelaufen. Aber für diesen Abend hatte ich alle Knoten gelöst. Ich war ein bisschen irre gewesen und hatte tatsächlich geglaubt, die Bude für Hannas Vater und seine reuige Kindesliebe freihalten zu müssen.

Sei's drum. Er hat sich an diesem Tag nicht mehr gemeldet. Und auch an keinem weiteren von Hannas Geburtstagen. Genau genommen an überhaupt keinem Tag mehr. Dennoch denke ich gern an den Tag zurück, an dem Hanna eins wurde.

Denn mein wunderbares soziales Netzwerk funktionierte natürlich einzigartig. Meine Freunde und Geschwister waren sich – anders als ich – völlig klar darüber, dass Hannas Vater NATÜRLICH nicht erscheinen würde. Sie packten Rosenthaler Kadarka ein und klopften ab halb neun, einer nach dem anderen, an meine Altbauwohnungstür. Wir tranken auf dieses wunderbare Kind in dieser verrückten Zeit, die in jeder Hinsicht kopfstand. Eins. Und noch eins. Und noch ...

Sophies erste Geburtstagsparty wird natürlich sensationell. Mag schon sein, dass so eine Einjährige nicht versteht, warum sich bei der Muttermutter plötzlich das Haus füllt, überall Leute herumsitzen und -stehen, die unmöglich auseinanderzuhalten sind. Leute, die jede Menge Kuchen mitgebracht haben, Kaffee trinken, Sekt schlürfen und der kleinen Sophie Sachen schenken wie einer etwas klein geratenen Gottheit. Kerzen brennen, Blumen leuchten, Schlagsahne türmt sich in Porzellanschalen. Es ist eine Freude, dass es da ist, dieses kleine Mädchen. Und es ist klar, dass das umfassend gefeiert wird, und zwar so lange, bis die blauen Augen zufallen und die Erwachsenen Brüderschaft trinken. Möge es so sein und bleiben.

NA, DANN WISST IHR JA, WIE ES MIR GEHT! TOLLE ENKELKINDER FALLEN NICHT VOM HIMMEL, UND MEINE ELTERN SIND NICHTSNUTZE

Sophie bekam gerade Zähne und war dementsprechend unleidlich. Und ich? Ich war so dämlich gewesen, mir deswegen eine ganze Woche ohne Oscar bei meinen Eltern zuzumuten. Meine Hoffnung lag darin, dass Sophie über die neue Umgebung so erstaunt wäre, dass sie ihre Schmerzen zumindest gelegentlich vergessen würde. Insgeheim wusste ich, dass die Wahrscheinlichkeit, dass das funktionieren würde, sehr gering war. Deshalb hatte ich im Kopf schon einen doppelten Boden eingezogen und hoffte auf die umfassende Zuwendung durch meine Eltern. Sie sollten hellseherisch erkennen, wenn ich Hilfe brauchte. Sollten mir anbieten, Sophie eine Nacht lang zu übernehmen, damit ich mal wieder ausschlafen konnte. Ich war mir sicher: Meine Eltern waren mit meiner Schwester und mir selbst durch die Hölle gegangen, die mussten wissen, wie es mir und ihrem zahnenden Enkelkind ging. Am Ende dieser sieben Tage war ich ein nervliches Wrack, und es brauchte weitere sieben Tage verschlossener Türen und zugezogener Vorhänge in Leipzig, bis ich wieder Kontakt zur Außenwelt aufnehmen wollte.

Ich hatte meine Rechnung ohne meine Eltern und ohne Sophie gemacht. Ich hatte vergessen, dass Sophie, gerade wenn es ihr schlecht ging, völlig fixiert auf mich war. Ihr kam natürlich nicht in den Sinn, meinen Eltern in die Arme zu springen und zu sagen: »Ja, nehmt mich mit. Ich will doch auch, dass meine Mama mal Ruhe hat, um mich danach mit leuchtenden Augen in Empfang nehmen zu können.«

Aber meine Eltern mussten erstens arbeiten (das hatte ich tatsächlich verdrängt), und zweitens hatten sie schon während meiner Schwangerschaft oder vielleicht schon während meiner eigenen Kindheit (wer könnte es ihnen verübeln) beschlossen, dass Großeltern zu sein vor allem bedeutet, die Sonnenzeiten abzupassen und den Rest den Eltern ihres unendlich süßen und niemals trüben Enkelkinds zu überlassen. Sie ließen sich kein Stück erweichen. Hinzu kam, dass ich viel zu stolz war, um zu sagen: »Nimm sie, ich kann grad einfach nicht mehr.« Der Wille, das alleine zu schaffen und dabei auch noch zu glänzen, war größer. Der Wille, niemanden fragen zu müssen und für alle trotzdem zur Verfügung zu stehen. Damals waren das noch die Ansprüche, die ich an mich stellte. Und ich hatte das Gefühl, dass sie auch von anderen an mich gestellt wurden. Sei entspannt, bring das Kind mit links durch, und spiel dich nicht zu sehr auf. Du bist nicht die erste Mutter auf dieser Welt.

Oscar war also nicht da, und meine Eltern kamen auch erst abends. Den Tag verbrachte ich damit, mich um eine sehr weinerliche Sophie zu kümmern, die eine überforderte Mutter hatte, welche sich das aber nicht eingestehen wollte und deshalb der stinkigen Sophie zum Vorwurf machte, dass die so stinkig war, obwohl man, wie man an Sophies Mutter gut erkennen konnte, auch ohne dieses ständige Rumgejammer gut auskommen konnte. Es war der Abend des dritten Tages, als ich Sophie zum Schlafen bringen wollte. Doch ihre großen runden Augen zwinkerten hin und wieder, machten also keine Anstalten, sich für eine längere Zeit zu schließen. Der Tag zog in ihrem Kopf seine Kreise und hinterließ Spuren der Verwüstung an ihren Neuronen. Da war nichts zu machen, außer zu warten, bis der Spuk vorbei sein würde. Wann das sein würde, war nicht vorherzusagen, das wusste ich. Einziger Anhaltspunkt waren die an diesem Tag bereits geschrienen Stunden. Vier. Na, dann konnte sie nicht mehr so viel Energie haben, dachte ich und rechnete mir aus, zum Abendprogramm vor dem Fernseher versacken zu können.

Ich legte sie also aufs Bett und hoffte, nur eine halbe Stunde neben ihr liegen und ihre Hand halten zu müssen. Ich drehte sie, deckte sie zu, streichelte sie, sang für sie. Doch ihre Augen blieben geöffnet. Als dann meine Mutter nach Hause kam und ins Schlafzimmer stürmte, um »nur mal schnell nach der Süßen« zu gucken, war sie so wach, dass es wirkte, als hätte sie drei Tassen Kaffee getrunken. Ich nahm sie ins Tragetuch, das wirkte fast immer. Nach dreißig Minuten rumlaufen, wippen und möglichst monotonem Atmen lag ihr Kopf endlich auf meiner Brust, und ich wagte einen vorsichtigen Versuch, sie herauszunehmen.

Doch just in dem Moment riss mein Vater, schnaufend von der Heimfahrt mit dem Fahrrad, die Tür auf und rief über die knarrenden Dielen hinweg: »Ist sie schon eingeschlafen, oder kann ich sie gleich noch mal sehen?« Klar, Sophie war wach, ich bekam einen Extrapickel auf der Nase und schrie in Gedanken: »klappeKlappeKLAPPE!« Also, letzte Instanz: Kind in den Kinderwagen, Kopf auf Durchzug schalten und einfach stur, ohne Emotionen, ohne nachzudenken, ohne Essen im Bauch und ohne überhaupt heute mal in den verdammten Spiegel geschaut zu haben, loslaufen.

Sophie weinte, der Weg war beschwerlich, die Nacht brach herein. Alles egal, es würde gelingen. Irgendwann. Ich sang, sang. Stur vor mich hin. Dichtete eine Strophe an die andere, nur um nicht einfach den Kinderwagen stehen zu lassen und langsam bis zur Mitte des nahen Sees zu laufen. Als es endlich so weit war, ging ich nach Hause, drehte den Schlüssel um, schlich herein und brach nach drei Stunden endlich mein Schweigen. Mein Mund spie es aus. Spie es ihnen vor die Füße, wie sie da gemütlich vor dem Fernseher saßen und Asi-TV glotzten. »Na, ihr Nichtsnutze.«

Und dabei hatte ich mich schon zurückgehalten. Mir waren noch ganz andere Sachen durch den Kopf gegangen. Meine Mutter ergriff auch gleich das Wort: »Na, hör mal. Entschuldige bitte, wir wohnen hier.« »Genau«, meinte mein Vater, »wir können doch nichts dafür, dass das Kind nicht schläft.« – Doch!, dachte ich und giftete: »Ihr habt ja keine Ahnung. Ich habe gerade drei Stunden lang versucht, dieses Kind zum Schlafen zu bringen, und konnte heute noch nicht mal duschen. Ich erwarte ja nicht, dass ihr mir helft, aber wenigstens ein bisschen mehr Ruhe, wenn ihr mitkriegt, dass hier gerade ein Nachtritual stattfindet.« »Du, wir sind mit euch beiden durch die Hölle gegangen.« Unisono: »Wir wissen sehr gut, wie schwierig es sein kann, Kinder zum Schlafen zu bewegen. Du bist nicht die erste Mutter auf dieser Welt.«

Mit zitternder Stimme quetschte ich nur noch ein »Na, dann wisst ihr ja, wie es mir geht!« heraus und rannte in die Küche, um meine Wut, meine Erschöpfung und meine Verzweiflung in einem großen Schluck Milch zu ertränken. Mein Abendbrot für heute. Ich bin doch nicht zur Belustigung zu ihnen gefahren. Wenn sie ein tolles Enkelkind haben wollten, dann sollten sie auch ein bisschen was dafür tun. Ich fühlte mich derart ins Unrecht gesetzt, dass ich vor Wut heulte.

Als ich schlafen ging, waren gerade die letzten Tränen getrocknet. Die viel zu kurze Nacht vor Augen, nahm ich mir vor zu spenden, sobald ich genug Geld hatte. Für Geburtshäuser, Schmerzmittelforschung und kostenlose Partnerberatung. Und für die deutsche Vereinigung alleinerziehender Eltern.

11

EXPERTENTUM

EINE WEISE FRAU ERWEIST SICH ALS TRAGEBERATERIN, UND ES WIRD ÜBER KINDERKÖPFE IN SYSTEM-ZUSAMMENHÄNGEN DISKUTIERT

Ich bin ja eine große Anhängerin des Expertenwesens. Ich finde, jede und jeder sollte über irgendetwas besonders gut Bescheid wissen oder zumindest Interessantes berichten können aus Lebensbereichen, die anderen nicht ohne Weiteres zugänglich sind. Detaillierte Grammatikkenntnisse etwa – da höre ich persönlich gern zu. Auch die Gabe, Noten zu arrangieren oder die Wetterentwicklung aus den Federwolken eines Sommerhimmels zu prognostizieren, bewundere ich. Ayurvedisch kochen und auch noch erklären können – großartig.

Seltsamerweise gelte ich unter meinen Kollegen als Expertin fürs Gärtnerische, denn anders als sie habe ich einen Garten. Und wenn die lieben Urbaniten mal zum Grillen und Chillen vorbeischauen, sehen sie, dass da tatsächlich etwas wächst. Nämlich Bäume. Und Gras. Und Blüten. Dass die Bäume kahle Stellen haben, der Rasen ungut vermoost ist und die Blüten eher Butterblumen als Röschen sind – das sehen diese restlos verstädterten Besucher nicht. Sie denken: Bei der Maier ist es grün, die muss Ahnung vom Gärtnern haben.

Ich lasse sie in dem Glauben. Was ist falsch daran, als Naturfreundin zu gelten, als weise Frau? Das kommt irgendwie gut. Dass ich ein handfestes Unkrautproblem habe und auf dem mageren märkischen Sandboden Tomaten nur in Kübeln mit gekaufter Erde anbaue – das wissen die ja nicht. Auch nicht, dass mein Expertentum zu Staub zerfällt, sobald jemand anderes wirklich Ahnung hat. »Dein Cornus bräuchte aber mal einen Rückschnitt«, sagte ein Freund kürzlich. »Mein bitte was?«, antwortete ich verwirrt. »Na, der Hartriegelstrauch da, der müsste mal beschnitten werden. Und guck mal hier, Wurzelaustriebe wie diese solltest du gnadenlos kappen.« Tja, gut gefaked ist höchstens halb gewusst.

Daran musste ich denken, als ich die Wochenendzeitung zur Hand nahm. In einem doppelseitigen Interview gab eine Frau ihr Expertenwissen zum Thema Babys und Kleinkinder zum Besten. Die Lady war Anfang dreißig, sie hatte nach dem Abitur mehrfach angesetzt, allerlei Ansprechendes zu studieren. Philosophie war dabei, Medizin, auch Stadtplanung und Literaturwissenschaften. Mit Mitte zwanzig dann schenkte sie einer Tochter das Leben. Dieses Ereignis hatte sie offenbar zu der Überzeugung gebracht, dass Muttersein der befriedigendere und gesellschaftlich höher stehende Job sei, wenn man dem akademischen Plunder nicht gewachsen ist. Und sie schien begriffen zu haben, dass man diese Lebensphase mit allerlei Kursen zu diesem und jenem Expertentum aufschäumen kann. Dass also Expertinnenwissen vorzugeben bei Bedürftigen jede Menge Eindruck schindet und diese auch noch dazu bewegt, dafür Geld auszugeben. Ich will nicht länger drum herum reden: Die Frau gab zu Protokoll, sie sei von Beruf Trageberaterin.

Kurz bevor ich begriff, hoffte ich noch, dies sei die Berufsbezeichnung für Menschen aus dem Speditionsgewerbe. Wie befördert man fünf Säcke Rollsplitt von A nach B – so etwas. Aber nein, erklärte die Interviewte ohne einen Anflug von Ironie, ihr »Ding« sei nun mal das Tragen von Babys. Das habe sie besonders interessiert. Und deshalb habe sie es »in einer der führenden deutschen Trageschulen gelernt« und, derart zertifiziert, zu ihrem Beruf gemacht. Im Tragen, da sei sie richtig gut, weshalb sie ihre ebenfalls begonnene Ausbildung zur Stillberaterin schließlich abgebrochen habe. Warum wunderte mich Letzteres eigentlich nicht?

Unruhig fing ich an, mit der Zeitung zu rascheln. »Stefan«, sage ich zu meinem Mann, »stell dir vor: In dem Interview hier sagt eine Frau, sie sei Trageberaterin.« »Nie gehört«, nuschelte der und fragte immerhin, was das sein solle. »Ich bin mir nicht sicher, aber möglicherweise ist das eine Berufsbezeichnung für Leute, die wissen, wie Kinder getragen werden.« Na prima, meinte Stefan, das sei ja mal eine gute Neuigkeit. Wenn es weiter so mies auf dem Zeitungsmarkt laufe, könne er mit seiner jahrelangen Kindererfahrung immer noch ganz groß ins Tragebusiness einsteigen.

Tatsächlich ist Stefan ein ausgewiesener – wenngleich nicht zertifizierter – Trageexperte. Er kann weinende Babys nicht nur stundenlang auf und ab tragen, er hat unsere Kinder auch viele, viele Male morgens zum Kindergarten und nachmittags nach Hause getragen. Er ist ebenfalls ein ganz großartiger Kind-auf-den-Schultern-Träger, und seine ausgefeilte Technik, mit einer Hand ein Kind und mit der anderen einen Kasten Mineralwasser in den vierten Stock zu tragen und dabei noch ein Liedchen zu pfeifen, durfte ich jahrelang bewundern. Wie er das gemacht hat, habe ich ihn nie gefragt – es schien mir selbstverständlich. Aber offenbar wissen Eltern heute nicht mehr, wie sie ihr Kind hochheben und durch die Gegend tragen können. Wieso eigentlich?

Es ist die kulturelle Kluft zwischen dem bis ins Letzte ausgetüftelten Plan, einerseits ein oder zwei Kinder zu bekommen – und andererseits der medial und gesellschaftlich befeuerten Selbstwahrnehmung als Eltern, dieses so unglaublich kostbare und verantwortungsvolle Projekt so perfekt wie möglich ins Werk zu setzen. Ein Kind hat man nicht, ein Kind managt man. Und richtig getragen werden muss es auch. Schade eigentlich, dass es dafür keine TÜV-Plakette gibt, mit Hauptuntersuchung und allem Drum und Dran.

Pädagogisch, gesundheitlich und kulturell soll alles sichtbar perfekt laufen in diesem Land, in dem das öffentlich transportierte Mutterbild trotzdem noch immer irgendwo in den Fünfzigerjahren stecken geblieben ist. Zugleich jedoch sollen Mütter und Väter ihre Elternzeit und danach die Kinderbetreuung möglichst kostenneutral sowie klag- und geräuschlos organisieren. Der Staat, der sie ständig auffordert, die Generationenlücke zu füllen, hält sich beim konkreten Teil, nämlich dem Monetären, gern mal zurück. Abenteuerliche Betreuungsschlüssel, ungenießbares Schulessen, ausufernde Kitaferien – dies alles sind bedrohliche Ungetüme aus dem Wörterbesteckkasten einer Gesellschaft, in der Kinder zwar zum Höchsten stilisiert werden, deren Eltern aber wenig Unterstützung erfahren.

Kein Wunder, dass diese Gemengelage Eltern schier verrückt macht. Und zwar offenbar so verrückt, dass sie fremden Frauen Geld geben, damit diese ihnen erklären, wie sie ihr Kind tragen sollen. Dabei hat das – Tragen oder Getragenwerden – doch nun wirklich jeder Mensch im Programm.

Vor Jahren besuchte ich beruflich eine sogenannte Babymesse. Ich freute mich auf den Termin, schon wegen des irreführenden Titels. Aber natürlich wurden dort in den weitläufigen Hallen nicht Babys zur Schau gestellt, sondern jede Menge Equipment für Eltern und Kinder. Ich sah strassbesetzte Kinderwagen und quietschbunte Familienvans. Ich begutachtete Fläschchenwärmer und Babybetten, Dinkelkissen und Krabbeldecken. Ich befingerte Kinderbekleidung, die den Schluss nahelegte, die sie erwerbenden Eltern müssten sich selbst stilistisch auf das Niveau von Kleinkindern zurückentwickeln.

Und ich sah Tragetücher und Babytragen sonder Zahl. Sie lagen auf Tischen bereit, hinter denen sanft lächelnde Frauen Platz genommen hatten, die Interessierten gern ausführlich die Vorteile der aufwendigen Konstruktionen nahebrachten. Egal, ob es sich bei den dargebotenen Waren um Tücher oder Säcke, um Bauchläden oder Jacken mit integriertem Babyfach handelte – stets hießen sie »System«. Denn systematisch, gar wissenschaftlich auf dem neuesten Stand soll sein, worin Kinder verwahrt und befördert werden. Jedes Tuch hat seine eigene Bindetechnik, jede Babytrage hat die Anmutung, als könne man damit bequem einen Sechstausender besteigen. Wie vertrackt die Technik ist, sieht man ganz genau an warmen Tagen auf dem Spielplatz, wo Männer und Frauen die kostspieligen Systemseilschaften an ihren Hüften herabbaumeln lassen, was mitunter den Eindruck erweckt, hier habe jemand sein medizinisches Korsett falsch herum angelegt.

Schaue ich mich auf den erstaunlich vielen Trageberatungsseiten im Netz um, müsste eigentlich mit Geldstrafe belegt werden, wer seinem Baby nicht die korrekte Anhock-Spreiz-Haltung angedeihen lässt. Denn diese ist nicht nur gut gegen spätere Haltungsschäden. Nein, korrektes Getragenwerden beugt auch Depressionen vor und fördert den Gleichgewichtssinn, es hilft gegen Koliken und schafft Selbstvertrauen. Ich hingegen bin noch im letzten Jahrhundert sozialisiert und befürworte deshalb Geldstrafen für Leute, die ihre Kinder zwar an ihrem Körper, jedoch mit besorgniserregend baumelndem Kopf über der Systemkante durchs Straßenbild trecken. Man muss selbst kein Kind haben, um zu sehen, wie dramatisch hier die Schwer- und Fliehkraft des Babykopfes an den zarten Nackenwirbeln zerren. Kinder, noch zu klein, ihren Kopf selbst zu halten, werden wie Kartoffelsäcke mit angenähtem Weißkohlkopf in Strickgebinden auf Mutterns Rücken gehängt. Da baumeln sie dann, und man gerät in Versuchung, die Elternpolizei zu rufen.

Aber was rede ich? Ich habe ja eh keine Ahnung und gehe mal davon aus, bei meinen Kindern alles falsch gemacht zu haben. Hanna zum Beispiel habe ich einst bei Bedarf einfach auf meiner Hüfte herumgetragen und sie ansonsten in einem der zwischenmenschlichen Nähe abträglichen Kinderwagen umhergefahren. Und bei Hannas Schwester habe ich Mitte der Neunzigerjahre ein langes Tragetuch erworben. Es war teuer, es war bunt – aber meine Rückenschmerzen waren einfach stärker als jeder gute Wille. Niemals wäre ich auf die Idee gekommen, dreißig Euro für ein Trageberatungs-Erstgespräch hinzublättern. Aber vermutlich hätte ich das gar nicht gekonnt – den Beruf der Trageberaterin hatte das System noch nicht erfunden.

Doch inzwischen gibt es sie – die weisen Expertinnen. Ich lese Stefan das Interview mit der Dame laut vor, wir lachen ausführlich, anschließend poste ich es auf Facebook und schreibe dazu: »Heiterkeit heute Morgen am Frühstückstisch! Ausbildungsberuf Trageberaterin.« Ich stelle fest, dass Facebook-Freunde meiner Generation diese Information mit einer Mischung aus Erstaunen und Abscheu zur Kenntnis nehmen. Eine Freundin kommentiert: »Wie man aus Babykacke eine Wissenschaft macht, das ist schon abgefahren.« Und eine ans andere Ende der Welt ausgewanderte Kollegin postet gar, das Interview helfe hervorragend gegen ihr hin und wieder auftretendes Deutschlandheimweh. »Das nackte, verkackte Grauen und all der ökige, humorfreie, perfektionistische Muttimief springen mir hier entgegen.«

Zwischen all den Posts findet sich eine Bemerkung von Hanna. »Das versteh ich jetzt nicht«, schreibt sie. Was gibt es da nicht zu verstehen, denke ich und rufe sie an. Und meine Tochter erklärt mir, dass Trageberatung überhaupt nichts Exotisches sei. Jedes Geburtshaus, jede Hebammenpraxis, die auf sich hält, hat sie im Angebot. Außerdem Windel- und Stillberatung, Breikochkurse und Yoga für Mama und Baby. Das Angebot ist riesig. Dass Hanna sich nicht hat beraten lassen, wie sie Sophie durch die Welt tragen soll, ist auch nicht ganz richtig. Denn sie hat ihr »System«, so nennt selbst meine Tochter das, anlässlich einer Babymesse gekauft und sich dort von einer dieser weisen Frau in dessen Handhabung unterweisen lassen. Von einer echten Expertin eben. Na, prima. Aber ich schwöre, wenn da Sophies Kopf irgendwie raushängt, rufe ich auf der Stelle die Elternpolizei.

KÖRPERKULT IN KURSKULTUR UND DIE KOMMERZIALISIERUNG MEINER MUTTERSCHAFT

Als ich das Schwangersein aufgegeben hatte, war mein Körper völlig fertig mit der Welt. Soeben hatte er die schwerste Last abgeworfen, die er je so lange zu tragen gehabt hatte, und jetzt sollte er auch noch für das weitere Auskommen dieser Last Sorge tragen. Mein Körper ist eher einer von der trägen Sorte und nicht gerade reich mit festem Bindegewebe und effektiven Verbrennungsmechanismen ausgestattet. Er hat sich dem exzentrisch Naturbelassenen verschrieben und möchte gern, dass für jeden sichtbar ist, was jemals mit ihm unternommen wurde.

Inzwischen habe ich mich einigermaßen mit ihm angefreundet. Ich habe sogar gelernt, dieses »Zeigen, was man hat«-Prinzip zu schätzen. Das gehört inzwischen zu mir. Ganz im Gegensatz zu meinem Körper ist mein Kopf eher so ein Macher. Der arbeitet Tag und Nacht, wälzt alles hin und her, und wenn er mal nichts zum Wälzen hat, sucht er sich irgendeine Kamelle von früher – meine Kindheit oder so was –, um wenigstens daraus eine schlaflose Nacht produzieren zu können. Körper und Kopf sind bei mir in ständigem Clinch, und deshalb ist ihr kleinster gemeinsamer Nenner meine Haut. Wenn einer von beiden nicht mehr will, verpasst er mir einen ordentlichen Schub Neurodermitis, bis ich nachgebe. Stur sind die beiden. Unglaublich stur.

Und so war die postnatale Zeit eine, die von roter Haut, scheuen Blicken in den Spiegel, wenig Schlaf und wirren Selbstgesprächen geprägt war. Ich konnte mich nicht mehr sehen, und noch immer fällt es mir schwer, unbefangen mein Spiegelbild anzulächeln. Bereits zwei Monate nach der Geburt, als ich gerade wieder weitere Strecken laufen konnte, zog ich mir vor lauter Kummer über mein Äußeres die seit fünf Jahren eingestaubten Laufschuhe an und versuchte zu joggen. Ich fing ganz klein an und hörte sofort wieder auf.

Ziel war es, möglichst viele Runden um eine sehr kleine Grünfläche bei uns in der Nähe zu rennen. Ich dachte, es läuft wie früher: loslaufen, ein paar Schmerzen ertragen, dann ein geiles Gefühl. Ich lief los, meine Lungen brannten sofort. Und ich fühlte mich wie eine Sahnekirschtorte, die im Kofferraum eines Familienautos an einem Sonntag über eine sehr löchrige Kiesstraße transportiert wird. Es gab nichts, was an meinem Körper nicht wackelte. Es war das unangenehmste Gefühl der Welt, ich werde es nie vergessen. Als mein Kopf bemerkte, dass mein Körper sich hier gerade völlig zum Affen machte, blies er zur Heimkehr und schickte vorher noch ein paar Tränen auf die Reise. Als ich, nur sechs Minuten nachdem ich die Tür hinter mir zugemacht hatte, wieder zu Hause ankam, fragte Oscar: »Was ist denn los? Wolltest du nicht laufen gehen?« Ohne ein Wort ging ich unter die Dusche und weinte.

Diese Geschichte verbindet mich sicher mit vielen Frauen, die nach der Geburt ihres Kindes fürchten, nie wieder gut aussehen zu können. Und ein florierender Markt widmet sich diesen Ängsten. Das fängt bei meist nicht ganz billigen Anti-Dehnungsstreifen-Salben an und geht mit Still-BHs weiter. Da ist einmal das Modell »Hide you« für nur dreißig Euro, das insbesondere bei größeren Brüsten nichts anderes macht, als eine Schicht Plastikstoff über die Haut zu legen. Kein Halt, keine Form, keine Verstellmöglichkeiten. Erst einige Preisklassen weiter oben finden gut betuchte Postnatale die Modelle »Sei es dir wert« und »Kannste mal halten?«. Die sind zwar nicht unbedingt schön, verfügen aber über oben genannte Fähigkeiten. Für schöne, funktionale Still-BHs gibt es vielleicht ein geheimes Codewort oder sogar eine Untergrundorganisation, ich habe sie jedenfalls nicht gefunden.

Wenn dann so weit alles eingepackt ist und das Laufen wieder funktioniert, können Mütter so einige Kurse belegen. Zuerst kommt man in den Rückbildungskurs, der auch außerordentlich sinnvoll ist. Schließlich will man ja irgendwann auch mal wieder ohne Hilfe vom Sofa aufstehen. Von der Rückbildung aus aber kann man Kontakt herstellen zu einer Art Kursmafia, die einen zu immer mehr Fortbildung verleitet. In solchen Kursen kann man stillen, schlafen und meditieren lernen; es gibt Babymassage, Klangkunst für Babys und Beikostkurse. Man schult uns in alternativer Verhütung, in windelfreiem Leben und am allerwichtigsten: im Tragen.

Und hier eine Nachricht an meine Mutter: Amerikanische Wissenschaftler haben in einer einmonatigen Langzeitstudie herausgefunden, dass Kinder, die drei bis vier Stunden am Tag getragen werden, in den ersten drei Monaten bis zu dreißig Prozent weniger schreien. Und ihr macht euch darüber lustig! Ich glaube, ihr seid nur neidisch, weil euch das damals keiner erzählt hat. Denn um die Plagen mit einem dauerhaft schreienden Baby zu umgehen und es sich nicht zurück in den Uterus zu wünschen, gibt man auch mal um die hundert Euro für ein System aus und fünfzig für einen Kurs, in dem Schritt für Schritt erklärt wird, was ohnehin in der Gebrauchsanweisung steht.

Warum das Ding System heißen muss? Weil es kein einfaches Tragetuch ist. So ein System ist erstens schneller umgelegt, erfordert zweitens viel ausführlichere TÜV-Tests, und man kann es drittens, wenn das Kind rumlaufen und spielen will, völlig lässig von der Hüfte abwärts einfach runterhängen lassen.

Aber das Beste, was man mit so einem Tragesystem machen kann, macht man natürlich in einem – Kurs. Und zwar Sport mit dem Baby. Auf dem Flyer an meiner Pinnwand steht eine viel zu schlanke, eindeutig nicht gerade Mutter gewordene Frau, breitbeinig ihre Hände auf die Oberschenkel gestützt. Und vorne dran hängt ihr Baby in einem Tragesystem – es handelt sich um »Baby Balance«. Sie verbrennt jede Menge Fett, und das Kind muss dafür nicht mal bei einem Babysitter abgegeben werden.

Und warum? Warum ist der Markt so groß und ausgelastet? Weil die Mütter es so wollen. Ich will, dass mich jemand an der Hand nimmt und mir in mein verwirrtes Hirn ein bisschen Orientierung pustet. Ich möchte mich nicht von den anderen unterscheiden, nur weil ich gerade ein Kind bekommen habe. Verwirrt und hässlich ist out, wir wollen schön sein, auch wenn wir gerade erst dreißig Kilo dazugewonnen haben. Mag ja sein, dass in den Achtzigern und Neunzigern die Weltuntergangsstimmung so sehr gedrückt hat, dass es egal war, ob Dehnungsstreifen rausblitzten, die Brüste wackelten und ausliefen und die Beckenbodenmuskeln spaghettimäßig durchhingen. Das ist heute nicht mehr so. Heute soll das Wochenbett so kurz wie möglich sein, man springt zurück ins Leben und ruft: »So, Welt, ich bin wieder bereit. Wo ist der Modelscout, wo ist mein Arbeitsplatz?«

Unsere Eltern sind uns keine echten Vorbilder, sie kennen ja nicht mal den Unterschied zwischen symmetrischen und ergonomischen Schnullern. Sie wissen nicht, was es wirklich bedeutet, auf die Bedürfnisse des Kindes einzugehen. Wir wollen top ausgebildete Stillberaterinnen und Tagesväter. Menschen, denen klar ist, dass unsere Kinder die Zukunft gestalten werden. Unsere Kinder werden aller Wahrscheinlichkeit nach in ein paar Jahren diese Erde davor retten zu kollabieren. Deshalb schenken wir ihnen jetzt schon das nötige Selbstvertrauen. Sie sollten jedenfalls die Erde retten, sonst könnten wir uns das ja alles sparen.

Und noch eine Nachricht an meine Mutter: Mach dich nur lustig über die vielen Frauen mit ihren Fantasieberufen. Ich wette, dass eine Tragelehrerin mit Babyyogaweiterbildung abends nicht nach Hause kommt und über die eingebildeten Schnösel im Regierungsviertel jammert. Und die freiberufliche Kunsttherapeutin mit Spezialgebiet Kindertanz hat sicherlich kein Problem mit dem passenden Stoff für das maßgeschneiderte Jackett. Diese Leute sind entspannt und leben für die Zukunft. Du langweilst dich bei Redaktionskonferenzen. Hast du schon mal von einer Hebamme gehört, die sich bei der Geburt eines Kindes gelangweilt hat? Meine Beckenbodentrainerin hat immer erzählt, dass sie jetzt eine Tantraweiterbildung macht. Gleiches Anwendungsgebiet, verschiedene Tätigkeitsfelder. Kinder und Sex. Das nenne ich mal Offenheit im Berufsleben. Wer das eine tut, muss mit dem anderen rechnen.

12

ÄLTER WERDEN

ES KOMMT KEINER MEHR, UND IM GROSSELTERNHAUSHALT HERRSCHT FREIWILLIGE ORDNUNG

Aus dem Weg! Was glotzt ihr so? Nun macht schon Platz – hier kommt die Kronprinzessin von Leipzig. Seht ihr mich auch alle gut? Spitzenmäßig mache ich das, oder?

Sophie kann jetzt laufen. Also das, was man mit zwölf Monaten so unter Laufen versteht: eine Art breitbeiniges Stampfen, unterbrochen von Arschbomben im öffentlichen Raum. Wahnsinnig stolz ist sie auf diese neue Fähigkeit, selbst wenn sie hindotzt oder mal aus dem Takt gerät, weil sie vergessen hat, das zweite Bein nachzuziehen – Laufen macht Spaß, das sieht man ihr an.

Heute bin ich ihre Laufassistentin. Es ist Donnerstagnachmittag, und wir kreuzen gemeinsam durch die Leipziger Innenstadt. Mit einer Hand hält Sophie sich an ihrem Wagen fest, hinter ihr gehe ich, leicht gebückt, um immer mal wieder vorkommende Stürze abzufangen. Alte Damen gucken fasziniert, Kinder zeigen mit dem Finger auf unsere Performance, Mütter lächeln mich verständnissinnig an. Unten, zwischen meinen Knien, grinst Sophie und tapert schwankend voran.

Hanna und Oscar haben heute länger in der Uni zu tun. Pünktlich zum Semesterbeginn hat Sophie einen Betreuungsplatz bekommen, da passt es in der ersten Zeit gut, dass ich gerade in Leipzig bin, als eine Art Enkelkind-Bereitschaftsdienst. Und deshalb habe ich heute den Kinderwagenschlüssel ausgehändigt bekommen sowie eine genaue Wegbeschreibung zur Tagesmutter. Pünktlich um drei stehe ich im Flur einer Hochparterrewohnung, gelegen im Stadtteil Reudnitz, der ungefähr so aussieht, wie er heißt. Sophie ist ein bisschen irritiert, dass ich es bin. Gut und schön, sagt ihr Blick – aber kommt jetzt hinter dem Rücken dieser mir durchaus bekannten, auch netten Person mal meine Mama hervor? Aber Mama kommt heute nicht. Heute kommt – die Tagesmutter erklärt es gerade den im Flur versammelten Mitknirpsen – »der Sophie ihre Oma«.

Da ist es wieder, das Wort mit O. Oma. Ein Substantiv, bei dessen Gebrauch vor meinem inneren Auge Bilder von rüstigen Damen aufsteigen, weißhaarig, beige gekleidet und immer ein bisschen nach Kernseife und – wegen der Dritten – aus dem Mund riechend. Solch eine Frau mit O bin ich nicht und möchte ich nicht sein. Ich habe überhaupt ein Problem damit, mich selbst als Oma zu bezeichnen oder von meinen Mitmenschen so genannt zu werden. Und ich denke sehr ernsthaft darüber nach, Sophie sprachlich so zu manipulieren, dass sie mich später bei meinem Vornamen nennt.

Entschuldigung, aber eine Oma – das sind Frauen, auf deren Kosten Scherze sonder Zahl gemacht werden. Weil Omas verpeilt sind und man ihnen nachsagt, sie seien hasserfüllt jüngeren Frauen gegenüber. Weil sie den Verkehr aufhalten und an der Kasse ewig in ihrer Geldbörse wühlen. Der Duden bietet zu »Oma, umgangssprachlich, oft scherzhaft oder abwertend Omi« folgende Adjektive an: lieb, alt, rüstig, knarzig, krank, tot. Na, danke.

Als Hanna schwanger war, habe ich erlebt, was es heißt, hierzulande zur Großmutti zu mutieren. Da war zum einen die Sprachpolitik. Selbstverständlich sagte ich nicht: »Ich werde Oma.« Nein, meine Formulierung lautete: »Meine Tochter bekommt ein Kind.« Leider antwortete mein Gegenüber meist inhaltlich richtig: »Das heißt, du wirst Oma.« Ich nickte stumm ergeben, dachte aber bei mir, dass ich das so nicht formulieren würde. Roch ich vielleicht nach Kernseife, oder was?

Zum anderen war da die soziale Wahrnehmung. Sagte ich meinen Tochter-bekommt-ein-Kind-Satz, konnte ich zusehen, wie in den Gehirnen meiner Gesprächspartner kleine Taschenrechner angeknipst wurden: »Moment mal, ratterratter, wenn die Maier jetzt Oma wird, dann muss doch die Tochter, ratterratter, na, sagen wir mal, Anfang zwanzig sein. Das heißt, ratterratter, die Maier muss – mindestens! – Mitte vierzig sein. Boah, ganz schön alt, die Alte!« Ich konnte zusehen, wie angesichts dieser Erkenntnis Kolleginnen mich von ihrer geheimen Konkurrenzliste strichen. Diese Frau würde ihnen nicht mehr lange beruflich im Wege stehen. Und ich registrierte sehr wohl, wie Kollegen mich aus ihrer ungegenderten Coole-Frauen-Kartei aussortierten. Binnen Sekunden wurde ich zur Frau mit O. Jener Frau, die von nun an Richtung Rente steuert und eher nicht mehr zu irgendwelchen Projektarbeitsgruppen hinzugezogen wird, in denen es um die Zukunft des Journalismus oder dergleichen coole Themen geht.

Natürlich, ich kenne die Sprüche. Du bist doch nicht alt – du hast einfach früh mit dem Kinderkriegen angefangen und bist jetzt fertig. Oder: So eine junge Oma hätte ich mir auch gewünscht. Das ist nett gemeint. Auch ich bin der Ansicht, dass kleine Kinder mehr von einer Großmutter haben, die sie auf den Arm nehmen kann, ohne um ihre Schulterprothese zu fürchten. Und ich werde eine jener Omas sein, die auch inhaltlich noch verstehen, was sie ihren Enkeln vorlesen. Ja, geistig und körperlich alles so weit ohne Befund.

Dennoch ist die direkte Verwandtschaft einer Mittvierzigerin mit einer Einjährigen ein sicherer Hinweis auf die Tatsache, dass die eine der beiden – nämlich ich – biografisch eher

Richtung Bahre tendiert. Allein der Gedanke, dass Sophie nunmehr den ersten Platz in der maierschen Generationenfolge einnimmt, während ich gnadenlos auf Rang drei abgefallen bin, ist ungemütlich. Was fühlt wohl erst meine Mutter, die nun mit Platz vier vom Treppchen steigen musste?

Ich würde mir wünschen, es wäre anders. Ich würde mir wünschen, ich hätte diese Gefühle nicht und wäre stattdessen eine dieser toughen Na-und-Frauen. Eine, die sich gern, und zwar nicht nur von ihrer Enkelin, Oma nennen lässt. Eine, die laut und deutlich sagt, wie alt sie ist, und nicht – wie kürzlich geschehen – diskret bei Facebook ihr Geburtsjahr löscht. Aber die bin ich nicht. Ich meine, allein Hannas Geburt ist doch gerade mal gefühlt wenige Augenblicke her.

Laufen und singen lernen, Einschulung und Kretaurlaub, die schlimme Lungenentzündung mitten im Sommer und die vor sich hinvegetierenden Meerschweinchengenerationen im Kinderzimmer, Rauchen und Kiffen – das war doch gerade eben erst. Oder? Lieblingsessen: Fischstäbchen, Lieblingsfilm: »Dschungelbuch«, Lieblingstier: Pferd – alles enorm wichtig und verbindend für eine vierköpfige Familie. Und wer war die Chefin dieser Familie? Ich.

Man muss sich nichts vormachen. Eine Frau mit O zu werden – das heißt nicht nur, die geilen Erinnerungen wegpacken zu dürfen, weil das große Kind nun seine eigenen generiert und archiviert. Eine Frau mit O zu werden heißt, abdanken zu müssen. Von der Königinmutter zur Lady O. Zu jener Frau, die die Erinnerungen konserviert, denen ab jetzt (jedenfalls familientechnisch) keine neuen hinzugefügt werden. Im Wortschatz einer Frau mit O tauchen nun immer häufiger Wörter wie »damals«, »früher« oder »als« auf. Sie nimmt nicht länger wie beiläufig ihr Kind an der Hand, das kein Kind mehr ist, sondern nun selber eines hat und dafür leider selbst beide Hände braucht.

Die Frau mit O geht nach der Arbeit nach Hause. Sie kocht

jetzt seltener für sich und den Mann. Stullen zum Abendbrot tun es schließlich auch. Und wenn sie gegen elf ins Bett geht, denkt sie still: »Kommt keiner mehr.« Sie wartet auf ein Wochenende, an dem die Kinder kommen. Da kochen sie und ihr Mann dann Lieblingsessen. Rouladen, Cannelloni, Schnitzel. So gut, dass die Enkelkinder tatsächlich irgendwann glauben, bei ihren Großeltern gebe es nichts als gehobene Hausmannskost. Danach wird spazieren gegangen und Kaffee getrunken. Und dann müssen sie auch wieder los, die Kinder, die keine mehr sind, mit ihren Kindern, in ihre Welt. Kommt keiner mehr.

Das klingt furchtbar. Und ist es eigentlich gar nicht. Mehr als einmal habe ich den Umstand gepriesen, dass mangels innewohnender Kinder heute keine Schuh-und-Rucksack-Installationen mehr den Flur versperren. Dass ich meinen Lippenstift genau dort wiederfinde, wo ich ihn zuletzt gesehen habe. Dass ich Wäsche wasche und diese nicht eine Woche später untergewühlt im Kinderzimmer wiederfinden muss. Ich kann pünktlich und ordentlich sein, weil ich es so will, und nicht, weil ich irgendeine Art von Vorbild sein soll. Ich schaue unbeirrt den »Bericht aus Berlin« und werde nicht von der Seite vollgenölt, weil im Schreifernsehen gerade irgendein Müll verpasst wird. Mein iPhone-Kabel steckt zuverlässig in der Dose. Und wenn Hanna mit Oscar und Sophie am Ende eines Besuchstages wieder abgefahren ist, mache ich mich milde lächelnd auf die Suche nach dem halben Dutzend angebrochener Wasserflaschen, die meine Tochter seit Jahren nach einem undurchschaubaren System im ganzen Haus verteilt. Kommt schließlich keiner mehr.

Und dann ist da noch das Relaxte. Eine Sophie, die gerade laufen gelernt hat – die will auch laufen. Und zwar ausgiebig. Ich bin gern ihre Assistentin. Aber irgendwann, wenn ich eine gute Stunde halb gebückt hinter ihr durch die Fußgängerzone gerobbt bin – dann brauche ich auch mal eine Pause.

Und die kann ich haben, denn ich bin nur die zweite Assistenz, die erste bilden Hanna und Oscar. Die können sich gern krummlegen und den frischgebackenen Zweifüßler stundenlang spazieren führen. Bis Sophie müde gespielt, gewindelt und abgefüttert ist, bin ich schon zu Hause angekommen. Da hänge ich meinen Mantel auf den Bügel, koche mir einen Tee und schmiere zwei Stullen. Ich rede mit Stefan darüber, ob wir Sophie vielleicht doch erlauben sollten, uns Oma und Opa zu nennen. Danach glotzen wir noch ein bisschen fern. Und gegen elf denken wir: »Ach schön, kommt keiner mehr.«

WIE ICH UM EINIGE UNANGENEHME JAHRE ÄLTER WURDE UND TROTZ KLOSTEIN COOL SEIN WOLLTE

In unserer Familie gibt es, wie es sich so gehört, viele Mythen und Sagen. Geschichten, die vielleicht tatsächlich mal in einem ähnlichen Rahmen zu einem ähnlichen Zeitpunkt, aber auf keinen Fall in solch einem Ausmaß stattgefunden haben. Geschichten, die über die Jahre hinweg an Brisanz und Dramatik gewonnen, ihren Wahrheitsgehalt jedoch zu großen Teilen eingebüßt haben. Mythen und Sagen, die zu Familienfeiern oder auf langen Autofahrten ausgepackt werden. Eben dann, wenn es am besten ist, mal reinen Tisch zu machen und zu fragen: Ist das wahr?

Einer dieser Mythen rankt sich um unsere wunderbaren wochenlangen Oma-und-Opa-Besuche. Wir verbrachten oft ganze Ferien, in meiner Erinnerung bis zu sechs Wochen, bei unseren Großeltern in Bayern. Während wir Knödel aßen und fast gar kein Fernsehen schauten, pflegten unsere Eltern ihre Beziehung. Ich will gar nicht wissen, was die da gemacht haben. Jedenfalls packte meine Mutter die Koffer und gab uns jeder zwei (2!) Unterhosen mit. Meine pflichtbewusste Oma konnte zwei Wochen lang nicht von der Frage lassen, wie so etwas denn passieren konnte. Die Arme stellte sich jeden Abend ins Bad und wusch dreckige Wäsche. Uns Kindern war das außerordentlich egal. Wäre es nach uns gegangen, hätten wir auch gar keinen Schlüppi gebraucht. Das war so ein Erwachsenending.

Wenn ich heute Sophies Tasche packe, dann ist da grundsätzlich zu viel drin. Bleiben wir zwei Tage weg, sind auf jeden Fall vier Bodys dabei, falls sie vor Aufregung außergewöhnlich viel kackt. Und jede Salbe, die sie besitzt, Schnuller, so viele, wie ich auftreiben kann, ein Kuscheltuch, das nach Mama riecht, zwei Lieblingsspielzeuge und natürlich ein Megapack Windeln. An nichts soll es ihr fehlen dort draußen, wahrlich an nichts. Und meine Mutter schaffte es ernsthaft, uns für zwei Wochen zwei Schlüpfer einzupacken? Mama, hattest du uns überhaupt lieb?

Ja, natürlich weiß ich, dass meine Mama uns lieb hatte. Viel mehr frage ich mich, was damals anders war, dass so etwas passieren konnte. Vielleicht existierte der Begriff »Rabenmutter« noch nicht. Oder es war tatsächlich einfach nicht so wichtig, was man seinem Kind in den Koffer packte. Hauptsache, Kind, Mutter und eine Flasche Wasser sind an Bord. Oder vielleicht waren es auch nicht die sozialen Umstände, die anders waren. Vielleicht bin ich tatsächlich einfach anders als meine Mutter. Das wäre ja ein Ding. Was mache ich so wie sie damals, was anders – und warum? Denn eigentlich wehre ich mich standhaft dagegen, Dinge zu tun, die ich für spießig, also altmodisch und unnötig halte. Das Wichtigste, obwohl ich ungefähr jeden zweiten Tag gefragt werde: Ich möchte keine Paybackkarte. Das ist ein Prinzip. Und wahrscheinlich wäre ich als Besitzerin einer Paybackkarte dank meinem täglichen Drogeriemarktbesuch schon Goldkundin. Aber: Vielleicht bin ich ja morgen schon am Titikakasee oder im Himalaja. Und was soll ich da mit eurer blöden Paybackkarte anfangen, wenn ich eigentlich Extrabodys für das Kind bräuchte? Außerdem stelle ich mir jedes Mal vor, wie meine Mutter, lachend und mit dem Finger auf mich zeigend, neben mir steht und allen Kunden im Laden zuruft: »Haha. Meine Tochter hat eine Paybackkarte, seit sie Mutter geworden ist. Sie gibt sich selbst und ihre Autonomie für ein kleines Stückchen Plastik und den täglichen Sammelspaß auf.«

Ich möchte nicht ausgelacht werden und auch nicht in dieses System, möchte mich auch mal verweigern. Das habe ich von meiner Mutter geerbt. Ihr System beruht auf dem Grundsatz: Mach nichts, worum dich andere bitten. Lass es immer so aussehen, als hättest du sie auf die Idee gebracht. Und wenn deine Schwiegermutter um genügend Wäsche im Sommerurlaub bittet, dann tu genau das Gegenteil. Nur so kannst du unabhängig bleiben. Das System funktioniert. Der Haken ist nur, dass es die Leute vom Drogeriemarkt einen feuchten Kehricht schert, ob ich die blöde Karte habe oder nicht. Ich allein muss ständig die Frage danach verneinen. Wie lange werde ich es also noch schaffen, mich zu verweigern? Ist das System wirklich so sinnvoll?

Denn all diese Bemühungen gegen das Establishment nützen wenig, wenn das Symbol der sozialen Anerkennung schlechthin sich in meiner Feinstrumpfhose festkrallt. Das Kind an meiner Seite schreckt die jungen Menschen meiner Generation schlicht ab. Flyerverteiler verteilen keine Flyer an mich, wenn ich mit Sophie unterwegs bin. Auf Französisch bin ich jetzt Madame und nicht mehr Mademoiselle. Menschen, die genauso alt sind wie ich, siezen mich plötzlich und tun es auch weiterhin, obwohl ich sie bitte, mich zu duzen. Mir werden Plätze frei gemacht, Türen aufgehalten, heruntergefallene Mützchen hinterhergetragen, Ratschläge gegeben, und in jedem verdammten Laden werden mir Kundenkarten »extra für Muttis« angeboten.

Ich liebe Sophie, und ich liebe es, Mutter zu sein, aber ich bin keine Außerirdische in den besten Jahren. Und schon gar keine Mutti. Mutti geht gar nicht. Muttis tragen kurze und praktische Frisuren, die am Pony auftoupiert werden, damit sie tagsüber auf keinen Fall bei der Kindshut stören. Muttis chillen nicht abends auf dem Balkon, sie entspannen im Park mit anderen Muttis. Es ist ein außerordentlich krampfhafter Kampf gegen die Gefühle, die ich dann trotzdem immer wieder habe. Ich beginne, saubere Wäsche zu lieben und dazu zu stehen. Ich fühle mich komisch, wenn ich nachts durch dunklere Straßen laufe. Ich habe ständig Angst vor Blasenentzündungen und gehe immer seltener ungeschminkt vor die Tür. Oh Mann, werde ich alt?

Vor Kurzem nahm ich zum ersten Mal nach langer Zeit wieder Kontakt zu einer Freundin aus dem ersten Studienjahr auf. Eine Zeit, an die ich mich nur dunkel erinnere. Erstens weil in der Zwischenzeit viel passiert ist. Zweitens weil wir meistens nachts aktiv waren. Und drittens weil ich in der Zeit eine üble Phase durchgemacht habe, in der weiche Drogen eine Rolle spielten und die mein Kopf zu meiner eigenen Sicherheit zu großen Teilen gestrichen hat. Lisa war immer an meiner Seite, doch irgendwann gingen wir in stillem Einvernehmen getrennte Wege, ohne dass wir jemals wieder versucht hätten, uns anzunähern. Es kam, wie es immer kommt, wenn etwas nicht abschließend geklärt ist, eines Nachmittags standen wir plötzlich nebeneinander im Fahrstuhl. Lisa schaute Sophie an, dann mich, wir brachten beide keinen Ton heraus, und dann war die Fahrstuhlfahrt schon vorbei.

Meine Mail war kurz. In ihrer schüttete Lisa mir dann ihr Herz aus. Es tue ihr leid, dass sie sich nicht gemeldet habe, aber sie fühle sich unfähig, mit mir als Mutter umzugehen, weil sie selbst gerade keinen einzigen Gedanken an Kinder verschwenden könne. Äh, warte, das kannte ich doch irgendwoher. Ich ging gedanklich an meinen Aktenschrank und öffnete den Ordner »Verunsicherte Freunde«. Der ist ja völlig überfüllt, hier ist kein Platz mehr für die Akte »Lisa«. Es wurde Zeit aufzuräumen. Ich schrieb ihr, dass wir uns gerne in der Kinderecke zum Essen treffen könnten. Oder am Abend auf 'ne Kippe und ein Glas Wein. Cool, oder? Ach herrje, es ist ein ewiges Drama mit dieser Gretchenfrage. Darf ich oder darf ich nicht? Wann bin ich zu streng, und wann bin ich meinem Alter unangemessen? Lisa und ich haben uns dann tatsächlich noch einmal getroffen. Ziemlich schnell war uns beiden klar, dass wir nicht wegen des Kindes nichts mehr miteinander zu tun hatten, sondern weil es nichts mehr zu sagen gab. Insgesamt und generell.

Nachdem ich die Verabredungsmail losgeschickt habe, treffe ich mich mit meiner Mutter vor dem Drogeriemarkt. Hier kann ich mich zuverlässig verabreden, ich muss ja täglich hin. Im Drogeriemarkt kann man das Kind auch mal laufen lassen und einander neben den Klosteinen vom Tagesgeschehen berichten. Ich erzähle meiner Mutter von der stillen Fahrstuhlbegegnung. Sie schaut derweil angewidert auf das WC-frisch-Regal und sagt, ich solle das mit Lisa nicht so persönlich nehmen. Ja, stimmt. Bleib cool, wenn alte Freunde so tun, als würden sie dich nicht kennen, weil Sophie an deiner Hand hängt. Ich nehme ein Doppelpack »Duft und Reinigung« und lege es neben den Kinderbrei. Eigentlich finde ich die Dinger eklig, spießig und umweltverschmutzend, aber da Oscar darauf steht, habe ich mich daran gewöhnt. Der Blick meiner Mutter durchbohrt meinen Nacken. Ich weiß, was in ihrem Kopf vorgeht. Auch wenn der Klostein noch in keinem Klo hängt, er darf, allein weil er dazu bestimmt ist, nicht an Nahrung – und schon gar nicht an Kindernahrung – rühren. Niemals. Sie sagt nichts, ich auch nicht, und es ist dennoch klar. Ich lasse aus Protest das WC-frisch-Duo im Korb neben dem Brei. Sie denkt, ich sei unemanzipiert und zu faul, das Klo einfach mal selber zu reinigen. Ich denke, sie sei viel zu unentspannt und solle mich mal schön machen lassen, was ich für richtig halte.

An der Kasse übernimmt Mami das Zahlen. »Haben Sie eine Paybackkarte?« Routinemäßig schüttele ich den Kopf. Doch meine Mutter zückt ihre. Ich kann es nicht fassen. Wann bitte sehr wurde aus der Schlüpfer verachtenden Easymom eine glühende Verehrerin des Punktesammelns? Seit über einem Jahr wehre ich mich dagegen, weil ich befürchte, meine Mutter oder irgendjemand anderes, bei dem ich das Gefühl habe, hin und wieder Rechenschaft ablegen zu müssen, könnte die Karte in meinem Portmonnaie finden. Diese Person würde dann von mir verlangen, mich zu erklären, und sich lustig darüber machen, dass ich zwar etwas auf meinem Paybackkonto, nicht aber auf meinem Girokonto habe. Doch dann folgt die Erkenntnis darüber, dass ich soeben ein Puzzleteil zur Beantwortung der Frage nach meinem Standpunkt auf der internationalen Spießerskala gefunden habe. Ich stehe zwar weiter oben als jene, an die auf dieser Welt noch Partyflyer verteilt werden, aber unter denen, die Paybackpunkte sammeln. Ich vermute, dass meine Widerstandskräfte mit der Zeit einfach nachlassen. Warum soll ich es schwer haben, wenn ich doch tatsächlich mit meinen Paybackpunkten irgendwann ein Gratiswindelpaket bekomme? Warum sollte ich nicht irgendwann den Schritt auf der Skala nach unten gehen und mir einen leisen Toilettendeckel, ein Heizkissen und eine Obstschale zulegen? Na, das ist doch klar: weil ich für meine Tochter die coolste und beste Mama der Welt sein will.

13

VÄTER

GENPOOLMANAGEMENT UND WIESO VÄTER NICHT AUTOMATISCH PAPAS SIND

Ich habe einen Vater und einen Papa. Platz hatte ich immer nur für einen.

Sophie hat zum Geburtstag ein kleines Buch geschenkt bekommen. Ich helfe ihr beim Auswickeln und lese laut vor: »Mein kleiner Hund Erwin.« Ich schlucke. Es hört einfach nicht auf.

Ich blättere durch die Seiten. Erwin trifft auf das Kaninchen Sophie und später dann auf Maulwurf Maier. Das gibt es doch gar nicht. Erwin und Sophie, Maier und Erwin. Meine Brust schnürt sich zusammen. Erwin heißt der Mann, den ich nicht kenne und der mich nie kennenlernen wollte, dessen Haare, Augen und Tierliebe ich aber besitze. Erwin heißt mein Erzeuger. Obwohl er und meine Mutter einst verheiratet waren, ist er nicht mehr als das. Ein Erzeuger. Er hat mir zum Leben verholfen, aber er hat mir nie geholfen zu leben.

Ich lehne Erwin für mich ab. Das habe ich schon immer getan. Ich war nicht sauer auf ihn, obwohl ich gekonnt hätte. Schließlich hat er uns beide im Stich gelassen. Ich wollte ihn nicht sehen, obwohl es eine Adresse gab. Ich habe einfach immer gesagt: »Ich habe doch einen Papa. Ich brauche den nicht.« An dieser Erwinsache hängt nämlich noch ein ziemlich großer Rattenschwanz in Form von sechs oder sieben weiteren Kindern, die dieser Mann vor und nach mir gezeugt hat.

Die will ich auch nicht sehen. Ich brauche meine kleine heile Welt mit Mama, Papa, Schwester. Doch hat ein Erzeuger ein Anrecht darauf zu erfahren, wenn er Großvater wird? Als Sophie begann, es sich in ihrer Fruchtblase bequem zu machen, stand es plötzlich vor mir. Das Thema war wieder da und noch dazu stärker als je zuvor.

Wenn ich meine Mutter von ihm reden höre, spüre ich in jedem Satz, dass sie ihre Worte weise wählt. Bis heute will sie diese Gefühle nie wieder hochkochen lassen. Und bis heute möchte sie mir mein Urteil nicht vorwegnehmen. Das ist nett gemeint. Aber natürlich habe ich schon eines. Und das ist kein gutes.

Vielleicht sollte ich ihm doch ein Ultraschallbild schicken. Vielleicht hat er es doch verdient, in den Kreis der Wissenden aufgenommen zu werden und zu erfahren, dass er es geschafft hat, seine Gene noch eine weitere Generation fortleben zu lassen. Die Adresse steht mit grünem Fineliner geschrieben auf einem kleinen Zettel in meinem Portmonnaie. Sie ist das Einzige, was ich von ihm besitze. Sie wartet da.

Zum Ende der Schwangerschaft bringe ich Fotos zum Entwickeln. Ich bestelle eines mehr, als ich benötige. Meine Mutter hat gesagt, dass es sie schon interessieren würde, wie Erwin inzwischen ist. Doch ich denke an meinen Papa Stefan. Er ist mein einzig wahrer Papa. Der, der mir einen Lutscher gegeben hat, als ich gegen den Schrank gerannt bin. Der, dem ich vertraue, der weiß, wie es mir geht. Aber auch er sagt, dass es in Ordnung wäre, wenn ich Kontakt zu Erwin aufnehmen würde. Solange der nicht zu Kaffee und Kuchen vorbeikomme. Ich muss es also einsehen. Ich bin es, die letztlich die Entscheidung trifft, ob ich dem Mann, der mir nie etwas Gutes getan hat, von meinem großen Glück erzähle.

Es ändert sich nichts, wenn ich ihm kein Bild schicke. Er weiß nichts, und ich kann ihn weiterhin in meinem Kopf verdrängen beziehungsweise bei Bedarf verteufeln. Wenn ich mich melde, weiß ich zwar endlich, wie ich in männlich aussehen würde, aber es könnte auch passieren, dass ihm plötzlich ein Herz wächst und er in unseren Kreis aufgenommen werden möchte. Und ich bezweifle, dass ich darauf Lust hätte oder dass meine Mama, mein Papa, meine Großeltern oder sonst irgendwer so begeistert davon wären. Und was ist, wenn in mir plötzlich etwas wach wird? Was, wenn mein Mama-Papa-Schwester-Konstrukt plötzlich ins Wanken gerät? Was, wenn er doch ganz nett ist und vielleicht sogar eine Erklärung hat? Was, wenn ich etwas verpasse und unglücklich, verbittert und entwurzelt sterbe? Meine Entscheidung steht, ich kann sie nur noch nicht aussprechen.

Dafür brauche ich noch einen Anschubser. Als Sophie nach der Geburt in meinem Arm liegt, Oscar die Tränen in die Augen steigen und ich verstehe, dass ich nichts verstehe, ist das ein symbiotischer Moment. Wir drei gehören jetzt zusammen. Und da können welche hinzukommen, und irgendwann werden auch welche von uns gehen, doch das ist jetzt das Perfect Match. Uns alle, also auch unsere Eltern und Geschwister, erfasst dieses Gefühl der Zusammengehörigkeit. Sophie macht, dass wir nach drei Jahren Auszug, Lebenswegfindung und Distanzierung wieder richtig verstehen, was Familie bedeutet. Dieser kleine Schreiwurm lässt uns alle zusammenwachsen.

Ein paar Wochen nach der Geburt schläft sie zusammengekauert in ihrer kleinen weißen Wiege. Ihre Lider sind rot, ihre kleinen Finger umschlingen einander, und Oscar kauert daneben und betrachtet verliebt seine kleine Tochter. Er liebt sie. Und ich weiß, dass er sie niemals im Stich lassen wird. Ich weiß, dass diese beiden Menschen jetzt ein Herz und eine Seele sind und dass Oscar sich ihr versprochen hat. Egal, ob wir uns verstehen oder nicht. Egal, ob das politische System zusammenbricht und er seinen Job verliert. Egal, ob er im Plattenbau wohnt. Oscar hat auch seinen leiblichen Vater verloren, und er weiß, wie sehr das schmerzt. Ich spüre, dass dieses Leben mit Sophie zu wertvoll ist, um es diesem verantwortungslosen Erwinerzeuger guten Gewissens zeigen zu können. Egal, ob ich etwas verpasse. Er hat verbrannte Erde hinterlassen. Den überflüssigen Ultraschallabzug stecke ich in Sophies Erinnerungskarton. Da kommen Bilder, Glückwunschkarten, erste Briefe und Geschenke rein. Irgendwann werde ich ihr davon erzählen, dass da noch jemand existiert. Vielleicht wird sie gar nicht verstehen, warum mich das Kraft kostet. Vielleicht will sie ihn ja auch kennenlernen. Er soll Ziegen mögen. Das ist das erste Tiergeräusch, das Sophie nachmachen konnte. Es hört halt einfach nicht auf.

ZUMUTUNGEN. EIN MANN NAMENS ERWIN VERHÄNGT STRAFEN, ANSCHLIESSEND WIRD STEFAN IN JEDER HINSICHT VATER

Ich habe eine Menge Lebenszeit verbraten, um über diese Erwinsache hinwegzukommen. Erwin ist Hannas Vater, Hannas leiblicher Vater. Wenn ich es mir einfach machen wollte, dürfte ich ihn einfach so nennen: Arsch. Aber natürlich ist er das nicht nur, auch wenn Stefan das anders sieht.

Erwin und ich waren zwei junge Hühner, die vor vielen Jahren eine großartige Dummheit begangen haben. Wir haben miteinander ein Kind gezeugt, Hanna. Anfangs haben wir uns geliebt. Doch, das kann man so sagen. Auch wenn Stefan das anders sieht und auch wenn selbst ich heute eher von Verknalltsein sprechen würde. Aber damals: große Liebe, großes Pathos. Schnelle Heirat, ungute Szenen. Baldige Trennung, zeitnahe Scheidung. Gefühlschaos, aus dem nur eine Person ruhig und strukturiert hervorragte: unser gemeinsames Kind.

Als es vorbei war mit Erwin und mir, wirklich und endlich aus und vorbei, da war es das noch lange nicht. Die ganze

Erwingeschichte, die Tränen, die Schmerzen, das Versagen, klebte noch Jahre an mir. Wenn ich mit Freundinnen sprach, die ihn kannten, erwischte ich mich dabei, dass ich sie nicht fragte, sondern aushorchte. Wenn ich ihn zufällig auf der Straße traf, fing ich an zu zittern. Wenn ich mit Stefan in Streit geriet, merkte ich, wie alles noch pulsierte in mir: Gleich ist es aus! Wenn es ganz schlimm wurde, sagte ich mir meinen Zauberspruch auf: Ich habe gewonnen, ich habe Hanna.

Ich hatte mir das eigentlich nicht so gewünscht. Noch beim Scheidungstermin in einem Ostberliner Bezirksgericht erklärte ich nachdrücklich meinen Wunsch, Erwin solle seine Tochter weiter sehen. So stand es dann auch im Urteil: »Dem Vater wird alle zwei Wochen in Absprache mit der Mutter das Umgangsrecht eingeräumt.« Er ist aus dem Gerichtssaal hinausspaziert und hat sich nie wieder gemeldet. Das war seine Strafe für mich. Und tatsächlich, es war eine Strafe. Denn ich war zwar froh, nicht mehr mit ihm zusammenleben zu müssen. Aber ich war nicht ununterbrochen froh, alles immer alleine regeln zu sollen.

Und ich war auch alles andere als froh darüber, ihm Monat für Monat wegen des Unterhalts hinterherrennen zu dürfen. Denn das war die andere Strafe, die er sich für mich überlegt hatte: kein Geld. Dass das nicht mein Geld gewesen wäre, sondern Hannas, kam ihm offenbar nicht in den Sinn. Das weiß ich, weil kurz nach Hanna, nahezu im Jahresrhythmus, drei weitere Kinder von ihm durch den Prenzlauer Berg liefen. Erwinkinder. Es war wie in einem sehr schlechten Film. Mit den Müttern der Erwinkinder bilde ich bis heute eine Art lose Notgemeinschaft. Keine von uns hat je wieder Unterhalt bekommen, seit Erwin sich irgendwohin in die Provinz abgesetzt und Privatinsolvenz angemeldet hat.

Dann lernte ich Stefan kennen. Ich musste zwischen ihm und der anderthalb Jahre alten Hanna gar nichts vermitteln, die beiden verstanden einander blind. Und sie tun das bis heute. Dass der strafende Erwin sich in jeder Hinsicht absentiert hatte, stellte sich auf lange Sicht als großartiger Vorteil heraus. Die für die Kinder komplett belastenden Geschichten von anderen Patchworkfamilien, wo je nach Stimmung des Erzeugers selbiger auftauchte, um sein Kind zu sehen, reichten mir als Warnung. Ich war kurz davor, Erwins Strafaktionen als weise und vorausschauend umzudeuten, wenn Stefan das nicht anders gesehen hätte. Erwin verschwand hinter einem Erinnerungsfenster aus Milchglas. Vielleicht einmal pro Jahr sagte ich zu Hanna: »Was der Erwin wohl macht ...« Der Satz war als Möglichkeit gedacht. Wenn sie ihn hätte sehen wollen, ich hätte ihr geholfen, ihn zu finden.

An dem Tag, an dem ich Stefan heiratete, fehlte ein Gast. Es war ein enger Freund von Erwin, er konnte nicht zur Hochzeit kommen, weil er Erwin suchen musste. Denn der hatte just für diesen grauen Novembertag angekündigt, sich auf Rügen vom Kreidefelsen stürzen zu wollen. Natürlich wegen einer anderen Frau. Dieses Ereignis – die Selbstmorddrohung meines Exmannes an jenem Tag, an dem ich im Begriff war, einen anderen Mann zu heiraten – war nichts als ein dummer Zufall, klar. Dennoch, ich habe Erwin übel genommen, dass er mir sogar an diesem Tag über Bande in mein Leben gefunkt hat.

Als die Hochzeit vorbei war, fragte ich Stefan, ob er möglicherweise interessiert sei, meine Tochter Hanna zu adoptieren. Ich hätte die Nase voll von diesem Gestörten, diesem Erwin. Ich wollte die letzte Verbindung kappen, sie war eh nur theoretisch monetär. Stefan reagierte wie der Prinz in der silbernen Rüstung: Genau dasselbe habe er mich auch fragen wollen. Jetzt, wo Kira unterwegs sei, würde er das gern perfekt machen. Und genauso geschah es. Hanna wurde auch amtlich Stefans Tochter. Und sie ist es bis heute.

Als Sophie geboren wurde, dachte ich nach vielen Jahren

zum ersten Mal wieder ernsthaft über Erwin nach. Er war jetzt Opa geworden, er wusste aber nichts davon. Ich spürte, dass es in Hanna gärte. War das jetzt der Moment, nach ihrem leiblichen Vater zu suchen? Hatte er nicht ein Recht zu erfahren, dass seine Tochter eine Tochter hat? Da wurde etwas wichtig, was wir in unserer neuen Familie immer fein säuberlich weggepackt hatten. Wie so oft half mir meine Neugierde weiter. Ich sagte, dass mich das jetzt aber auch mal interessieren würde, wo der so steckt. Ich hatte über eine der anderen Erwinfrauen seine Adresse bekommen und bot Hanna an, sie hinzufahren und gleich um die Ecke zu warten. Ich habe keine Ahnung, warum sie es schließlich nicht wollte. Ich hoffe, nicht aus Rücksicht mir gegenüber. Denn ganz ehrlich, ich wüsste schon ganz gern, wie schlecht es ihm heute geht. Auch wenn Stefan das anders sieht.

14

ZUCKER

DIE KINDSMUTTER HAT EINE GUTE IDEE, WIE SOPHIE EINE SELBSTBESTIMMTE ZUCKERKONSUMENTIN WIRD. UND DIE OMA LACHT

»Weißt du«, sagt Hanna, »wir überlegen gerade, ob wir Sophie einfach auch Süßes essen lassen.« Oh, denke ich, ist das nicht ein bisschen früh für eine Einjährige? Bei Sophie kommen doch gerade erst die kleinen Zähnchen mit den aparten Sägeblättern aus dem Kiefer. Sagen tue ich aber nur: »Ach so?« Ja, meint Hanna, Oscars und ihre Theorie sei bestechend simpel: Eine Sophie, die Schokolade haben kann, wenn sie das will, wird folgerichtig niemals süchtig nach Schokolade. »Ach so«, sage ich. Und ich denke: Lustig, dass sich alles wiederholt.

Kaum etwas nehmen wir unseren Eltern im Nachhinein so übel wie das Verknappen von Süßem. Sei es Schokolade oder das fünfte Stück Pflaumenkuchen – in unserer Erinnerung sitzen die omnipotenten Erwachsenen auf einem riesigen Berg aus Schokolade mit Pflaumenkuchenausläufern, den sie mit spitzen Ermahnungen und Strafandrohungen gegen uns Kinder verteidigen. Wenn es ihnen doch mal beliebt, reichen sie uns einen Krümel von ihrem bescheuerten Zuckerberg herab, und wir sind auch noch dankbar dafür. Dabei sehen wir sie doch: die großen Kuchenstücke, die sich die Erwachsenen selbst in den Mund schieben, die zusammengeknüllten leeren Schokopapiere im Mülleimer. Hingegen wir? Zwei Stückchen vor dem Zähneputzen. Pah! Dies ist der Moment, in dem wir uns vornehmen: Sollten wir jemals Kinder bekommen, würden wir sie nicht derartig leiden lassen.

Zwanzig, dreißig Jahre später sind sie dann da, unsere Kinder. Ein Wunderwerk der Evolution. Wir sehen unter der zarten Haut die winzigen Blutgefäße, wir spüren ihren puckernden Puls, wir schauen in ihre klaren Augen, schnuppern in ihren kleinen Rosenmund und riechen ihren duftenden Atem. Dieser Körper ist ein Geschenk, denken wir, wir werden gut auf ihn achtgeben. Und das tun wir. Wir massieren und cremen ihn. Wir wiegen und besingen ihn. Wir bekochen und befüttern ihn. Natürlich ausschließlich mit Gesundem. Das geht vielleicht ein Jahr gut.

Und dann passiert es. Das Kind schmeckt zum ersten Mal Zucker.

Vielleicht geschieht es am Frühstückstisch, wo das Baby einen Klecks Nutella abkriegt. Möglicherweise beim Bäcker, wo wir aus Versehen das Schokocroissant eingepackt bekommen haben. Oder bei den Großeltern, die ja bekanntlich meinen, alles zu dürfen – zum Beispiel Schokolade verteilen –, und es deshalb auch tun. Vorausgesetzt, es sind keine Erziehungsberechtigten in der Nähe.

Fakt ist jedenfalls, dass Sophie zwar noch nicht lesen und schreiben kann, dass aber ihre Sinne das Wort »Schokolade« offenbar schon mehr als einmal genüsslich durchbuchstabiert haben. Mir liegt ein Beweisfoto vor, auf dem sie mit delirierend verdrehten Augen in ihrem Hochstuhl sitzt – vor sich zerfetztes lila Stanniolpapier. Also, denke ich, der Zuckerzug ist doch für Sophie längst abgefahren, dieses Kind ist drauf. Und zwar so drauf, wie auch Hanna und ihre Schwester es waren. Denn ich, ihre Mutter, war eines dieser kurz gehaltenen Kinder und deshalb später eine großzügige Mutter. Erschwerend kam noch meine Geschwisterrangfolge hinzu:

Als jüngstes von drei Kindern hatte ich im Zweifelsfall das Nachsehen gegenüber Bruder und Schwester. Sind eben wirklich so kleine Hände.

Als viele Jahre später Hanna geboren war, bestaunte ich noch eine angemessene Zeit lang ehrfürchtig ihren perfekten Body und schnupperte ihren Atem. Ich kremte ihren Po ein und kochte Gemüsebreichen. Aber spätestens, als sie mit neun Monaten in die Kinderkrippe kam, war es um ihre Zuckerjungfräulichkeit geschehen. Denn dort wurde praktisch jede Woche irgendein Kindergeburtstag gefeiert. Nachmittags wurde der kleine Jubilar besungen, und danach setzte das Kuchengewitter ein. Kam ich Hanna abholen, kündeten ihr seliger Gesichtsausdruck sowie Schokoschlieren auf ihrem T-Shirt von den vorangegangenen Ereignissen. Hanna war drauf auf der Zuckerdroge. Von nun an erkannte sie Süßes, und ihren Drang nach Schoko, Keki und Kuchi verstand sie lautstark zum Ausdruck zu bringen.

Ich hatte ein schlechtes Gewissen damals. Zucker war doch das Böse. In den Medien machten gerade Fotos von kariesszerfressenen Kauleisten die Runde – schuld war ein verbrecherischer Instanttee, der Kindern in der Nuckelflasche verabreicht wurde. Ein Produkt, das heute augenblicklich von der Weltgesundheitsorganisation geächtet würde. Aber da waren auf der anderen Seite Hannas inniger Wunsch nach Süßem sowie, nach Erfüllung desselben, ihre glänzenden blauen Augen und die gute Stimmung nach einem Stückchen Schokolade. Außerdem, dachte ich, bin ich der Zuchtmeister meiner Tochter? Könnte ich nicht gar eine verantwortungsvolle Zuckeresserin aus ihr formen, wenn ich Süßes erlauben würde? Verbote waren doch was für Erziehungsfaschos. Und so ummantelte ich argumentativ mein pädagogisches Unvermögen, mich gegen die Sucht meines Kindes zu stemmen.

Der Zucker blieb auf immer ein großes Thema in unserer Familie. Denn auch ich war eine Süchtige – aus oben genannten biografischen Gründen. Ihren ausdrucksstarken Höhepunkt erreichte meine eigene Abhängigkeit, als ich nach der Geburt von Hannas Schwester eine Zeit lang verrückt nach Nugatstangen war. Ihr Vorteil: Sie waren klein, preiswert, handlich und gut im Nachttisch zu verstecken. Ihr Nachteil: Sie machten mich noch dicker, als ich ohnehin gerade war. Und sie brachten mich in eine äußerst peinliche Situation, als Stefan meine Vorräte entdeckte. Wie ein routinierter Sozialarbeiter führte mein eigener Ehemann ein vertrauensvolles Gespräch mit mir. Auf Leugnen und Wüten folgten Einsicht und Konsequenz. Und wie sah die aus? Wir packten meinen gehorteten Nugatstangenvorrat in eine Tüte und brachten sie ... Entschuldigung, aber was jetzt kommt, ist einfach zu blöd.

Wir brachten sie in den Kindergarten unserer Töchter. Auf dass Fett und Zucker dort für Abhängigkeit sorgen mögen.

Okay, das war eine andere Zeit. Heute gilt in Kitas die Selbstverpflichtung, Zucker nicht an Kinder zu verdealen. Und wer nicht mitzieht und seinem Kind heimlich Knoppers in die Jackentasche schmuggelt, wird wegen Vertrauensbruchs schon mal rausgeschmissen. Ich kenne Eltern, die haben wegen des falschen Joghurts im Schulranzen ihrer Tochter richtig Ärger mit der Hortleitung gekriegt. Ganz ehrlich, wäre ich in diesen genussfeindlichen Zeiten die kleine Sophie – ich würde selbstverständlich gieren nach dem verknappten Stoff, und ich würde Verbote übertreten, klar. Schokohasen als Zeichen kindlicher Anarchie, Twix als Erkennungsmarke unter Aufständischen, Gummibärchen als Zweitwährung unter den Schulhofunderdogs. Sieht so die Zukunft meiner Enkeltochter aus?

Unsere auf Droge gehaltenen Kinder haben damals jedenfalls nicht gemacht, was wir uns für sie ausgedacht hatten. Unser schlaues Konzept von ausreichend verfügbarem Süßkram führte nicht dazu, dass sie irgendwann satt waren und sich von dem Zeug abwandten. Nein, sie wurden und sind bis heute große Freundinnen des süßen Lebens. Warum einfach nur Milch trinken, wenn man sie mit Kakao tunen kann? Wieso nur langweiliges Vollkornbrot, wenn der liebe Gott doch Nutella erfunden hat? Und was bitte soll an einem stinklangweiligen Bircher Müsli schon dran sein, wo es doch Schokomüsli für die Hälfte des Preises gibt?

Gespräche, die wir als Erziehungsberechtigte mit ihnen zu führen versuchten, wurden mit folgender aggressiv gestellter Frage abgewürgt: »Findest du mich etwa fett?« In neun von zehn Fällen sagten wir: »Natürlich nicht!« Wer Töchter und eine Zuckersucht im Hause hat, wünscht sich nicht zum Ausgleich eine Magersucht. Räumten wir einmal ein, dass die Speckröllchen über dem Hosenbund womöglich, nur unter Umständen allzu freizügigem Zuckerkonsum geschuldet sein könnten, schossen augenblicklich die Tränen. Du findest mich also zu dick, signalisierten ihre Augen. – Neeeeein, funkte ich zurück, und mein Mund sprach: »Du siehst toll aus, weißte doch.«

Zurück zu meinem Gespräch mit Hanna. Es geht also um Sophie, deren Eltern gerade darüber nachdenken, sie »einfach Süßes essen zu lassen«. »Ach so?«, sage ich. Und ich denke: Ist das nicht ein bisschen früh? Dann fasse ich mir ein Herz und lasse die Supermom raushängen. Ich erzähle Hanna, was ich weiß über das Thema. Dass ich auch mal dachte, Hanna und ihre Schwester quasi vorauseilend bewahren zu können vor der Sucht. Und wie miserabel das läuft, wenn ein Nugatjunkie wie ich den Therapeuten zu spielen versucht. Ich erzähle auch die lustige Geschichte von der Nugatstangenspende an den Kindergarten und dass derlei Verhalten heute womöglich mit einem Hausbesuch vom Jugendamt geahndet wird …

Hanna lacht. »Hast du mal ein Taschentuch?«, fragt sie mich. Ich nestele ein sauberes hervor. Hanna beugt sich hinab zu Sophies Kinderwagen. Die hat gerade ein Schokocroissant ausgeweidet, braune Schmierspuren überziehen ihr kleines Gesicht. Während Hanna versucht, die größten Verheerungen zu beseitigen, sage ich: »Na ja, wenn du ihr Schokocroissants kaufst, ist sie eh schon drauf.« »Nein, nein«, entgegnet Hanna, »die haben mir beim Bäcker die falsche Sorte gegeben.« Träum weiter, denke ich. Und ich sage: »Ach so.«

ICH LIEBE MEINEN ZUCKERHUT UND MEINE TOCHTER AUCH

They call me Zuckerscout. Mein Leben ist wirklich wunderschön. Es gibt nicht vieles, was ich verändern würde, und ich gehöre zu den Leuten, die sagen: »Ich würde alles noch mal genauso machen.« Ich weiß, das klingt nach Augen verschließen und Unehrlichkeit. Aber selbst wenn das wirklich so ist, bin ich lieber unehrlich und freue mich meines Lebens, als mich selbst wegen zurückliegender Entscheidungen zu bedauern. Ich bin zufrieden mit meinem Kopf und kann mich glücklich über meine Familie schätzen. Ich bin weitestgehend unabhängig. Auch mit den Abhängigkeiten und Süchten ist es okay. Alkohol turnt mich nicht an, und Zigaretten sind mein Lackmustest für Stress.

Nur eines in meinem Leben bestimmt wahrlich große Teile meines Alltags. Ich bin leider zuckersüchtig. Ich weiß, dass das eine Krankheit ist, die viele Menschen in Europa haben. Aber das macht es nicht einfacher. Eine Zuckersucht bedeutet, gerne und unkontrolliert Süßes zu essen, ohne dabei ein Ende zu finden. Alle Süßigkeiten auf der Welt zu kennen und ein eigenes kleines Ranking zu haben. Zuckersucht macht, dass man die Hauptspeise schnell hinter sich bringen möchte, um zum Nachtisch kommen zu können. Und gleichzeitig kann man es auch nicht richtig genießen, weil man immer im Kopf hat, dass man süchtig ist. Hinzu kommt das Gefühl, von anderen verurteilt zu werden, es heimlich tun zu müssen und ohne Zucker nicht richtig glücklich sein zu können. Es ist das Gefühl, das bei allen Suchtmitteln entsteht: Wie kann etwas Gutes so böse sein?

Bis zu Sophies Geburt ging ich mit dem Problem relativ locker um. Is halt jetzt so, dachte ich immer. Es kommen bestimmt auch noch andere Zeiten, ich kriege das sicher noch unter Kontrolle, es tut ja keinem weh. Ich kenne viele, die Essstörungen haben, weil sie Angst davor haben zuzunehmen, das soll mir nicht auch passieren. Diese üblichen Floskeln blitzten durch meinen Kopf. Klar, immer in diesem kleinen Moment, kurz bevor ich die bösen Gedanken wieder zurück in ihre Schachtel gepresst hatte, bäumten sie sich noch einmal auf und zischten: »Hä, du hast doch auch eine Essstörung.« Ich pfiff dann ein sehr lautes Lied in meinem Kopf.

Aber ein Kind im Arm bedeutet auch unglaublich viel Verantwortung. Sophie braucht gute Vorbilder, die ihr das Leben so zeigen, dass sie es als gut und lebenswert begreift. Und dazu gehört bestimmt nicht, dass die eigene Mutter unkontrolliert viel Zucker isst, jede Süßigkeit im Supermarkt kennt und mit geschlossenen Augen den Unterschied zwischen Nutella und Nuss-Nugat-Creme herausschmeckt. Aber soll ich jetzt ihretwegen nur noch Dinkelkringel essen? Bäh. Nein, Sophie hat eine menschliche Mutter verdient, die auch ein paar Schwächen hat, zu denen sie steht. Doch die richtige Balance zwischen Ehrlichkeit und Vorbildhaftigkeit zu finden ist gar nicht so leicht. Der Grat, auf dem ich wandle, ist glitzerpink mit Zuckerschaum am Rand, und ich schaue immer wieder in den Abgrund. Langsam muss ich mich ein bisschen sputen, weil es nicht mehr allzu lange dauern wird, bis bei meinem süßen Töchterchen die Bewusstseinsentwicklung einsetzt. Und wenn sie erst mal schnallt, wie viel Zucker ihre großartige

Mutter wirklich isst, wird sie entweder schwer enttäuscht sein oder sich gleich ein Vorbild an mir nehmen: »Mama, warum darf ich das nicht, du hast doch vorhin auch einen Riegel gehabt.« »Mama, wenn ich fernsehen darf, sage ich Papa nicht, dass du heimlich seinen Osterhasen gegessen hast.« Ach herrje, das kann nicht gut ausgehen.

Konsequent wäre es also, mich selbst zu therapieren. Und da ich eher so der Typ für radikale, aber dafür schnelle Intensivkuren bin, müsste ich komplett auf Zucker verzichten. Das habe ich schon ein paarmal gemacht. Dann so für eine oder zwei Wochen, und wenn man nach zwei Tagen erst mal runter ist, geht es auch bald. Aber diese zwei Tage sind eine echte Plackerei.

Als wir noch in die Schule gingen, hatten wir entweder ein Schoko & Keks oder einen Milchriegel dabei. Die einzige Süßigkeit, die wir offiziell erlaubt bekamen unter der Woche. In jedem Fall war das immer das Erste, was ich in der kleinen Pause gegessen habe. Eine Zeit lang war es so schlimm mit meinem Verlangen, dass ich heimlich zu Hause im Keller Backkuvertüre gegessen habe. Ich kann mir beim besten Willen nicht vorstellen, dass mein Papa, unser Robin Hood der Lebensmittel, nicht mitbekommen hat, dass ständig Schoko & Keks gefehlt haben. Aber ein Papi, das weiß ich jetzt, überführt seine geliebte Tochter nicht des Zuckerdiebstahls. Er lässt sie mit dem guten Gefühl im Mund und ihrem kleinen Geheimnis klarkommen, in der Hoffnung, dass sie selbst versteht, wie absurd das ist, was sie da macht.

Mein Vater hat bis heute selbst ein kleines Süßigkeitenreservoir. Ich weiß auch, wo das ist, und natürlich – selbstverständlich – wusste ich auch damals, wo das war. Aber er hat leider keinen guten Geschmack. Er steht nur auf Gummizeug und Lakritze.

Nein, nein, nein. So geht das nicht weiter, Hanna Maier. Du hast eine Essstörung, und zu der musst du stehen. Du weißt, wie schlimm so eine Abhängigkeit ist. Abhängigkeiten machen unglücklich, unflexibel und dumm. Ich muss es schaffen, dass Sophie ein ausgeglichenes Verhältnis zu Süßkram bekommt. Deshalb habe ich überlegt, Sophie dosiert, aber leichtherzig an das weiße Gold heranzuführen. Wenn sie es von Anfang an nicht als Besonderheit empfindet, sondern zu einem leckeren, aber nicht essenziellen Teil ihres Lebens kürt, könnte sie so ein Verhältnis dazu bekommen, wie Oscar es hat. Er macht sich nicht viel aus Süßigkeiten. Also bekommt Sophie süße Sachen mit in den Kindergarten. Und manchmal gibt's vor dem Schlafengehen ein Betthupferl. Das ist auf jeden Fall schon liberaler, als meine Eltern es waren. Gern geschehen, liebe Sophie.

15

ARTGENOSSEN

EINE MUTTIBURG WIRD BESICHTIGT, GLÄSCHENBLICKE WERDEN GETAUSCHT, UND ES WIRD ÜBER FASHION-MOMS NACHGEDACHT

Der Tag hat schon viel gefordert. Hanna war in der Uni und hat da allerlei Kluges über Europa gelernt. Nun ist es nachmittags um halb vier. Wir treffen uns, um gemeinsam den örtlichen »Muttitreff« aufzusuchen, »Hippie- und Vollzeitmuttis garantiert«, hat Hanna mir per SMS versprochen.

Ich freue mich drauf. Diese nachmittäglichen Fortgepflanzten-Powwows, daran kann ich mich gut erinnern, sind sowohl wichtig als auch unterhaltsam. Dort, in den Buggyburgen der Großstädte, werden Kinderarztadressen gedealt und Tupperdosen mit Apfelschnitzen herumgereicht. Es wird sich kräftig umarmt und dabei ganz genau registriert, ob eine Mitmutti einen neuen Kinderwagen hat oder wie klein Ida es wieder mal geschafft hat, sich dermaßen einzusauen. So was macht Spaß.

Als Hanna und ich uns treffen, sieht es erst mal gar nicht nach Spaß aus. Sophie quietscht unzufrieden in ihrem Kinderwagen herum. Nichts passt ihr: die Sonne zu sonnig, die Schuhe zu zu, und wo bleibt verdammt noch mal das Essen? Bei der Tagesmutter hat Mademoiselle heute den Mittagsschlaf ausfallen lassen, entsprechend dünn sind ihre Nerven, und entsprechend heftig reibt sie sich die Augen und zupft an ihren Ohren herum.

Auch ihre Mutter schaut grimmig. Ein müdes Kind und eine erwartungsfrohe Großmutter – das war nicht das, was sie sich von diesem Nachmittag versprochen hatte. Wie schön geordnet war es doch dagegen gerade eben noch in der Uni! Schnell schaufelt sie Sophie ein Gläschen rein, schon hört das Gegreine auf, wir kommen alle mal ein bisschen runter – und es kann losgehen in den Park. Zum Muttitreff.

Auf der riesigen Wiese haben sich Dutzende Buggyburgen gebildet. Große Heerlager aus Fleecedecken, auf denen Erwachsene und Kinder lagern, drum herum markieren Kinderwagen jeder Größe und Preisklasse den Einzugsbereich. Unsere Burg hat sich unter einer sehr alten Eiche gebildet. Drei Mütter, ein Vater, drei Kinder sind schon da, jetzt kommt noch Hanna mit Sophie und mir im Schlepptau dazu. Herzliche, feste Umarmung, taxierende Blicke hinter Sonnenbrillen. Sophie – endlich aus ihrem Wagen befreit – inspiziert erst mal das Spielzeugangebot. Es gibt bunte Becher, die ich von nun an anderthalb Stunden lang stur zum Turm errichten werde, um ihn immer aufs Neue von einer begeisterten Sophie einreißen zu lassen.

Die Frauen plaudern. Man redet über die Kinder, bestaunt den neuen Zahn von Edgar, und wenn die schon etwas größere Luise der kleinen Paula die Schippe entwindet, lachen alle verständnissinnig. Nach den international gültigen Buddelkastenregeln muss Luises Mama ihrer Tochter ansatzweise die Schippe abnehmen, während Paulas Mutter »Ach, ist schon okay« zu sagen hat. Paula hingegen findet das gar nicht okay, fängt an zu wimmern und bekommt zum Trost einen Haferkeks. Alles normal also.

Zwischendurch wird Hanna ein bisschen ausgefragt. Wie es so läuft mit der Uni? Und ach, Sophie geht jetzt doch schon zur Tagesmutter? Wenn du mal Hilfe brauchst, sag Bescheid, sagt die eine Mutti. Eine andere betrachtet versonnen interessiert das Glas Vollkorn-Obst-Brei, von dem Sophie ein paar Löffel eingeholfen bekommt. Sie spricht es nicht aus – aber an ihrem Gesicht sehe ich: Fertiggläschen scheinen Lebensmittel außerhalb ihrer Vorstellungskraft zu sein.

Hanna tut mir ein bisschen leid. Sie könnte ja jetzt eine von diesen relaxten Vollzeitmüttern sein. Könnte mit Sophie zu Hause bleiben und mit ihr die Welt erkunden. Sie könnte Sophies Mahlzeiten täglich frisch und vollwertig zubereiten. Sie könnte mit anderen Frauen auf bunten Decken im Park sitzen und einfach mal schauen, was dieser, der nächste und der übernächste Tag so bringen. Aber so, wie sie lebt, ist das alles nicht zu haben. Sie ist Vollzeitstudentin mit Kind. Wenig Schlaf, viel Planung, Beziehung pflegen, Kind lieben, improvisieren, cool bleiben ... Hätte sie nicht vielleicht doch lieber ein oder anderthalb Jährchen zu Hause mit Sophie verbringen sollen?

Im Internet kursieren ja Agitprop-Kampagnen für Vollzeitmütter. »Genieß diesen Tag mit deinem Kind« steht neben einem Mutter-Kind-Foto, das sich nur durch die moderne Kleidung der Dargestellten von Mutterkreuz-Propaganda unterscheidet. Ja, genieß den Tag – »denn schon morgen werden deine Kinder älter sein als heute« steht da. »Betrachte und beschnuppere sie, berühre sie und schau in ihre Augen. Genieße diesen Tag, Mama. Er wird schneller vorbei sein, als du denkst.«

Man findet derlei Aufforderungen zum Muttijob auf den Facebook-Seiten von Frauen, die sich in ihrem Profil nicht nur selbst im schicken Outfit zeigen, sondern auch gleich noch ihre Kinder ins Bild geholt haben. Es sind Frauen, die behaupten zu bloggen, und zwar über Themen wie »Fashion, Young Motherhood, Lifestyle and Beautiful Things«. Aber eigentlich stellen sie sich und ihren Nachwuchs als Konsumentinnen zur Verfügung. Frauen, die die aktuelle Bugaboo-Kollektion preisen, Babymützchen per Preisausschreiben verdealen oder ihre Zopftochter im »3in1-Hochstuhl von Trihorse« fotografieren. Nur so als Produkthinweis, versteht sich. Frauen, die sich offensichtlich entschlossen haben, ihre Mutterschaft zu Promozwecken zu nutzen.

Diese Vollzeit-Fashion-Muttis sehen fraglos gut aus. Ob sie auch klug sind, ist schwer zu sagen. Denn dass private Kinderbilder eher nichts im World Wide Web zu suchen haben, darf man wohl als bekannt voraussetzen. Möchte man wirklich riskieren, dass irgendein Nerd am anderen Ende der Welt perverse Montagen aller Art mit Fotos des kostbaren Nachwuchses bastelt? Möchte man, dass der kleine Karl-Gustav in seinem Leben immer und immer wieder dafür ausgelacht wird, dass er mit zwei Monaten ein tolles Testimonial für die elektrische Medela-Milchpumpe für zweihundert Euro war?

Nun müsste Hanna nicht unbedingt eine Fashion-Mutti sein. Und ganz ehrlich, in Leipzig sehe ich eher wenige davon – hier gilt es als schick, wenn sich Eltern und Kinder kleiden, als wären sie nur auf einer kurzen Rast zwischen zwei Sechstausender-Besteigungen. Also eher Softshell und atmungsaktiv denn Kaschmir und Großformattaschen. Aber so ein bisschen mehr Ruhe und Muße an manchen Tagen würde ihr sicher guttun. Und Sophie und Oscar auch. Warum also nicht zu Hause bleiben, bescheiden von Vater Staat subventioniert werden und die Sonderangebote im Bioladen sichten?

Meine Antwort lautet: Nein. Weil zu Hause bleiben einfach nicht ausreicht, um einen eigenen Lebensinhalt zu haben. Weil Kinder es nach meiner Erfahrung nicht goutieren, wenn ihre Mütter sich für sie opfern. Soll die kleine Sophie sich später mal dafür schämen, dass ihre Mama keinen Abschluss gemacht hat, weil sie es wichtiger fand, mit ihr Sonnenblumenbilder zu malen? Soll Caspar Danke sagen dafür, dass er statt Hipp-Gläschen frisches Selleriemus reingelöffelt bekommen hat? Wer Kinder bekommt, damit die sich später für ihre Existenz bedanken, sollte von dem Projekt Abstand nehmen.

Es gibt großartige Möglichkeiten, Kinder betreuen zu lassen. Dass Kitaplätze verknappt werden und im Gegenzug Mütter Geld fürs Zuhausebleiben bekommen, ist ein Fehler. Dass Frauen wie Hanna, die ein Gläschen aus der Tasche mit den Uniheftern ziehen, mitleidig betrachtet werden, zeigt, wie zäh der deutsche Muttermythos noch immer ist – selbst Kinder, deren Mütter ihren Nachwuchs im Internet ausstellen, gelten als besser betreut. Da stimmt doch was nicht! Mag sein, das sind Ansichten einer Vorgestrigen. Ist mir aber egal, ich bin jetzt eine Frau mit O, ich darf so was sagen.

Als wir uns im Park von den Mitmuttis verabschiedet haben und nach Hause gehen, frage ich Hanna, ob sie sich nicht doch immer mal wünscht, einfach zu Hause bleiben zu können. »Auf keinen Fall«, sagt meine Tochter. Sophie gefalle es gut bei der Tagesmutter, sie hat da in letzter Zeit viel gelernt. Und ganz ehrlich – sie selbst habe einfach auch zu viel Freude am Studieren. Klar sehe sie die Gläschenblicke, höre sie die Tagesmutterfragen. Aber das sei ihr egal. Sie wisse ja, dass all das so seine Richtigkeit hat. So wie sie ihren Freundinnen niemals vorschreiben würde, wie sie leben sollen, so erwartet sie das auch umgekehrt.

Und was sagt Mademoiselle Sophie dazu? Nichts. Sophie ist sichtbar kurz vor dem Wegknacken, der Tag hat viel gefordert. Tagesmutter, Schlafentzug, essen, Straßenbahn fahren, mit anderen Kindern spielen. Es reicht. Das Kind reibt sich die Augen. Ab nach Hause, morgen wartet ein neuer Tag, in dessen Verlauf sich zeigen wird, ob irgendwas wieder mal nicht planmäßig läuft. Und wenn, dann wird das geregelt, wie an den anderen Tagen auch.

DER KINDERECKENBLUES. WIE ICH PLÖTZLICH ZU EINER RANDGRUPPE GEHÖRE UND WARUM SOPHIE IN KEINEN HÖRSAAL PASST

Im Unigebäude hängen große Fernseher, auf denen Ankündigungen für universitätsinterne Veranstaltungen gemacht werden. Einer hängt auch bei der Kinderecke in der Mensa. Dort gibt es Hochstühle, eine Mikrowelle und eine Spielburg für Studentenkinder. Die Plätze sind meistens von analphabetischen Junggesellen besetzt, die das Schild »Diese Plätze sind für Eltern mit Kindern reserviert« einfach nicht lesen können – die Armen.

Meine Freundin Anne und ich sitzen mit Sophie vor der Spielburg und starren auf den Bildschirm. Da ist ein Bild von einer jungen Frau, die einen Schwangerschaftstest in der einen Hand hält, in der anderen vergräbt sie ihr Gesicht. Das Bild ist in dunklen Farben gehalten und wirkt hochdramatisch. Daneben steht: »Schön? Schlau? Schwanger?« Anne, die zwar schön und kinderlos ist, aber meinen langen Baby-ja-oder-Baby-nein-Entscheidungsprozess sehr anteilnehmend begleitet hat, blickt mich mitleidig an. Ich kriege meinen Mund nicht mehr zu. Das ist also das schlimmste Szenario, was einem neben Depression, sexuellem Missbrauch oder Rechtsstreit während des Studiums widerfahren kann? Schwanger zu sein? Na, dann steh ich ja nicht nur am Abgrund, sondern bin noch einen entscheidenden Schritt weitergegangen. Ich gucke zu Sophie, wie sie gerade den Bauklotzturm eines anderen Kindes umschmeißt. »Wie kann etwas so Schönes falsch sein?«, frage ich.

Was mir diese Videobotschaft in der Mensa zu sagen versucht, ist Folgendes: Ich gehöre eigentlich nicht hierher. Denn wir Mütter sind alle radikal abgetrennt von den anderen Unimitgliedern. Wir sitzen in den Mensen hinten in der Ecke, wo wir ungestört die Kinder nerven lassen können. Wir sind fast die Einzigen, die die Fahrstühle nutzen und superegoistisch die rauchenden Leute beiseiteschubsen, um an den automatischen Türöffner ranzukommen. Wir sind die mit der Mutterrolle. Die, die sich ständig ärgern. Wenn wir das Kind durch Rauchschwaden selbst gedrehter Zigaretten schieben müssen. Wenn tausend Dumme den Fahrstuhl blockieren. Ja, ich ärgere mich wirklich, aber ich weiß, dass ich ohne Kind genauso dort im Weg stand. Umso ernster nehme ich den mir vermittelten Auftrag, diese stehenden, glotzenden und ignorierenden Menschen mit möglichst dichtem Auffahren darauf hinzuweisen: Es gibt auch Menschen mit Platzbedarf. Habt einfach Respekt, und lasst mich durch.

Das ist die eine Mutterrolle. Aber es gibt noch ein anderes Erkennungsmerkmal. Es ist die mehr oder minder kleine Rolle zwischen Bauchnabel und Oberschenkelansatz. Sie wächst neun Monate lang und bleibt dann noch ewig. Bei mir ist das zumindest so, weil ich den Stress der Anfangszeit mit hemmungslosem Essen bewältigt habe. Diese Rolle bewirkt, dass wir Mütter uns auch ohne Kinder erkennen können. Dann blinzeln wir uns zu und funken still: »Sprich mich nicht an, ich habe gerade zum ersten Mal heute Zeit, nichts zu sagen, nichts zu tun und nichts zu denken.« Und die andere blinzelt verständnisvoll zurück und schnipst sich mit einer gekonnten Fingerbewegung Bananenschleim vom Ärmel.

Wir Mütter sind gefangen in unserer Rolle, und meistens würden wir ohne Kinder gar nicht miteinander reden. Aber in dieser Mensakinderecke haben wir unendlich viele Themen: Namen, Alter, Schlafzeiten, Windelfüllungen – alles eben! Wir sind ein Club der coolen Uncoolen. Wir pfeifen drauf, was die anderen sagen, und im Gegensatz zu denen wissen wir, wo wir hingehören.

Neben der Kinderecke gibt es da noch die nette, aber etwas zerstreute Sozialberaterin. Außerdem einen Wickelraum (der andere ist, seit ich denken kann, »temporär geschlossen«) und einen Kinderladen. In diesem Kinderladen werden pro Semester fünfundzwanzig Kinder aufgenommen, das ist toll. Aber nur für ein Semester, drei mal zwei Stunden, und die Einrichtung ist für alle Kinder aller sechs Hochschulen in Leipzig gedacht. Dass wir einen Platz bekommen haben, war Glück, Glück, Glück. Und dass wir danach keinen Platz kriegen würden, war jetzt schon klar, klar, klar und normal. Dachten wir jedenfalls, bis ein Wunder geschah und Sophie in letzter Minute doch noch eine Tagesmutter fand. Dass Unikitaplätze fehlen, ist auch der Verwaltung schon aufgefallen. Um das Problem zu lösen, haben sie nicht mehr Kindergärtnerinnen eingestellt, sondern die Hochschulordnung geändert. Ein besonders cleverer Trick. Jetzt dürfen Eltern ihre Kinder mit in die Vorlesung nehmen. Ui, toll.

Ich stelle mir das so vor: Zehn Minuten nach Vorlesungsbeginn stürme ich mit der kartoffelgestärkten Sophie in den Hörsaal und setze mich in die letzte Reihe. Die anderen Studierenden rücken entweder weg oder stehen auf, um zu gehen, denn sie haben bereits verstanden, woran ich noch nicht glauben will. Der Professor stellt mich zur Rede und ich sage: »Ich habe keinen Kindergartenplatz für meine Tochter gefunden, aber wenn ich mein Studium beenden möchte, muss ich Ihre Vorlesung besuchen. Ansonsten kann ich die Klausur nicht mitschreiben. Dürfte ich am Klausurtag mein Kind vielleicht bei Ihnen vorne abgeben? Dann hätten Sie auch etwas zu tun während der neunzig Minuten.« Der Professor runzelt die Stirn, hält mich für verrückt, versucht aber trotzdem weiterzumachen. Sophie beginnt, den schönen Studentinnen vor mir in den beneidenswert perfekt sitzenden Frisuren rumzuwurschteln, und als sie völlig unvorhersehbar einen bösen Blick einfängt, schreit sie erst mal. Danach zerreißt sie meine Notizen und will auf dem Boden rumkrabbeln, wo sie die Stufen runterfliegt. Ich rufe laut: »Mist« und renne hinterher. Das Kind schreit, der Professor flucht, ich heule. Na ja, aber wenn das so in der Lehrordnung steht, dann wird es bestimmt funktionieren.

Als ich meiner Mutter dieses unlösbare Dilemma vortrage, schaut sie mich mit ihrem »Ich hab's doch gesagt, früher war es einfacher«-Blick an. Damals haben sie den Kinderwagen einfach vor dem Hörsaal abgestellt. Und wenn das Kind gemuckt hat, kam irgendjemand, der gerade den Gang entlanglief, und hat das Kind auch noch geschunkelt. Für mich klingt das wie eine wunderbare Traumwelt, die aber, weil es schon so lange her ist, in Schwarz-Weiß gezeichnet ist. Denn heute kann ich mir das auf keinen Fall mehr vorstellen. Ließe ich zu, dass an einem öffentlichen Ort irgendjemand ohne mein Beisein mein Kind schunkelt, könnte ich mir gleich ein neonfarbenes Schild mit der Aufschrift »Rabenmutter« umhängen. Und würde ich es dennoch wagen, säße ich die ganze Zeit mit Hummeln im Hintern in der Vorlesung, um alle zehn Minuten schweißgebadet rauszurennen und zu schauen, ob mein Baby noch da steht. Das wäre dann auch nicht weniger Ruhestörung, als sie gleich mit reinzunehmen.

Meine Mutter erkennt, dass sich die Zeiten geändert haben, sie hat auch keinen Rat für mich. Das sagt sie nur, weil ihr nichts Besseres einfällt. Wenn Sophie bei ihr ist, ist sie doch selber immer unglaublich vorsichtig. Da dürfte der Kinderwagen nicht mal im Garten unbeobachtet stehen bleiben. Elstern könnten kommen und ihr Goldstück klauen.

Aber ich lerne trotzdem viel über das Studieren, insbesondere seit ich die Sache mit Kind durchziehe. Erstens: Dieses Land ist sehr schlecht darauf eingestellt, dass junge Menschen im gebärfähigen Alter Kinder kriegen wollen. Ich fühle mich trotz all der netten Ansätze im Stich gelassen. Nein, ich möchte mir keinen Gruppenraum in der Bibliothek mieten, in den ich mein Kind mitnehmen kann. Denn auch dort wird Sophie nicht plötzlich ruhig dasitzen und drei Stunden lang Bücher studieren. Ich möchte sie gerne, wie in jedem besseren Fitnessstudio, bei zwei lieben Erzieherinnen abgeben und abholen können, wann ich will. Zweitens: Studieren kann auch ein sehr effizienter und kurzweiliger Zeitvertreib sein, bei dem man sich nicht nur toll finden muss, sondern gelegentlich auch mal in stundenlanges Zaudern darüber gerät, ob das hier alles so richtig ist. Manchmal ist meine Verzweiflung über das Arbeitspensum so groß, dass ich mir wochenlang keine Pause gönne. Sobald das Kind im Bett ist, setze ich mich an den Computer und schreibe noch bis Mitternacht.

Ich weiß, dass das allen lernenden Eltern so geht. Das macht es aber nicht einfacher. Drittens, und das ist zwar egoistisch, aber auch eine kleine Genugtuung: Ich kann über all die niedlichen Studentenprobleme, aus denen ich wirklich rausgewachsen bin, lächeln. Ich sehe mich nicht mehr in einer ständigen Konkurrenzsituation zu den schönen Mädchen, die alle klüger und reicher und besser sind als ich. Und ich versuche nicht mehr so verkniffen, ein Gutmensch zu sein. Ich tue, was ich kann, und bleibe auf dem Laufenden. Aber es gibt momentan einfach Wichtigeres als Fairtrade, Bio, ohne Zuckerzusatz und Political Correctness.

Neulich saß ich mit drei Müttern und einer mitgebrachten Außenseiterin in der Kinderecke und nahm an einem sehr lustigen Gespräch teil. Die Kinderlose drehte einen Dread um ihren Finger, nippte an ihrer Club Mate und sagte wehleidig: »Ich hab neulich kurz aufgehört, vegan zu sein, als ich beim Containern ein superleckeres Stück Käse gefunden habe. Jetzt habe ich ein voll schlechtes Gewissen.« Während ich noch in meinem eingestaubten Hippiewortschatz nach dem Wort »Containern« suche, antworten die anderen Mütter: »Oh ja, früher konnte man toll bei Magasin containern. Ich würde echt gern mal wieder gehen, aber ich bin abends um acht so platt, da treibt mich nichts mehr vor die Tür.« Ihre verklärten Blicke treffen sich, und kurz glimmt in ihnen ein Feuer auf.

Mein Gehirn hat es gefunden: »Containern, das. Alternative Form der Lebensmittelbeschaffung, die meist als Konsumkritik verstanden wird. Menschen brechen nachts in supermarkteigene Mülltonnen ein, um weggeworfene, aber noch verwertbare Lebensmittel zu sichern. C. befindet sich in einer rechtlichen Grauzone.« Ich kann nur lächeln. So eine Sehnsucht habe ich nicht mehr. Wenn mich jemand zum Containern überreden könnte, dann, um mal abends rauszukommen und für den Nervenkitzel. Aber ich könnte mir auch andere Sachen stattdessen vorstellen. Zum Beispiel Schokoriegel klauen, ohne Ticket Bahn fahren oder sogar Feuerwerkskörper in Briefkästen zünden. Aber da ich ja immer abends um elf im Bett sein muss, um am nächsten Tag nicht völlig durchzuhängen, kommt das meiste davon ohnehin nicht infrage.

Das hier ist einer dieser Punkte, an denen sich die Universen treffen. Plötzlich treffe ich auf die Welt der Sorgen, die sich um Ernährung, Krieg und Gerechtigkeit drehen. Bei mir gibt es das alles auch, aber auf einer ganz anderen Ebene. Es geht nicht um meine Ernährung, sondern Sophies. Der Krieg findet an meinen Nerven statt, und bei Gerechtigkeit ist das große Thema mein Nachtschlaf. Auch wenn ich zynisch werde: Es ist gut, dass dieses Universum für mich noch existiert. Wenn ich das nächste Mal nach Hause komme, gebe ich Sophie bei meinen Eltern ab und gehe zu einer Podiumsdiskussion zum Thema Klimawandel.

16

SÜNDEN

IM ZURÜCKLIEGENDEN JAHRHUNDERT RAUCHEN VERBRECHERISCHE MÜTTER TABAK UND KAUFEN ZU DIESEM ZWECK SPIELPLATZASCHENBECHER

Als ich noch ein Schulkind war, besuchte ich eine Polytechnische Oberschule, in der schon ab der dritten Klasse Russisch unterrichtet wurde. Auf dieser sogenannten Russischschule wurden Kinder nicht nur zwei Jahre früher als an anderen Schulen intensiv mit der russischen Sprache vertraut gemacht. Nein, man vermittelte ihnen auch das Gefühl, besser als ihre Altersgenossen zu sein, was Sprachbegabung sowie staatsbürgerliche Reife anging. Und tatsächlich, aus uns »Russischkindern« – das hatte mein zurückliegendes Klassentreffen gezeigt – wurde was. Zwar nicht Staatsratsvorsitzender, Politoffizier oder Pionierleiterin. Aber viele von uns hatten Jobs, die ihren Mann und ihre Frau ernährten.

Die größte Überraschung jedoch war, dass wir alle noch am Leben waren. Denn unsere ganze Schulzeit lang war unser Leben bedroht gewesen; das hatten wir aber erst lange nach dem Abschluss erfahren. Unser Schulgebäude aus den Sechzigerjahren war nämlich asbestverseucht gewesen. Wir arglosen Kinder hatten darin endlose Tage, Wochen und Jahre verbracht. Wir hatten zwischen all dem Gift unsere Pausenstullen gegessen, uns an die toxischen Wände gelehnt und – um das Risiko noch zu steigern – hinter der asbestverseuchten Turnhalle schädliche Zigaretten geraucht. Im Grunde waren wir Überlebende.

Was uns Babyboomern damals das Asbest, ist unseren Nachgeborenen heute der »Weichmacher«. Das schöne Wort für Chemikalien, die Dinge weich und giftig machen können, steht im krassen Gegensatz zu seinem Klang. Weichmacher – ein Flauschwort. Da lobe ich mir doch das gute alte Asbest, mit dem ganze Gebäude »verseucht« waren. Bei diesem Adjektiv ist klar, wohin die Reise geht, nämlich ins Verderben.

Ebenfalls mitten ins Verderben führt bekanntlich das Rauchen. Rauchen ist schlimm. Es »macht sehr schnell abhängig«, es »fügt den Menschen in Ihrer Umgebung erheblichen Schaden zu« und kann insgesamt »tödlich sein«. Das weiß jeder, der die entsprechenden Warnhinweise auf Zigarettenpackungen studiert.

Ganz, ganz schlimm sind Sätze, in denen Rauchen und Kinder vorkommen. »Rauchen in der Schwangerschaft schadet Ihrem Kind.« Diese Warnung auf käuflich erwerbbaren Rauchwaren ist noch milde im Vergleich zu jenen Blicken, die Frauen treffen, die in der Öffentlichkeit rauchen und dabei Kinder bei sich führen. Keine Frage, es darf davon ausgegangen werden, dass diese Dame es auch sonst in jeder Hinsicht an Verantwortungsbewusstsein fehlen lässt.

Ja, es ist gut und richtig, dass im 21. Jahrhundert die allermeisten Erwachsenen nicht vor ihren Kindern rauchen. Doch die Realität des 20. Jahrhunderts sah da noch ganz anders aus. Die Menschen rauchten. Sie rauchten im Büro und an der Werkbank. Sie qualmten in den Behördengängen und Kantinen des Landes. Sie rauchten bei Sitzungen und Schulungen, im öffentlichen Raum und im Restaurant sowieso. Ich habe seinerzeit anlässlich meiner Scheidung im Gericht geraucht. Und ja, wir rauchten in unseren Wohnungen. Überall. Ich auch.

Als Hanna in diesem einfallsreichen Playbackalter war, als also sie und ihre Kumpels uns ausgefeilte Nacherzählungen und Gesänge aus einschlägigen Disney-Trickfilmen zum Besten gaben – da war es gute Sitte, dass wir Eltern uns mit Wein und Zigarettchen ins Kinderzimmer begaben. So eine Vorstellung mit Pocahontas-Solo und Arielle-Chor inklusive kleinerer Unterbrechungen wegen Unstimmigkeiten im kindlichen Ensemble konnte gut ein, zwei Stündchen dauern. Wir Eltern kauerten derweil auf Zwergenstühlen vor der improvisierten Bühne, ertrugen den blechernen Klang des Kassettenrekorders, amüsierten uns wie Bolle über das vorgetragene Liedgut und lobten unsere Kinder ein ums andere Mal. Und weil es so gemütlich war, öffneten wir die Oberlichter des Kinderzimmerfensters und piffelten weiter gemütlich vor uns hin.

Nein. Das war nicht in Ordnung. Aber offen gestanden, wurde derlei damals nicht gesellschaftlich diskutiert. Eltern waren die Großen – die durften rauchen. Und Kinder waren die Kleinen – die hatten erwachsene Sitten und Gebräuche zu akzeptieren. Eltern waren nicht liebloser. Aber die Unterschiede zwischen ihnen und ihren Kindern waren noch deutlicher. Die offensiv und gern auch öffentlich ausagierte und präsentierte Gleichheit in Gewohnheit, Gesundheit und Geschmack war noch nicht erfunden. Mütter kleideten sich wie erwachsene Frauen, nicht wie bezopfte und bunt gepunktete beste Freundinnen ihrer Kinder. Väter trugen Männerklamotten und nicht weit aufgerissene Hemden und Pornosonnenbrillen, die sie wie Mafiosi auf Klassenfahrt aussehen lassen.

Mütter und Väter rauchten öffentlich und selbstverständlich. Wir hockten im Buddelkasten und halfen dem Kind mit einer Hand beim Burgenbauen, während in der anderen Hand eine Marlboro verqualmte. Dass wir uns dessen hätten schämen müssen, war uns nicht klar. Natürlich gab es Pausen während der Schwangerschafts- und Stillzeiten. Aber danach ging's unbekümmert weiter mit der Qualmerei.

Dass Eltern am besten gar nicht in Gegenwart ihres Nachwuchses rauchen sollten, sickerte erst ab Beginn des neuen Jahrtausends ins öffentliche Bewusstsein. Es war die Zeit, als man uns allerlei zu fürchten lehrte. Ungewaschene Männer auf Spielplatzbänken zum Beispiel stellten eine Bedrohung für die körperliche Unversehrtheit unserer Kinder dar. Zucker entpuppte sich als global gedealte Droge. Nüsse waren kein Knabberspaß mehr, sondern allergische Sprengköpfe. Und das Rauchen brachte uns alle um.

Wer mit derlei Gedankengängen befasst war, hatte keine Kapazität mehr für andere Sorgen. Dass westliche Armeen in Ölstaaten einmarschierten, dass die Sozialhilfe abgeschafft wurde oder dass die Eurozone immer größer und unübersichtlicher wurde. Rauchende Eltern – das war doch mal ein Thema, das ähnlich engagiert diskutiert gehörte wie Leinenzwang für Hunde!

Ich aber war unbelehrbar, ich rauchte weiter. Ein wichtiges Utensil dieser Jahre war mein Spielplatzaschenbecher. Das kleine Messingnäpfchen mit dem fest verschließbaren Deckel hatte ich mir gekauft, um – öhöm – ein Vorbild für Kinder zu sein. Hatte ich anfangs noch meine Kippen hinter mich ins Spielplatzgebüsch geschnipst, war ich nun doch in eine neue Bewusstseinsliga aufgestiegen. Bevor also meine Kinder auf Schaukel und Wippe gelassen wurden, sammelte ich brav die Hinterlassenschaften der nächtlichen Besucher aus dem Sand: Flaschenscherben, auch die eine oder andere Nadel. Wer so handelt, lässt auch keine Kippen mehr liegen.

Ich saß also da auf der Bank, ließ mit anderen Eltern den zurückliegenden Tag Revue passieren und streckte meine Beine in die Sonne. Zwischendurch holten wir am Kiosk Bierchen für uns und Eis für die Kinder. Dazwischen wurde schön geraucht. Heute würde sich bei einem derartig abstoßenden Anblick auf unserem Spielplatz spontan eine Bürgerinitiative gründen. »Don't smoke in our Kiez« könnte sie heißen, damit auch bilinguale Paare sich zur Mitarbeit eingeladen fühlen. Es gäbe einen kritischen Bericht im Onlinestadtmagazin, Titel: »Wie viel erträgt der Bezirk?« Außerdem ein spontan anberaumtes Clean-up-Event für Kinder und ihre Eltern. Schließlich würde eine anonym bleiben wollende Kitamutter dem Grünflächenamt mal einen diskreten Tipp geben. Bald schon würden große, auch Kindern verständliche Rauchverbotsschilder neben dem Klettergerüst prangen.

Die gesellschaftliche Ächtung von Lastern verhilft jenen zu mehr Selbstgewissheit, die eh schon vernünftig sind. Die alles richtig machen und deren Kinder schon ab der Grundschule aufs Gymnasium abonniert sind. Dass bei ihnen zu Hause, in den geheiligten vier Wänden, auch nicht alles rundläuft, weiß ja keiner. Es tut einfach gut, sich sozial abgrenzen zu können. Recht bald werden die sozial nachrangigen rauchenden Eltern sich einen anderen Spielplatz suchen, einen, wo nicht gegafft wird. Einen für Spielplatzaschenbecher-Benutzer und Bierchentrinker. Den verantwortungsbewussten Eltern würde das Fehlen von Kevin und Sandy möglicherweise lediglich auffallen, weil wieder mehr Bänke frei sind.

Heute rauche ich nicht mehr. Ich würde gern sagen: wegen der Kinder. Ist aber nicht so. Ich wollte einfach wieder richtig gut Luft kriegen, weniger stinken. Ich hatte Angst vor Krebs. So einfach war das. Und als meine pubertierenden Töchter glaubten, sie könnten unbemerkt und nach Qualm stinkend in ihren Kinderzimmern verschwinden, hatten sie sich getäuscht. Auf meine Frage »Hast du etwa geraucht?« bekam ich das obligatorische »Neeeein!«. Aber ich war ja nicht blöd und außerdem eine gewesene Raucherin. Das sind bekanntlich die Schlimmsten. Ich lachte höhnisch, strafte aber nicht. Auf diese Weise, hoffte ich, würden sie schon bald zur Vernunft kommen. Sind sie aber nicht. Beide rauchen bis heute.

Wollen sie oder ein Gast bei mir zu Hause rauchen, müssen sie dazu vor die Tür gehen – es gibt dort einen Aschenbecher. Es kommt vor, dass ich mich in der S-Bahn umsetze, weil jemand neben mir nach kaltem Rauch riecht. Ich bin froh, dass in Restaurants nicht geraucht werden darf. Und dennoch versage ich mir die Besserwisserattitüde. Denn wer bin ich schon, andere belehren zu wollen? Ich bin eine Süchtige auf dem Trockenen. Eine, die nicht meint, dass Rauchen etwas darüber aussagt, ob und wie sehr man seine Kinder liebt. Für mich hat Rauchen noch immer den Hautgout des Unangepassten. Also eher jener Seite, auf der man lieber steht.

Kürzlich war ich im Kino. Ich sah einen Film über eine berühmte Philosophin, die, wo sie ging, stand und lag, geraucht hat. Dunstschwaden zogen über die Leinwand, Menschen wedelten sich durch gequalmte Dialoge, in der Nahaufnahme sah man den roten Lippenstift der Protagonistin auf den Zigarettenfiltern. Ich schaute mir das Suchtspektakel an und dachte zum allerersten Mal diese hässliche Frage: Ist das überhaupt noch erlaubt, öffentliches, offensives Rauchen, wenn auch in einem Film?

Ja, natürlich ist das erlaubt. Aber wie lange noch? Nachdem Inspector Columbo irgendwann seine Zigarren nur noch unangezündet durch die Serie spazieren tragen durfte, gilt es heute als pfiffiges dramaturgisches Stilmittel, in Filmen die Bösen rauchen zu lassen. Mittlerweile ist es ein mutiges Zeichen künstlerischer Unabhängigkeit, wenn in Filmen exzessiv geraucht wird. Das flasht die Zuschauer, sie dürfen zusehen, wie jemand sich und seiner Umwelt offensichtlich Schaden zufügt. Eine Art Gesundheitsporno. Mal schauen, wo uns das hinführt. Möglicherweise wird bald die Bundesdrogenbeauftragte Warnhinweise fordern. Oder Raucher werden aus Filmen herausgeschnitten. Aber wer versteht dann noch den großartigen Film »Pulp Fiction«? Unsere Kinder und Enkelkinder jedenfalls nicht.

QUIETSCHEENTE UND RAUCHERLUNGE. WIE ICH MEINEN SICHERHEITSWAHN ÜBERWINDE UND EINE NEUE FREUNDIN FINDE

Neulich führte ich folgendes Gespräch mit einer befreundeten Mutti – das heißt so in Sachsen.

»Kennst du die Mutti von Paula?«

»Nein«, antwortete ich.

»Na, das ist die, die diese seltsame Giraffe hat, die im Ökotest durchgefallen ist.«

Hier, liebe Leserinnen und Leser, trennt sich die Spreu vom Weizen. Diejenigen, die nach der Jahrtausendwende Eltern geworden sind, wissen sofort, welche Giraffe gemeint ist. Die anderen, alten Eltern müssen sicherlich über meine Antwort lachen: »Ach, du meinst Sophie la giraffe? Die kenne ich, aber nicht die Mutter, die ihrem Kind dieses Unheil angetan hat.« Sophie la giraffe ist eine quietschende, weiße Gummigiraffe mit hautfarbenen Flecken, die so ziemlich jedes alternativ erzogene und zudem noch zahnende Kind zum Draufrumkauen geschenkt bekommen hat. Dass sie wegen Weichmachern im Ökotest durchgefallen ist, wissen alle, die sich jemals im Spielzeugwareneinzelhandel nach ihr auf die Suche gemacht haben.

Auch ich ging aus Mutterliebe und dem Bedürfnis, mich einer sozialen Gruppe zuordnen zu können, in einen dieser Läden und fragte: »Haben Sie diese weiße Giraffe, die quietscht und ...« »Nein, die führen wir nicht mehr, die enthält Weichmacher und wird auch praktisch nirgendwo anders mehr verkauft.« Der Blick des Verkäufers verriet mir, dass ich besser nicht weiter nachfragen sollte, wenn ich nicht das Jugendamt wegen Kindeswohlgefährdung im Nacken haben wollte.

Statt an die armen Unternehmer, die jetzt wohl kein Plastikgiraffengeschäft mehr haben, dachte ich sofort mit schlechtem Gewissen an die leuchtend gelbe Plastikente, die bei uns zu Hause in der Spielecke rumlag. Auf ihr prangte groß das Made-in-China-Zeichen. Und dann dachte ich an die Frau, die sie uns geschenkt hatte. Meine Mutter. Ohne nachzudenken, hatte sie sie einfach so bei uns abgestellt, sie habe sie in unserem alten Spielzeug gefunden. Na toll, damit war ich dieser giftigen Bestie ausgesetzt. Bevor ich das Untier entsorgen konnte, hatte Sophie sie schon in ihr Herz geschlossen. Und so blieb die Ente im Zimmer. Doch was, wenn mein Kind mal eine schwere Krankheit bekommt, die auf den Einfluss der Gummiente zurückzuführen ist?

Vielleicht sind meine Augen ja deshalb so schief, weil mein Kinderwagen mit einer einfachen Schaummatratze und nicht siebenzonig gepolstert war? Oder vielleicht habe ich so eine schwere Matheschwäche, weil es damals nur Rechenschieber und keine Hightechzählkästen gab, die mithilfe von Soundsystemen und Touchfunktion das Kind zum Weitermachen ermutigen konnten?

Die kindliche Gesundheit war früher noch nicht so wichtig wie heute. Es wurde sogar aktiv dazu beigetragen, dass Kinder gefährdet werden. Man rauchte hemmungslos vor Kindern. Einfach so und ohne schlechtes Gewissen. Deswegen bin auch ich Raucherin geworden. Schön verkackt, Mama und Papa. Selbst jetzt, wo ich ein Kind habe und nach gesellschaftlichen Standardanforderungen eigentlich genauso wenig rauchen wollen sollte, wie ich mich mit Nazis anfreunden würde, rauche ich manchmal abends. Manchmal. Das zu betonen ist wichtig für mich. Denn mein Weltbild stand für lange Zeit fest: Rauchen ist schlecht. BPA-frei ist gut. Dazwischen ist nicht viel Luft, und ich möchte auf jeden Fall auf der guten Seite stehen.

Doch dann sah ich an einem grauen Mittwochabend fern. Auf einem der großen deutschen Privatsender hatte ein superkluger Intendant einen Til-Schweiger-Abend anberaumt. Es lief »Der bewegte Mann«. Soweit ich weiß, war der 1994 eine kleine Sensation, weil es offen ums Schwulsein ging. Wow, danke, Til! Jedenfalls gibt es da eine Szene, in der die schwangere Freundin vom Til in ihrer schönen Altbauwohnung sitzt, eine Latzhose trägt und dabei ein Babybett zusammenbaut. Nebenbei raucht ihre Freundin eine Zigarette. In meinem Kopf ging eine rote Lampe an, ich sprang von der Couch, schüttelte den Fernseher und schrie Tils Freundin an: »Renn weg! Die raucht! Denk doch an dein Baby!«

Das hatte ich schließlich auch so gemacht. Sobald ich wusste, dass ich schwanger war, hatte ich mit Rauchen aufgehört. Doch die Latzhosenfrau widersetzte sich meinem gut gemeinten Ratschlag, und als wollte sie mich eines Besseren belehren, nahm sie der Freundin die Zigarette aus der Hand und inhalierte leidenschaftlich. Ich fiel fast in Ohnmacht.

Doch letztlich läuterte mich der Film. Ich spürte, dass sich die bundesdeutschen Antiraucherkampagnen so sehr in meinem Hirn festgesetzt hatten, dass ich jede andere Möglichkeit zu bedenken aufgegeben hatte. Ich war von meinem moralischen Ross runtergefallen und nicht so hart aufgeprallt wie befürchtet. Sicherlich ist es besser, nicht in der Gegenwart eines Kindes – oder gleich gar nicht – zu rauchen. Aber die Welt würde nicht untergehen, wenn das passierte. Die großen Baustellen unserer Zeit liegen nicht in Aschenbechern oder Kinderzimmern. Die großen Baustellen bearbeitet man nicht, indem man Katja Riemann anschreit.

Tatsächlich: Bis heute hat die Menschheit überlebt. Diese Menschheit ist schließlich eine zähe Gattung. Wir haben Eiszeiten ohne Merinowolle und Texapore überlebt. Wir haben hölzerne Einbaumboote gebaut, die uns nach Hawaii gebracht haben, bevor es Winkelschleifer gab. Und wir kriegen Kinder, obwohl es Mikrowellen, Nikotin und Phthalate gibt. Und was am allerheftigsten ist: Menschen sind befreundet, obwohl sie verschiedene Auffassungen zum Giftstoffthema haben. Ich rufe meine Muttifreundin an und frage sie, ob sie nicht Lust hätte, sich mit mir und der Mutti von Paula mal ohne Kinder zu treffen. Sie ist skeptisch, doch wir wagen den Versuch. Paulas Mutti ist megacool, und wir drei verbringen einen Tag lang damit, nichts zu machen, während die Frischlinge im Kindergarten sind. Am Ende, kurz bevor wir uns wieder die Mamaanzüge mit dem Superheldinnenzeichen auf der Brust überstreifen, sitzen wir in der Sonne auf der Treppe. Ich erwähne im Gespräch, dass ich manchmal abends rauche. Dann, wenn Sophie im Bett ist, und auch nur manchmal. Die Mutti von Paula zückt ohne ein Wort eine Schachtel Kippen: »Gut, dass du das erwähnst. Ich habe schon die ganze Zeit Lust, traue mich aber immer nicht vor anderen Eltern.« Wir kichern wie Teenager, greifen zu und paffen gleich zwei hintereinander. Und das noch vor der Mittagszeit. Ich fühle mich wie mit dreizehn, als ich das erste Mal heimlich nach der Schule geraucht habe. Danach noch Hände waschen, Deo ran und ’nen Kaugummi rein. Das hatte ich mir alles von den Großen abgeschaut.

Irgendwann werde auch ich so tun, als würde ich nicht den auffälligen Geruch an Sophie bemerken. Maximal fragen: »Hast du geraucht?« »Nein«, wird sie sagen, während die Tür zu ihrem Zimmer schon fast geschlossen ist. »Gut«, werde ich antworten. Aber vielleicht hat mir bis dahin auch die Bundesregierung schon die Arbeit abgenommen, und es gibt gar keine Zigaretten mehr. Oder sie sind so teuer, dass sie das Taschengeld von drei Monaten kosten würden. Wir werden sehen. Bis dahin ist ja noch ein bisschen Zeit, und die kleine Sophie darf, solange sie will, ihre blöde Plastikente behalten.

17

URLAUB VOM URLAUB

HANNA UND OSCAR REISEN INS AUSLAND, UND SOPHIE BESTÄTIGT DIE UNIVERSAL GELTENDE UNTREUEREGEL BEI KINDERN

»Und? Freust du dich schon?«, fragt meine Kollegin. Tja. Freue ich mich schon auf Stefans und mein allererstes Wochenende allein mit Sophie? Ohne Hanna? Also ohne die Heul-, Schlaf- und Versicherungsbeauftragte, die im Konfliktfall alles regelt, indem sie Sophie einfach auf den Arm nimmt und an ihr einen für uns unsichtbaren Ausknopf drückt? »Na ja«, antworte ich meiner Kollegin, »freuen würde ich nicht direkt sagen. Ganz ehrlich, ich fürchte mich ein bisschen.« Wie das?

Vor einiger Zeit hatte Hanna erzählt, sie plane eine Reise nach London. Die jungen Leute – wohin die so überall mal übers Wochenende jetten, hatte ich gedacht und mich gefreut für die drei. Aber dann erzählte Stefan mir, dass auch wir eine Rolle in Hannas Reiseplänen spielen: nämlich die der Großeltern, die sich ums Enkelkind kümmern, während die werten Eltern es vier Tage lang krachen lassen. »Wir übernehmen das natürlich, und zwar sehr gern!«, hatte Stefan gesagt. Mich hatte er nicht gefragt.

Und tatsächlich, was ist kompliziert daran, wenn zwei erfahrene Kinderpraktiker mal ein paar Tage auf eine kleine Sophie aufpassen? Nun, es sind die Jahre, die zwischen dem praktischen Teil und heute liegen. Und die Umstände. Ich meine,

Kinder – das sind doch heute diese goldwerten Heiligtümer, diese kleinen Königinnen, bei deren erstem Protestschrei Erwachsene herbeizuspringen haben, um nach neuesten Methoden der nonverbalen Kommunikation herauszufinden, wonach Fräulein Sophie gerade der Sinn steht. Nach einem exakt auf vierundzwanzig Grad erwärmten Gläschen Dinkelbrei? Oder nach der kleinen Rassel aus Eschenholz? Oder nach einer frischen Windel? Man sollte das wirklich wissen. Denn wer am kostbaren Kind einen Dinkel-, Windel- oder Rasselschaden verursacht, kann schon mal ansparen für die spätere Traumatherapie.

Eigentlich habe ich ja immer geglaubt, auch heutige Eltern seien in etwa so gestrickt, wie wir es damals waren: das Kind auch mal fünf Minuten schreien lassen, bevor es seinen Willen kriegt. Resolut Nein sagen, wenn es Form und Funktion einer Schere erkunden möchte. Derlei. Doch unsere Begegnungen mit Hanna, Sophie und Oscar lehrten uns, dass sich in dieser Hinsicht allerlei geändert hat in den letzten zwanzig Jahren. Ein Mucks – und Sophie bekam irgendwas zu essen oder eines dieser futuristisch anmutenden Trinkwerkzeuge angeboten. Ein verkehrter Nasenstupser meinerseits – und das erschrocken schreiende Kind wurde hochgenommen, unter Beruhigungsgurren an die breite Mutterbrust gedrückt und weggetragen.

Immer mal wieder hatte ich zwar den Verdacht, Hanna mache das alles nur, um uns gegenüber zu demonstrieren, wie konfliktfrei und zwischenmenschlich hochwertig es zwischen ihr und ihrer Tochter zugeht. (Eben anders, als es damals bei ihr gelaufen war – dachte sie zumindest.) Aber das waren nichts als Mutmaßungen. Was weiß ich als außer Dienst gestellte Mutter denn, wie das heutzutage gehandhabt wird mit der ganzen Zuwendung und dem Trost bei einem Kind, das nach jedem Fünfsekundenschrei Befriedigung erfährt?

Hanna hatte drei Tage vor dem Abflug mit Sophie bei uns eingecheckt, damit die kleine Dame uns schon mal im Dauerbetrieb kennenlernen konnte, bevor wir die Windelherrschaft übernehmen würden. Dennoch verfiel Sophie auch in Hannas Gegenwart augenblicklich in hysterisches Kreischen, sobald Stefan oder ich sie mal auf den Arm nahmen. Nach zwei Tagen wurde immer noch jede Annäherung auf weniger als anderthalb Meter mit Alarmschreien quittiert.

Auch das sogenannte Abendritual verlief spürbar disharmonisch. Sophie störte offenbar, dass da eine weitere Frau – nämlich ich – schweigend auf der Bettkante saß und höflich interessiert zuschaute, wie das geht: ein Kind ins Bett bringen. Das sollte ich nämlich auf Hannas Wunsch hin verinnerlichen: wie Sophie ins Land der Träume geschickt wird.

Mutter und Nacktkind verschmolzen bei dieser Extravorstellung in einer Art traumwandlerischer Zweifaltigkeit. Es wurde leise gesprochen, das Licht gedimmt, allerlei Cremes kamen massagemäßig zum Einsatz. Eine für hier. Eine für da. Und ob Mandelöl oder die Babylotion für extrasensible Haut – »das sagt dir dann dein Gefühl«, flüsterte Hanna mir verschwörerisch zu. Ich nickte zu allem treu ergeben. Dies war nicht der Moment, um auszudiskutieren, dass die Dame Sophie in den kommenden vier Tagen selbstverständlich stören würde, dass nicht ihre Mama mit der vielfältigen Cremeauswahl sie zur Ruhe bettet. Sondern ich, die Frau, deren Berührung bislang zuverlässig Schreialarm ausgelöst hatte.

Man muss sich da nichts vormachen. Ein kleines Mädchen, das man augenblicklich ins Herz schließt, das diese Affenliebe jedoch nicht erwidert, sondern mit umso heftigerer Mutter-Kind-Bindung quittiert, macht traurig. Und zwar die Großmutter, also mich. Man weiß das eigentlich: dass Kinder elternfixiert sind. Aber man hofft irrwitzigerweise, bei einem selber möge da eine Ausnahme gemacht werden. Kurzum, je inniger Sophie und ihre Mama waren, desto größere Manschetten hatte ich vor der Zeit, wenn Hanna und Oscar in London sein würden.

Doch zum Glück sind Kinder illoyal. Eine Erkenntnis, die wir damals schon bei unseren Kindern und deren Großeltern gewonnen hatte, erwies sich in Sophies Fall als immer noch gültig.

Am Abreisetag nämlich hatte ich Hanna und Oscar in aller Herrgottsfrühe zum Flughafen gebracht. Und als Sophie zwei Stunden später aufwachte, nahm sie kurzerhand jene Bezugspersonen in Beschlag, die gerade in der Gegend herumstanden: Stefan und mich. Wohl wahr, am ersten Tag verhielt sie sich noch vorsichtig zurückhaltend. Sie aß den Brei – aber wohlig glucksend, tat sie das erst ab Tag zwei. Sie ließ sich auf dem Arm herumtragen – doch den Kopf schmiegte sie erst nach Ablauf von vierundzwanzig Stunden in meine Halsbeuge. Und die Rassel, das Bilderbuch und die Knistertüte fand sie erst so richtig cool, nachdem ihr irgendwas in ihrem Babyhirn gemeldet haben musste, dass ihre Eltern tatsächlich nicht verfügbar waren.

Kinder sind untreu, dachte ich. Kinder, sagt ein englischer Freund von mir, sind wie Katzen – wer das Futter serviert, wird geliebt. Die Briten wissen, wie man eine unangenehme Wahrheit freundlich formuliert.

Ab da waren wir jedenfalls die Coolsten. Freudenschreie erschallten, wenn Stefan und ich nach dem Mittagsschlaf im Türrahmen erschienen. Fröhliches Gurren, wenn Sophie ein Gläschen, eine Banane, einen Müsliriegel begehrte. Juchzen, wenn wir, sie an den kleinen Händen haltend, mit ihr die Wohnung durchwanderten. Es war uns ein Vergnügen. Und als wir beide mal ganz alleine waren, sagte ich zwischen zwei Breilöffeln zu Sophie: »Schön, dass wir beide uns mal richtig kennenlernen.« Sah ich da Zustimmung in ihren blauen Augen?

Es hätte alles so schön sein können, so harmonisch und frisch verliebt – wären da nicht Sophies Eltern gewesen. Denn ich mag ja gern mal ein bisschen wurschtig im Umgang sein, aber was Hanna nach monatelangem Kindervollkontakt ohne Pausentaste gerade fühlen musste, war selbst mir klar. So ein Baby ist wie eine Droge. Man ist voll drauf, und ja, man verflucht schon mal die Abhängigkeit. Aber der Entzug ist schlimmer.

Hanna hörte sich jedenfalls schlimm an, als sie abends aus London anrief. »Ist alles okay? Wie geht es Sophie? Hat sie geschlafengegessengeweint?« Natürlich war alles okay. Aber etwas in Hannas Stimme sagte mir, dass sie im Grunde ihres Herzens gern gehört hätte, dass Sophie seit Stunden brüllte und dass das Kind aus Sehnsucht schon das Wort »MAMA!« gelernt habe, mit dem sie sich in den Schlaf greinte. Ich sagte: »Mach dir keine Sorgen, hier läuft alles, Sophie geht's gut.«

Angelegentlich dieses und aller weiteren folgenden Telefonate achtete ich darauf, in meine Stimme so viel Optimismus wie möglich, aber auch nur so wenig Überschwang wie nötig einzubauen. Die Mischung wirkte offenbar. Ich konnte Hanna hörbar davon überzeugen, dass das Kind sich keineswegs in einem kritischen Zustand befand; es sich aber auch angemessen nach seiner Mutter sehnte. Dass sie sich im Nebenzimmer gerade von ihrem Großvater durchkitzeln ließ, ließ ich besser unerwähnt. Das mit der Untreue – das wird Sophie ihrer Mutter später noch ausgiebig klarmachen.

LONDON CALLING UND DIE REISE ZUM MITTELPUNKT MEINER WELT

Wenn ein Kind zur Welt kommt, ändert sich alles. Da gibt es kein Lamentieren, kein Wenn und kein Aber. Meiner Meinung nach ändert sich einfach alles, und das ist auch gut so. Schlimm ist es nur dann, wenn man Angst vor diesen Veränderungen hat. Was habe ich vorher rumgeheult, dass dieses und jenes nicht geschehen dürfe, denn dann würde ich hässlich, dumm und unemanzipiert. Doch die drei wichtigsten Lehren, die ich aus meiner Mutterschaft gezogen habe, lauten erstens: Wovon du nicht willst, dass es mit dir passiert, das wird auch nicht passieren. Und zweitens: Die Veränderungen sind unumgänglich, lerne, sie zu wertzuschätzen. Drittens: Wenn Dinge passieren, die du vorher nicht wolltest, dann tu so, als hättest du sie heimlich gewollt.

Doch bis ich das so richtig verstanden hatte, musste natürlich viel Zeit ins Land gehen, in der ich mein Leid klagen und nachts aus meinen Albträumen gerissen werden konnte. Ich hatte manchmal das Gefühl, nur auf diesen einen Moment hinzuarbeiten, wenn Oscar und ich endlich mal wieder zu zweit sein konnten. Endlich mal ein Gespräch führen, ohne dass der Satz von einem Babyschrei oder einem Mutterruf unterbrochen wurde. Wir wollten in eine möglichst kinderwagenungerechte Stadt fahren, die, wenn überhaupt, eine nur wenig reglementierte Umweltzone, möglichst viele Quadratkilometer für extra viel Fußläufigkeit und ein besonders verwirrendes Verkehrssystem hat. Wir mussten uns zwischen Kapstadt und London entscheiden. Wir wählten Großbritannien, weil man nicht so lange fliegt und als Bonus die Insellage hat. Dorthin würde Sophie ganz bestimmt nicht mitkommen können. Harhar.

Dann heuerten wir meine Eltern an: »Papa, ihr habt doch bestimmt Lust, Sophie mal für ein paar Tage zu euch zu nehmen und endlich diesen ganzen Großelternquatsch durchzuziehen, oder? Ihr dürft ihr auch so viel Süßes geben, wie sie will. Außerdem kannst du Oscar und mir doch nicht die nötige Paartherapiezeit versagen wollen, wenn du möchtest, dass deine Enkeltochter in einer stabilen und glücklichen Familie aufwächst.« Das ganze Erpressungsprogramm also. Und es hat funktioniert. Meine Eltern willigten ein. In meinem Kopf ertönte ein Glockenspiel, und in meinem Bauch spannte sich ein Regenbogen auf. Welch Glück, endlich mal wieder ein echter Mensch sein zu können!

Wir buchten sofort die Flüge, um bloß keine Rückkehr möglich zu machen. Anschließend buchten wir ein Raucherzimmer. Wie lächerlich, aber wir taten es, einfach weil es möglich war. Es stank entsetzlich nach kaltem Rauch, man konnte kein Fenster öffnen, es gab nur eine laute, sehr mittelmäßig funktionierende Klimaanlage. Wir rauchten dort ganze vier Zigaretten, aber das war es wert.

Je näher der Tag der Abreise kam, desto mehr spürte ich, dass die uralte Wölfin in mir aufwachte und heftig knurrte. Sie fragte, ob ich denn dämlich sei. »Dein Kind heult doch schon, wenn du nur den Raum verlässt, wie soll es da vier Tage ohne dich überstehen?« Ich sperrte sie wieder ein. »Maul«, sagte ich. Aber sie hatte mir einen Floh ins Ohr gesetzt. Plötzlich blickte ich mein Kind voller Liebe und Mitleid an. Dieses perfekte, bezaubernde Wesen war so schutzbedürftig. So angewiesen auf meine helfenden Hände. Sie braucht mich. Und ich brauche sie. Wenn ein Abschied naht, spüre ich eines der Grundgesetze der Menschheit mit voller Wucht: »You don't know what you've got till it's gone.«

Plötzlich konnte ich all meine Gefühle für dieses Geschenk der Liebe nicht nur spüren, sondern auch komplett über ihr ausschütten. Der Regenbogen und das Glockenspiel in mir waren jetzt für sie da und nicht mehr für London. Doch das zeigte ich nur ihr. Auf keinen Fall sollte irgendjemand fragen, ob ich doch dableiben möchte. So sind wir Maierfrauen. Wenn wir eine Entscheidung getroffen haben, die an die Nieren geht, dann ziehen wir das auf Biegen und Brechen durch.

Wir machten uns sehr früh am Morgen aus dem Staub. Sophie schlief noch auf ihre süße Babyart. Ihr Lebkuchenmannschlafanzug hob und senkte sich ganz langsam unter der grünen Decke, und manchmal entfuhr ihr im Schlaf ein kleiner

Pups. Ich fühlte mich wahnsinnig schlecht, als ich sie da einfach liegen ließ. Glücklicherweise legte mein Vater sich gleich zu ihr. Aber sie würde ohne uns aufwachen! Zum ersten Mal. Das tat weh. Ich stellte mir vor, wie sie uns suchen würde, weil es ja noch nach uns roch. Und wie sie nicht essen, nicht trinken würde, was meine Eltern ihr anboten. Klar, es sind meine Eltern. Ich weiß ja, dass sie gut mit Kindern umgehen können, hab ich ja selbst schon erlebt. Aber Sophie ist eben ein fragiler Geist. Sophie braucht dieses und jenes. Sie mag das und das wiederum nicht, und wenn man ihre ganz persönliche Reihenfolge nicht einhält, wird sie stinkig. Das können meine Eltern doch alles gar nicht wissen.

Sie hatten mich gebeten, eine Gebrauchsanleitung für sie zu schreiben. Ich malte ein Baby und schrieb mit Pfeilen zu jedem Körperteil etwas auf. Am Ende war das Blatt völlig vollgekritzelt, und da standen dann nützliche Sachen wie »Bei Kälte bitte Handschuhe an« (Kann man sich ja nicht denken) neben dem verlegenen »Bitte nicht heimlich Ohrlöcher stechen« (Kann man ja nicht wissen).

Am Abend vor unserer geheimen Fluchtaktion zeigte ich meiner Mutter noch im besten Ich-zeig's-dir-Erklärton, wie unser tägliches Abendritual funktioniert. Auf den Arm nehmen, streicheln, eincremen, spielen, windeln, anziehen – wenn man da was falsch macht, kann man die Nacht gleich vergessen. Ist mir zwar noch nie passiert, aber wie gesagt: unvorstellbar fragil, dieses Kind. Meine arme Mutter saß ziemlich verlegen daneben und fühlte sich wahrscheinlich wie der erste Mensch. Aber ich konnte einfach nicht anders.

Wir ritten zum Flughafen, stiegen ins Flugzeug, landeten im Hotel, und ich fing sofort an zu heulen. Sophie fehlte mir so. Und Oscar fehlte sie auch. Wir saßen beide völlig geknickt in diesem stinkigen Hotelzimmer und wünschten uns unser Baby zurück. Ich rief nach langem Zaudern, schließlich wollte ich ja keine Hypermom sein, bei meinen Eltern an, stellte den

Lautsprecher an und versuchte, ganz stark zu klingen. Mein Vater sagte, dass alles gut sei. Sophie esse ein bisschen wenig und sei nicht gerade euphorisch, aber sie sei wach und interessiert an allem. Na, Gott sei Dank! Nicht das, was er gesagt hatte, erleichterte mich, sondern dass ich kein Weinen im Hintergrund hörte. Das war die einzig verlässliche Quelle. Denn meine Eltern, das wusste ich, würden mir nicht erzählen, wenn es nicht gut lief. Würde ich schließlich auch nicht machen. Diese Geheimhaltungstaktik wurde uns schon als Kinder gelehrt. Als wir klein waren und bei Oma und Opa die Sommerferien verbrachten, durften wir nie am Telefon sagen, wenn wir uns das Knie aufgeschrammt oder die Nachbarstochter uns an den Haaren gezogen hatte. In diesem Moment im Hotelzimmer verstand ich sehr gut, warum. Ich legte auf, weinte noch zwei Tränen und rauchte erst mal eine. Einfach weil ich durfte.

Die Tage vergingen fliegend schnell. Wir absolvierten das ganze Programm, gingen in Pubs und blieben bis Mitternacht statt bis dreiundzwanzig Uhr wach. Wir liefen absichtlich bei Rot über die Ampel, ohne darüber nachzudenken, von welcher Seite die Autos kommen. Die Abgase waren so schlimm, dass wir auch auf der Straße keine Lust hatten zu rauchen. Wir aßen Fleisch zum Frühstück, planten nichts, sprachen unser komisches Schulenglisch, spuckten in die Themse, stritten uns von ganzem Herzen, liebten einander unendlich und gaben viel zu viel Geld aus.

Doch es war nicht das Gleiche. Ich machte mein Handy nie aus oder legte es weg, weil ich immer auf Nachrichten von meiner Tochter wartete. Und die waren gut. Sie sei sehr lieb, habe Spaß, gehe schwimmen, esse Zuckermüsli, und vielleicht denke sie ja sogar manchmal an uns. Wir dachten jedenfalls ständig an sie. Sie fehlte uns schrecklich, und ständig sagten wir Sachen wie »Das wäre was für Sophie« oder »Das müssen wir für Sophie mitbringen«. Letztlich fiel die Wahl auf ein klimperndes Armband, das sie mit ihren kleinen Armen wild hin und her schlagen würde. Ich zahlte zehn Pfund für den pseudoindischen Ramsch. Einfach weil ich sie liebte.

Auf der Rückreise bin ich ganz aufgedreht. Die Erinnerungen an die letzten vier Tage sind wie ausgelöscht, als ich in Sophies Augen sehe, wie sie uns wiedererkennt. Eigentlich hätte sie schlafen müssen, aber sie ist so aus dem Häuschen, dass sie noch zwei Stunden wach bleibt und uns in ihrer Plappersprache alles erzählt. Meine Eltern sind schwer begeistert von diesem unkomplizierten und tollen Kind und fragen, wohin wir als Nächstes fliegen. Vielleicht doch mal nach Kapstadt? Ich bin sehr stolz auf uns alle, damit hatte ich nicht gerechnet. Sophie wieder bei uns zu haben gibt auch Oscar und mir ein neues, sicheres Gefühl. Sophie gehört eben zu uns, und ohne sie geht es nicht mehr.

Als wir zurück nach Leipzig kamen, war alles so leicht. Wir machten ein paar kindergartenfreie Tage, weil wir möglichst viel Zeit zu dritt verbringen wollten. Drei Tage nachdem wir zurück waren, geschah etwas Wunderbares. Sophie lief. Plötzlich schien sie eine neue wichtige Erkenntnis gewonnen zu haben und hielt ihr Gleichgewicht wie eine Eins. Es war ein magischer Augenblick, und mir stockte tatsächlich der Atem. Sophie kann nun auf eigenen Beinen durchs Leben gehen, und wir sind dabei. Das habe ich schon immer gewollt.

18

ABSCHIEDSMAHL

SOPHIE WIRD ZUM FAST FOOD VERFÜHRT, UND IHRE FRÜHER KURZ GEHALTENE MUTTER ZEIGT SICH GELASSEN

Meine studentische Tochter wartet schon am Eingang zur Universität. Wie unlängst angekündigt, hat die Tagesmutter für diesen Montag ihren Laden geschlossen, deshalb bin ich zu 8:45 Uhr einbestellt, um die Dame Sophie in Empfang zu nehmen und sie zu betüddeln, solange ihre Mutter im Hörsaal noch klüger wird. Also ungefähr bis mittags.

Als ich aus der Straßenbahn steige, sitzt Sophie in ihrem Wagen, Hanna steht mit wehendem Blondhaar daneben. Die Nacht verlief gut und störungsfrei, höre ich, das Kind ist abgefrühstückt und hat eine saubere Windel bekommen – einer kleinen Erlebnistour mit der zuständigen Oma steht nichts im Wege. Küsschen links, Küsschen rechts – tschüss, Hanna, viel Vergnügen! Und los geht's.

Es ist heute zu kalt für einen Spielplatzgang und noch ein bisschen zu früh, um sich in beheizten Geschäften herumzudrücken. Deshalb schiebe ich Sophie in ihrem Wagen direkt ins Herz der Finsternis: zu McDonald's. Dort bestelle ich einen McMuffin Bacon & Egg, eine Kreation aus Aufbackbrötchen, Käfigei und Industrieschinken. Zusammen mit dem Kaffee kostet der politisch inkorrekte Spaß 1,99 Euro. Kannste nicht meckern, wie der Brandenburger sagt. Weil ich weiß, dass Sophie nicht tatenlos danebensitzen wird, während ich esse, kaufe ich ihr ein Croissant. Ich hebe Sophie aus dem Wagen, hole einen Kinderhochsitz, setze uns beide an einen kleinen Tisch. Und dann schmausen wir. Heiß, fettig, salzig, süß – so schmeckt das Böse. Geil.

Als Hanna und ihre Schwester noch klein waren, war McDonald's unter pädagogischen Gesichtspunkten ein Tabu. Fuhren wir mit unserem Opel Corsa an einem dieser gelbroten Plastikschuppen mit angeschlossenem Indoorspielplatz vorüber, wurde auf dem Rücksitz ein gurrendes Murren angestimmt. Man müsse mal pullern, ward aus Kindermündern zu hören, Hunger und Durst verspüre man auch. Ich als kluge Mutter hatte darauf nur eine Antwort. »Nein.« Dann setzte ich die Fahrt fort.

War der Schuppen am Horizont verschwunden, hielt ich noch einen kleinen Vortrag des Inhalts, dass in derlei Läden »Dreck« verkauft werde, den wir uns nicht herablassen würden, in den Mund zu nehmen. Erschrocken schwiegen die Töchter. Vermutlich dachten sie wehmütig an den Kindergeburtstag ihrer Kitafreundin Elisa zurück. Den hatten sie nämlich bei McDonald's gefeiert – mit ganz viel Cola, einem Happy Meal für jeden sowie anschließendem Kreischalarm auf der Rutsche. Seltsam: »Dreck« war ihnen im Laufe dieses beglückenden Nachmittags nicht begegnet.

Heute frage ich mich, warum ich diese McDreck-Sache damals eigentlich so verdammt eng gesehen habe. Warum ich eine derartige Spaßbremse war, die sich an ihr Prinzip hielt, ihren Kindern diesen Kapitalistenfraß vorzuenthalten. Denn ich meinte das wirklich ernst. McDonald's war Ausbeutung zum Essen, McDonald's waren gerodete Regenwälder und bemitleidenswerte, antibiotisch verseuchte Rinder. McDonald's war wie Bild-Zeitung kaufen: die Schande, bei der ich nicht gesehen werden wollte, nicht mal von völlig Fremden an irgendeiner Ausfallstraße.

Als die Kinder in die Schule gingen, ließen meine Beharrungskräfte nach. Ich hatte zwei Mädchen herangezogen, die – gemäß dem Vorbild ihrer Eltern – gern über dieses und jenes diskutierten. Ein besonders strittiges Thema war gelbrotes Fast Food. Die kleinen Ladys ratterten die Namen jener Freundinnen und Freunde herunter, die durchaus öfter und ohne sich zu vergiften bei McDonald's speisten. Ich parierte, dass es mich nicht interessiere, was die Kinder anderer Eltern so trieben. Als aber eines Tages Kira nach Hause kam und stolz erzählte, sich soeben von ihrem Taschengeld einmal rundgefressen zu haben, gab ich auf. Ihr Taschengeld – das war ja gewissermaßen mein eigenes Geld. Und come on, hatte ich nicht neulich erst von einer megacoolen Berliner Freundin gehört, die bar jeden schlechten Gewissens regelmäßig mit ihrem Kind bei McDonald's isst? Statt Abendbrot?

Ich funktionierte nun McDonald's pädagogisch um: vom Bösen zur großen Ausnahme, die wir nur an hohen Feiertagen machen dürften. Also an Geburts- oder Zeugnistagen. Und so geschah es. Das Zeugnis war noch nicht mal gründlich durchgelesen – da standen wir auch schon in der McDreck-Schlange und orderten das Happy Meal. Die Kinder waren glücklich im Quadrat, während ich vorsichtig von meinem ersten Cheeseburger kostete. Ganz ehrlich, bis heute schmeckt er mir nicht. Wenn ich so etwas esse, dann bin ich betrunken oder in Kinderbegleitung.

Als Hanna in die Pubertät kam, wurde sie Vegetarierin. Gerade war das BSE-Virus entdeckt worden, im Fernsehen sahen wir gigantische Berge toter Rinder, von denen der Nachrichtensprecher ankündigte, sie würden verbrannt. Das war eindeutig zu viel für eine tierliebe Seele wie Hanna. Sie verweigerte von nun an den Fleischkonsum und schaute am Abendbrottisch so wenig betreten wie möglich auf unsere Buletten. Was sie betraf, hatte sich damit auch das McDonald's-Problem in Luft aufgelöst – der Veggieburger war noch nicht erfunden. Und noch heute, da sie wieder Fleisch isst, bestellt sich Hanna lieber Salat oder einen McFlurry Oreo, wenn es uns doch mal zu den Gelb-Roten verschlägt.

Mit Kira hingegen, der großen Fast-Food-Freundin, hatten wir nicht gerechnet. Sie hatte die frühen Jahre des Mangels nie verwunden, und als sie volljährig wurde, heuerte sie zu unserem Horror prompt als Aushilfskraft beim örtlichen McDonald's an. Da holte sie während ihrer Abiturzeit alles nach, was wir ihr vorenthalten hatten: Burger bis zum Abwinken, XXL-Cola, Pommes nach Belieben. Sie haute sich das Zeug rein und ließ uns gegenüber nach Feierabend nicht unerwähnt, wie viel Kapitalistenfraß sie heute wieder genüsslich verschlungen habe. Manchmal brachte sie sich von der Arbeit selbst kreierte Burger mit, die so auf keiner Speisekarte stehen. Unmengen Industriefleisch mit Laufkäse, die aufdringlich nach Tierpanik rochen. Die aß sie vor unseren Augen und grinste sich eins.

Kira war offenbar eine dermaßen gute, mit dem Produkt identifizierte Mitarbeiterin, dass sie bald weg von der Fritteuse hin zum McCafé wechseln durfte und dort kunstvolle Caramel Macchiatos und Chai Frappés anrührte. Zu Hause erzählte sie unter anderem gern vom McFrühstück, dessen Bestandteile sie selbst Hippies wie uns empfehlen könne. Der Kaffee sei wirklich gut, und diese McMuffins sollten sogar mir, ihrer Mutter, schmecken.

Irgendwann war es dann so weit. Als Stefan und ich eines Morgens um acht Uhr von einer Fernreise zurückkehrten, holte Kira uns mit dem Auto vom Flughafen ab. Sie als Haushüterin hatte mitnichten daheim ein Frühstück für ihre Eltern vorbereitet. Nein, sie schleppte uns zu McDonald's. Dem Ton, in dem sie die einzelnen Komponenten orderte, merkte man an: Hier kannte sich jemand richtig gut aus. Und ja, das McMuffin Bacon & Egg und der Milchkaffee mundeten hervorragend, Fett und Cholesterin machten aus mir eine glückliche Frau. Und seit diesem Morgen, an dem ich hungrig und gejetlagt in einem gelb-roten Plastikschuppen um Nahrung winselte, schmeckt mir das Zeug.

An all das denke ich zurück, während ich also mit Sophie bei McDonald's sitze. Stück für Stück schiebt sich meine Enkelin das warme Croissant in den Mund. Mhm, schön buttrig, denke ich, und ganz weit weg von den wertvollen Vollkornbreis und den Sesamkringeln, die das Biobusiness für Kleinkinder wie dich bereithält. Während ich einer schwer verkaterten und gepiercten Clubgängerin am Nebentisch beim Frühstücken zusehe, frage ich mich, ob das, was ich hier mit Sophie mache, überhaupt erlaubt ist. Werden da nicht gerade ein paar Synapsen ganz ungut Richtung Fast Food verschraubt? Und was ist mit den Enzymen, der ganzen Verdauung und den jungfräulichen Geschmacksknospen? Verderbe ich dieses Kind gerade mit Industriefraß – während meine eigenen Kinder einst nicht mal hoffen durften, einen McDonald's jemals von innen zu sehen? Ich beschließe, Hanna nichts von unserem Ausflug zu erzählen. Sehr praktisch, so ein Enkelkind, das noch nicht sprechen kann.

Kurz nach zwölf hat Hanna Vorlesungspause. Sophie freut sich, ihre Mama zu sehen. Ich erzähle ein bisschen von unserem Vormittag: dass wir im Park laufen geübt haben, dass Sophies Wasserflasche fast leer ist, derlei. Kein Wort von McDreck. Hanna schlägt vor, in der Mensa mittagessen zu gehen – Sophie liebe das. Nun denn, warum eigentlich nicht?

In der Mensa schlägt uns ein höllischer Lärm entgegen. Tausende, wirklich Tausende junge Menschen sitzen an langen Tischen und essen, was die Kelle gibt. Ich nehme das vegane Essen, eine Art Reis mit Scheiß. Hanna wählt Pizza. Und dann stellt sie noch ein drittes Essen auf ihr Tablett. Auf dem Rand des Plastiktellers steht »Unser Kinderteller«. Darauf lagert ein käserunzliger Nudelauflauf, die Tomatensauce bildet schon einen Film. Das ist Sophies Studentenkind-Freiessen.

Wir verdrücken uns mit unseren Speisen in die hinterste Mensaecke, die für Eltern und Kinder reserviert ist. Das Essen schmeckt gar nicht mal so grauenhaft für eine Großküche, finde ich. Nur Sophie isst nicht. Sooft ich auch versuche, ihr ein paar Nudeln in den Mund zu schieben, wirft sie den Kopf zur Seite. So drückt eine Einjährige ihre Abneigung gegen mieses Convenience aus. Recht hat sie, denke ich. Und dann sage ich zu Hanna: »Hab ich ganz vergessen zu erzählen: Wir waren heute Morgen bei McDonald's frühstücken. Geil, sag ich dir!« Meine Tochter, die mütterliche Hüterin des Vollkornbreis, stutzt erst und lacht dann. »Ach, Mama!«, sagt sie. Und es klingt kein bisschen streng. Glück gehabt!

19

ERZIEHUNG

EINE EINJÄHRIGE ZETTELT EINE U-BAHN-SCHLÄGEREI AN, UND DIE MUTTER SCHAFFT ÖFFENTLICHKEIT FÜR DIESES PROBLEM

Sophie ist langsam alt genug, dass man sagen könnte: Es ist an der Zeit, sie zu erziehen. Sie beginnt, einen eigenen Willen zu entwickeln, will nur jene Schuhe und nicht diese tragen, und mit dem Essen ist das auch so eine Sache.

Damals in der Schule hatte ich einen Pädagogikkurs, in dem ich gelernt habe, dass man nicht autoritär und auch nicht Laisser-faire vorgehen soll. Was bleibt, ist das demokratische Modell. Was heißt das denn, bitte? Konsensbildung mit einer Einjährigen? Diskursiv die sinnvollste Lösung finden mit Sophie, die sich nicht mal auf die Geschichte eines Buches konzentrieren kann? Abstimmungen, wenn sie noch nicht mal bis drei zählen kann? Ich beschreibe meinen Erziehungsstil gerne so: Ich schaue, wie ich durchkomme. Diese Taktik läuft bis jetzt ganz gut. Denn gerade bei Müttern ist davon auszugehen, dass sie die beste Mutter sein wollen. Das ist ideelle Demokratie. Und dass sie sich auch für die beste Mutter halten. Das wiederum ist Monarchie, ich allein bin die Königin. Denn so gut wie ich kennt keiner meine Tochter. Und solange sie mich liebt, mir ab und zu einen Kuss gibt und »Mama« sagt, scheint es ja ganz gut zu funktionieren. Und genau in dem Moment, wenn ich diesen Gedanken zu Ende gedacht habe, fällt mir noch etwas aus meinem Pädagogikkurs ein: Kinder lieben ihre

Eltern bedingungslos. Immer. Egal, wie sehr die Eltern es verbocken, wie unglaublich übel sie zu ihren Kindern sind, Kinder haben in Bezug auf ihre Eltern ein (manchmal bemitleidenswert) großes Herz. Daraus schlussfolgere ich, dass mein Kind überhaupt nicht die Instanz sein kann, die mir versichert, dass ich das hier schon alles ganz gut mache mit meiner monarchischen Pseudodemokratie.

Oh Mann, wie sehr es mich dürstet nach Bestätigung. Ich brauche dringend jemanden, der mir sagt, ob ich okay bin. Nein, falsch, ich brauche dringend jemanden, der mir sagt, dass ich okay bin. Denn das Schlimmste, was passieren könnte, wäre, wenn mir jemand ins Gesicht knallt: »Du machst das falsch. Sie lernt es nie, wenn du ihr das durchgehen lässt.« Um das zu umgehen, versuche ich, meine Fragen so zu stellen, dass man nicht richtig merkt, dass es Fragen sind. Es sind beiläufige Erwähnungen, die klingen, als kämen sie direkt aus dem Alltag und würden mich genauso beschäftigen wie die Position der USA im Weltmachtgefüge.

Seit einigen Wochen beispielsweise hat Sophie die Anwandlung, mir freudestrahlend ins Gesicht zu hauen. Ich weiß, ein ganz typisches Ding. Trotzdem fühlt es sich nicht gut an. Ich fühle mich in meiner Position als Königin gedemütigt. Sophie ist clever, sie merkt schnell, wann sie das knappe Gut Aufmerksamkeit von mir haben kann. Wie sie das bekommt, ist ihr egal. Sie sitzt auf meinem Arm in der völlig überfüllten Bahn, schaut mir in die Augen, und plötzlich – Batsch – krallt sie sich mit beiden Händen in meine Augenbrauen und zieht die Hände einmal durch mein Gesicht. Dabei lacht sie ihr süßestes Babylachen. Anfangs habe ich mich gescheut. Grinsegrinse, »Sophie. Aua. Das tut doch weh, du kleine Maus.« Aber das Kind hört ja deswegen nicht auf, im Gegenteil. Nach dem dritten Mal sage ich lauter und ernsthafter: »Sophie. Hör jetzt auf. Das ist nicht witzig.« Die Leute um mich rum, die vorher noch ob des Anblicks des knuddeligen Kindes in der

Blumenjacke dämlich gegrinst haben, schauen jetzt weg. Das ist deren Ding, da mische ich mich nicht ein, scheinen sie zu denken. Beim fünften Mal, inzwischen schaut niemand mehr, und ich bin wild entschlossen, sie einfach fallen zu lassen, zische ich in ihr Ohr: »Hör jetzt auf, oder es knallt, Frollein.« Klar, Sophie weint, die Leute schauen wieder, diesmal genervt, und mir tut die Lippe weh.

Ja, was macht man dann? Soll ich dieses Szenario jeden Tag durchspielen, bis Sophie Bärenpranken hat und mir ihr Gehaue wirklich wehtut? Oder soll ich ihr als Kompensationsmöglichkeit das Beißen beibringen? Ich könnte auch endlich mal über meinen Schatten springen und sie tun lassen, was sie tun will. Hauen, auf dem Boden kugeln, rumschreien und manchmal auch kopfüber an einer der Festhaltestangen hängen. Wunderbar.

Ich nehme mir vor, sie von nun an immer zu bitten, mich zu streicheln, wenn ich Aua sage. Sie soll lernen, dass sie Einfluss auf andere Menschen hat. Sie soll lernen, dass ihre Taten Folgen haben und dass das Sprichwort »Was du nicht willst, das man dir tu, das füg auch keinem andern zu« bereits ab null Jahren Gültigkeit besitzt. Das habe ich schließlich auch von meiner Mama gelernt, und früh übt sich, das weiß doch jeder. Als ich also am nächsten Morgen vor der Krippe mal wieder tief in meine pädagogische Trickkiste greifen muss, weil Sophie mir heftig mit ihrer spanischen Rassel eins über den Kopf zieht, sage ich: »Aua. Sophie, das tut verdammt weh. Wenn ich Aua sage, musst du ei machen. Bitte.« Sie lacht mich aus. Ganz ernsthaft, sie lacht und rennt weg. Na, das hat ja richtig gut geklappt.

Wegen so einer Lappalie meine Mutter zu fragen kommt überhaupt nicht in die Tüte. Ich bin groß, ich weiß, wie alles geht. Alles auf der Welt. Deshalb frage ich in der Krippe so ganz nebenbei, ob sie die anderen Kinder auch immer haue. »Das fände ich nämlich gar nicht gut«, schiebe ich vor. In

Wirklichkeit wäre es noch schlimmer für mich, wenn sie es nur bei mir täte und nicht mal bei den Kindern, die ihr ja wirklich mittels Spielzeugentzug Schaden zufügen. Und so ist es dann auch tatsächlich. Die liebe, aber vor allem noch sehr junge Kindergärtnerin schaut mich mit einem verständnisvollen Blick an: »Also, hier macht sie das nicht.« Auch ihre Kollegin schüttelt den Kopf. »Da musst du ganz konsequent sein. Wenn das Kind sich in seinen Handlungen bestärkt fühlt, neigt es zu übermäßig häufigem Schlagen. Wenn nicht früh gehandelt wird, kann das erstens zu Problemen mit der Umwelt des Kindes führen, und zweitens schmerzt es nach einer gewissen Zeit auch stärker als noch am Anfang.« Wie auswendig gelernt aus dem Lehrbuch klingt es, was sie sagt. Ha, denke ich bei mir, du bist doch noch grün hinter den Ohren. Was verstehst du denn schon von Konsequenz? Viel zu stolz bin ich, um das Gespräch weiter in Richtung des eigentlichen Problems zu lenken: Ich kann mich manchmal einfach nicht gut durchsetzen. Vor allem nicht in der Öffentlichkeit. Meine Methode mit dem Streicheln setzt darauf, dass das Kind konditioniert wird. Aber macht das Sinn? Versteht sie das überhaupt? Ich denke mir meinen Teil: Keine Ahnung, aber ich will, dass sie das kann.

Muss ich also doch Mami fragen. So, dass sie nicht merkt, dass sie gerade gefragt wird. Wir telefonieren häufig über das Internet, so können Omi und Opi das Kind auch mal zwischendurch sehen. Wir reden also gerade über dies und das, als Sophie sich plötzlich, auf meinem Schoß sitzend, umdreht, mir ihre Finger ins Gesicht krallt und kräftig nach unten zieht. Durch den Schmerz hindurch erkenne ich die Gelegenheit. »Aua«, rufe ich. »Boah, Sophie, aua. Mach bitte ei.« Sophie weigert sich. Ich blicke auf den Bildschirm und sehe, wie die Augenbrauen meiner Mutter zehn Zentimeter weiter oben sind als noch vor drei Sekunden. Ich erkläre mich: »Sie macht das zurzeit echt oft. Und das tut weh. Sie soll lernen, dass sie nicht grob sein sollte.« Ich sehe, wie es meiner Mutter auf der Zunge brennt, da springt mein Vater ein, wohl wissend, dass das hier gerade eine heikle Situation werden könnte: »Soophiihiee. Schau mal, hier ist dein Schnuller, den du beim letzten Mal vergessen hast.« Meine Mutter und ich blicken uns durch die Bildschirme an, und da weiß ich es sofort: Was ich von meiner Tochter erwarte, ist offenbar zu viel verlangt. Dass ich mir da so sicher bin, liegt einerseits an den transzendentalen Signalen, die ich von meiner Mutter empfange. Andererseits aber auch daran, dass ich mir sicher bin, dass meine Mutter es wissen muss. Schließlich hat sie Erfahrung mit meiner Schwester und mir. Und wenn ich jetzt anzweifeln würde, dass sie das schon richtig gemacht hat, würde ich automatisch auch mich und meine eigene Erziehung anzweifeln. Und das geht nicht, weil sich ja dann der Hund in den Schwanz beißt. Wenn ich sogar meine eigene Erziehung anzweifle, dann habe ich überhaupt keinen Fixpunkt mehr. Dann muss ich womöglich anfangen, Ratgeber zu lesen, oder mich in Muttikreisen treffen. Und da will ich nicht hin. Denn das wäre das ultimative Eingeständnis meiner eigenen Unsicherheit. Dann bleibe ich lieber Monarchin und mache meine Zweifel mit mir selbst aus. Bloß keine Schwächen zeigen.

Das Problem mit dem Hauen hat sich – wie sollte es anders sein – irgendwann von allein gegeben. Ich habe versucht, nach meinen heftigen Reaktionen darauf einfach gar nicht mehr zu reagieren. Und siehe da: Sie hat sich sehr bald eine neue Lieblingsbeschäftigung für die Bahn gesucht. Sie legt sich jetzt immer quer über eine ganze Sitzbank, und wenn ich sie da wegnehme, wird sie plötzlich zu einer aufgeschreckten Würgeschlange, die sich wild um sich selbst dreht. Dazu noch Geschrei wie ein wild gewordener Adler, und die genervten Blicke sind vorprogrammiert. Hoffentlich kann ich da bald mal wieder mit meiner Mutter Telefonblicke austauschen, bevor ein aufgebrachter Fahrgast mich anblafft: »So geht das nicht. Sie lernt das nie, wenn Sie ihr das durchgehen lassen.«

SOPHIE MACHT EIGENTLICH ALLES RICHTIG, UND ERZIEHUNG IST AUCH NUR VERSCHÜTTETE MILCH

Sophie ist ein nettes Kind. Sie wartet erst einmal ab, ob sie jemandem, den sie kaum kennt, ihre Zuneigung schenken soll. Wenn nicht, bleibt sie still auf dem Schoß sitzen. Wenn doch, schenkt sie jene stürmische Art von Liebe, wie sie Kleinkinder im Repertoire haben. Voller Freude und Urvertrauen pfeift sie dann zum Beispiel auf die Gesetze der Schwerkraft und wirft sich kopfüber nach vorn oder hinten. Oder sie krallt sich mit ihren spitzen Fingernägeln im Gesicht des präferierten Erwachsenen fest und juchzt.

Die Reaktion darauf überrascht sie immer wieder. »Aua!«, sagen die Erwachsenen dann und gucken streng. Man sieht dann das pure Erstaunen in Sophies Gesicht. Warum so laut, warum so anders, hab ich was falsch gemacht? Ja, hast du, möchte man sie anzischen. Aber wer ist man als Erwachsene, solch einer kleinen Dame wegen eines Überschwangs der Gefühle böse zu sein? Dass Fingernägel, Fäuste oder kneifende Hände in anderer Leute Gesicht nichts zu suchen haben, das wird ihr ihre Mutter schon beibringen. Das Ganze nennt man dann Erziehung.

Dass es mit ebendieser Erziehung nicht ganz einfach zu sein scheint, begreife ich, als Stefan und ich mit Hanna skypen. Erst sitzt Sophie ganz ruhig auf Hannas Schoß. Sie zermatscht ein Stück Banane in der linken Hand und schaut versonnen dieses Bewegtbild an, in dem zwei Leute zu sehen sind, mit denen ihre Mutter fröhlich über dieses und jenes quatscht. Auch Sophie kommen die beiden bekannt vor. Woher, das fällt ihr jetzt, so kurz vor dem Schlafengehen, nicht ein; aber die beiden sind ganz nett, das sieht und hört sie ja.

Um schließlich auch mal was zum Gelingen der Kommunikation beizutragen und auch, weil gerade niemand sie so recht beachtet, fängt Sophie an reinzuquaken. Alle drei Erwachsenen unterbrechen daraufhin das Gespräch und richten ihre ganze Aufmerksamkeit auf die kleine Bananenquetscherin. »Na, Sophie, willst du auch mitreden?«, fragt die nette Frau. Hanna tippt ihr daraufhin demonstrativ auf die Nase und sagt: »Sag mal Nase, Sophie! Komm, sag mal! Da freut sich die Oma.« Und Sophie sagt: »Nade.« Großer Jubel im Bildschirm. Der Mann fragt jetzt: »Wo ist denn dein Ohr, Sophie, hm?« Sophie fasst sich, wie abgefragt, erst ans eine, dann ans andere Ohr. Und als der erneute Jubel gar nicht mehr aufhören will, setzt Sophie zur großen Volte an: Sie streckt die Arme nach oben, krallt sich in Hannas Augenbrauen fest und fräst so freudig wie brutal ihre Fingernägel durch deren Gesicht. Stolz quietschend, schaut sie in den Bildschirm.

Aber da sitzen jetzt diese beiden Leute und jubeln keineswegs, sondern sagen: »Aua!« Auch Hanna sagt jetzt: »Boah, Sophie, aua. Mach bitte ei.« Sophie guckt irritiert. Warum so laut, warum so anders, hab ich was falsch gemacht?

Hat sie eigentlich nicht. Ganz im Gegenteil, sie hat sich am allgemeinen fröhlichen Hallo beteiligt und mal gezeigt, wozu sie fähig ist, wenn sie richtig gut drauf ist. Zum Beispiel ihre Mutter zu kratzen. Aber das scheint den feinen Herrschaften dann auch wieder nicht zu passen. Stattdessen wünschen sie jetzt, dass Sophie ei macht, also ihre Mutter streichelt. Wieso eigentlich? Ist die neuerdings eine Katze und macht dann »Miau«?

Ich sehe, dass es Hanna ernst ist mit ihrem »Ei«-Wunsch. Klar, das war schon heftig, wie Sophie sich da an ihr vergriffen hat. Vermutlich macht sie das öfter. Kneifen, kratzen, hauen. Mal hier beim Skypen, dann wieder morgens beim Aufwachen oder nachmittags in der Bahn. Vergleichbar kleinen Hunden oder Katzen, können Kinder eine ausgesprochen eigenwillige Art haben, ihrer Freude Ausdruck zu verleihen. Und nein, ich bin nicht dafür, derlei einfach zu ignorieren, damit die kleine Lady nicht traurig wird oder sich gar dominiert fühlt. Ganz im Gegenteil, ich bin für Dominanz. Aktion – Reaktion, Ursache – Wirkung. So einfach. Und so, wie ich gerade Hanna beobachte, der Sophies Gewalttätigkeit ein bisschen unangenehm ist, scheint auch sie im Grunde ihres Herzens eine Freundin der dominanten Pädagogik zu sein.

Es ist eine Crux mit der sogenannten Erziehung. Ja, man hat ein paar Prinzipien. Keine Gewalt ist eines davon. Aber Kinder haben ist eben nicht Schrauben zählen. Mutter oder Vater zu sein ist eine der unplanbarsten, anarchistischsten Angelegenheiten, denen Erwachsene sich widmen können. Wie sehr diese Lebensphase verändern kann, sieht man an jenen Kollegen, denen Prinzipienreiterei solange zum zweiten Vornamen wurde, bis sie Eltern geworden sind. Ihr frisch eingetroffenes Fünfzig-Zentimeter-Paket lehrte sie in null Komma nix, dass es sich ab jetzt was hat mit Planungen oder No-Gos. Kleine Kinder machen bekanntlich, wonach ihnen ist. Wenn sie um drei Uhr fünfzig nicht mehr schlafen wollen, dann ist das eben so. Wenn sie Angst vor Wasser haben, fällt Baden eben aus. Diskutieren zwecklos.

Erst nach Monaten dürfen die Eltern mal vorsichtig versuchen, ihre eigenen Vorstellungen einzubringen. Im Großen und Ganzen geht es dann darum, die kindlichen Bedürfnisse den erwachsenen Notwendigkeiten anzupassen. Diesen Vorgang nennen sie dann Erziehung. Und dazu gehört unter anderem, »Aua!« zu rufen und streng zu gucken, wenn klein Alfons oder unsere süße Sophie sich rüpelhaft benehmen.

Wie haben wir das eigentlich gemacht mit der Erziehung unserer Kinder? Hatten wir ein Konzept? Nö. Hatten wir als Eltern Streit über Erziehungsfragen? Eher nicht. Kann ich also meiner Tochter, die nun selbst ein Kind hat, guten Rat erteilen, wie das zu laufen hat mit der Erziehung? Nein. Kann ich nicht. Sorry, Kinder zu haben ist ein ganz und gar privates

Projekt. Und das sieht zum Beispiel vor, dass Sophie damit klarkommen wird, dass ich, ihre Oma, manches anders sehe, tue und erkläre als zum Beispiel ihre Eltern. Oder dass im Kindergarten andere Regeln gelten als zu Hause.

Das setzt natürlich voraus, dass das jeweilige Kind sich in sozialen Umgebungen aufhält, zu denen ihre Eltern ein gewisses Grundvertrauen haben. Dass dort also Menschen walten, die Sophie gern haben und nichts tun werden, was sie einschüchtert oder gar gefährdet. Als Hanna und Kira kleiner waren, fuhren sie zum Beispiel regelmäßig zu ihren Großeltern. Stefan und ich wussten, dass dort manches anders gehandhabt wird – wir waren ja schließlich selbst die Kinder dieser Leute. Aber das machte uns nicht misstrauisch, sondern eher im Gegenteil. Wir meinten, dass unsere Kinder und unsere Eltern ihren eigenen Modus miteinander auskegeln sollten. Für konkrete Fragen wie Schlafenszeiten oder dergleichen gab es ja das Telefon, nicht wahr?

Wir dilettierten also pädagogisch vor uns hin, und möglicherweise war das auch ganz gut so. Wir hatten keinen Plan für unsere Kinder, sondern wir waren neugierig, was da auf uns alle vier zusammen zukommen würde. Ich kann mich nicht erinnern, jemals ein Buch über Kindererziehung gelesen zu haben. Derlei kam erst später auf, als sich in den Nullerjahren ein gesellschaftliches Bewusstsein dafür entwickelte, dass Kinder etwas Besonderes sein könnten. Und tatsächlich, das wurden sie, denn es gab ja immer weniger von ihnen. Aber als es mit dem Förderwahn losging, als Kinder zu tipptopp geplanten, gekleideten und gebildeten kleinen Freunden der Mittelschichtserwachsenen wurden – da waren meine Kinder schon zu groß, als dass ich sie noch mit so etwas hätte behelligen dürfen oder wollen. Stattdessen hatten wir – ganz ohne Masterplan – sicher vieles gut gemacht. Aber manches auch eher mäßig. Aber das weiß man zum Glück erst hinterher.

Wir versuchten zum Beispiel, so viel Zeit wie möglich miteinander zu verbringen – und zwar ohne dass das gleich »Quality time« sein musste, also intensives Brettspiel samt Ausfragestunde, wer wie was im Kindergarten erlebt hat. Heute denke ich, dass wir miserable Vorleser und Playmo-Bastler waren. Schade eigentlich.

Ganz schlimm war Lügen. Das galt bei uns als Bankrotterklärung. Wer beim Schwindeln erwischt wurde, konnte sicher sein, dass dieses Vorkommnis noch häufiger Erwähnung finden würde. Heute würde ich sagen: bigotter Quatsch, jeder Mensch, auch ein kleiner, braucht stille Ecken mit eigenen Wahrheiten.

Wir fanden es gut, wenn unsere Kinder noch was anderes außer Kita, Schule und Eltern interessierte. Sie probierten deshalb allerlei aus: Saxofon, Singen, Judo, Schwimmen, Volleyball, Schülerzeitung. Wenn sie darauf keinen Bock mehr hatten, lotsten wir sie durch diese Tiefs hindurch; erst wenn es wirklich nicht mehr ging, durften sie aufhören. War das richtig? Da bin ich mir heute nicht mehr sicher.

Als sie größer wurden, veranstalteten wir als ihre Eltern keine großen Rauch-und-Alkohol-Verbotsorgien. Wir nannten das Vertrauen. Aber bis heute frage ich mich, ob sie nicht doch mehr Strenge und Warnungen gebraucht hätten. Und ob wir nicht eigentlich zu feige waren, unser eigenes Suchtverhalten zur Debatte zu stellen.

Aber das ist alles verschüttete Milch. Wir sind durch mit dem Projekt Erziehung. Wir finden unsere Kinder heute klasse. Sogar wenn wir uns laut und heftig streiten. Und auch dann, wenn Hanna findet, dass Sophie ei bei ihr machen soll, wenn sie ihrer Mama das Gesicht zerkratzt hat. Obwohl ich das für Mumpitz halte. Aber ich bin ja auch nur die Frau, die eh nie einen richtigen Plan von Erziehung hatte. Und die verheiratet ist mit einem Mann, dem es genauso ging. Arme Hanna.

20

GELD & ARMUT

ES GAB UND GIBT GELDPROBLEME, UND BANANEN WECKEN EIN KLEINES MÄDCHEN AUS DEM MITTAGSSCHLAF

Mein Telefon klingelt. Am anderen Ende: Hanna. Durch jahrelange Übung höre ich schon daran, wie sie »Mama?« sagt, dass etwas nicht stimmt. »Was ist denn?« frage ich deshalb unumwunden. Ich meine, was sollen wir erst ein paar kommunikative Schleifen drehen, wenn ich den unerfreulichen Anlass doch auf direktem Wege in Erfahrung bringen kann.

Es stellt sich heraus, dass Hannas Konto überzogen ist. Weil bei der Kitaverwaltung irgendwelche Unterlagen nicht vorlagen (Hanna sagt, sie liegen). Weil also angeblich irgendwelche Bescheide und Nachweise und Formulare und Kopien nicht pünktlich, ordnungsgemäß und in dreifacher Ausfertigung auf einem deutschen Behördenschreibtisch vorliegen, hat ihr die Stadtverwaltung einen Kitagebührensatz abgebucht, als wäre sie Vorstandsmitglied eines Dax-Unternehmens. Kindergeld ist auch nicht angekommen, da hakt irgendwas mit dieser absurden IBAN-Verbindung. Von der Kautionsrückzahlung für die vor Monaten ordnungsgemäß übergebene Wohnung wollen wir schweigen. Kurzum, das Kind ist überschuldet und Dispozinsen leider eine Ausgeburt der Hölle. Und nun will sich das Kind ein Auto kaufen. Ein ganz kleines. Ich stelle also folgende generöse Frage: »Wie viel brauchst du?«

Klar, Hanna ist froh. Mit einem Computerklick löst ihre Mutter ein schwieriges Problem. Aber wirklich begeistert bin ich vor allem von mir selbst. Dass ich so was heute fragen kann, ist für mich noch immer ein Wohlfühlflash der ersten Kategorie. »Wie viel brauchst du?« Ha! Unfassbar schön.

Als ich so alt war wie Hanna – als Hanna also so klein war wie Sophie –, war ich nämlich arm. Und zwar auf jene strukturelle Weise arm, wie es das in diesem Land noch heute gibt: Weiß Gott, man verhungert nicht. Aber Lebensqualität sieht wirklich anders aus. Ich verfügte pro Monat über 200 Mark Stipendium, 20 Mark Kindergeld, fünfzig Mark von meinen Eltern, Kohlengutscheine sowie null Mark Unterhalt. Na gut, wir hatten noch DDR – ob ich meine 49 Mark Miete und den Strom pünktlich zahlte, kontrollierte keiner so richtig. Und wenn doch, zahlte ich halt für ein paar Monate, als Zeichen meines guten Willens. Aber das Leben war kompliziert und finanziell äußerst eng gestrickt.

Ich fand das ungerecht. Ich war lebenslustige 23 Jahre alt und mit Studium, Kind und meinen Resten an Privatleben für einfach alles zuständig. Ich stand um sechs Uhr auf, mummelte das Kleinteil an, brachte es zur Krippe, fuhr quer durch die Stadt zum Studieren, düste im Tiefflug spätnachmittags zur Krippe, bekochte und bespaßte Hanna, brachte sie ins Bett und setzte mich dann an den Schreibtisch, um zu lernen. Ich war für Beulen, neue Zähne, gute Stimmung und Kackwindeln zuständig. Aber mehr als Knäcke, Dosenwurst und ab und an eine Flasche Rotwein konnte ich mir nicht leisten. Ungerecht.

Ich entschloss mich, die Verhältnisse konkret zu meinen Gunsten zu verändern. Ich verfügte ja schließlich über eine soziale Waffe, und ich wusste sie zu benutzen: Hanna. Und siehe da, in dieser Zeit wurde ich eine Meisterin darin, in der Kaufhalle – die später Supermarkt heißen würde – all die entbehrten, weil unbezahlbaren Waren in Hannas Kinderwagen zu verstecken. Unter dem Fußsack das Wurstpaket. Im Fußsack den Kaffee und die Schokolade. Obendrauf einen Liter Milch zu siebzig Pfennig, den ich an der Kasse brav bezahlte. Ich wurde nie erwischt.

Ich weiß, das war Diebstahl. Schuldig, euer Ehren. Aber noch heute, wenn ich das aufschreibe, finde ich die junge Frau von damals ziemlich in Ordnung. Eher kühn als verbrecherisch. War nicht eh alles Volkseigentum – und war ich nicht das Volk, wenngleich der ärmere Teil davon?

Wenig später, Hanna war genau ein Jahr alt, fanden auch eine ganze Menge andere meiner Mitbürger, dass sie »das Volk« sind. Sie gingen auf die Straße und riefen diese Erkenntnis durch die kalten Herbstnächte. Und hast du nicht gesehen, wenig später gingen sie mit hundert Mark Begrüßungsgeld pro Nase über die einstige Grenze, um der Segnungen der sozialen Marktwirtschaft teilhaftig zu werden.

Auch ich marschierte mit Hanna in ihrem gebrauchten Westkinderwagen rüber in den Wedding. Ausgesprochen enttäuscht von der aufgeräumten Tristesse jenes Berliner Bezirkes, den ich mir zu Mauerzeiten weitaus verwegener halluziniert hatte, passte ich nicht gut genug auf – und schon wurde meine schlafende Tochter von einer von einem Laster in den Kinderwagen geworfenen Banane aus dem Mittagsschlaf geweckt. Bananengebrüll aus den Kissen. Na, danke, das fing ja gut an mit uns und dem Kapitalismus.

Ich steuerte einen Drogeriemarkt an. Mal schauen, wie weit ich mit meinem Westgeld käme. Schon bei dieser ersten Inaugenscheinnahme des Preis-Leistungs-Gefüges im Kinderbedarfsbereich kam ich zu jenem überstrapazierten Schluss, dass im Osten doch nicht alles schlecht gewesen sein konnte. Denn die Preise für Wegwerfwindeln, Schnuller, Fertigtees und Penatencreme – also alles, was es im Osten nicht gab – waren derart astronomisch, dass ich mich entschloss, auch im Westsektor meine soziale Waffe zum Einsatz zu bringen. Wer solche Wucherpreise für KINDER-Waren verlangte, gehörte doch umgehend bestraft. Oder? Ich steckte das ganze bunte Zeug in Hannas Fußsack und steuerte wild entschlossen Richtung Ausgang. Und tatsächlich, alles ging gut. Und es sollte noch viele Male gut gehen. Als mehr als zwanzig Jahre später der Schlecker-Konzern pleiteging, wusste ich: Das war auch meine Schuld.

Heute stehe ich auf der anderen Seite. Reich bin ich immer noch nicht. Aber ich zahle Rechnungen pünktlich und gebe mein Bestes, nicht in den Dispo zu rutschen. Ich führe Ordner mit Quittungen fürs Finanzamt und lese aufmerksam meinen jährlich eintrudelnden und alles andere als verheißungsvollen Rentenbescheid. Und wenn ich bei strömendem Regen zwei Stationen mit der U-Bahn fahren muss, kaufe ich mir brav ein Ticket. Zu groß ist die Angst vorm Erwischtwerden. Klauen würde ich nichts mehr, auch wenn das (dies eine Information für die Aufrichtigen) ziemlich kickt. Die Kühnheit von einst ist einer erwachsenen Vernunft gewichen, die ich im Zusammenhang mit meiner Person eher nicht für möglich gehalten hätte. Und wenn Hanna anruft, weil die Stadtverwaltung ihr Konto abgeräumt hat, kann ich ihr helfen. Fühlt sich gut an.

Dennoch, ohne Spuren ist meine arme Phase nicht geblieben. Wie jeder, der vom Krieg, vom Kaiser oder aushilfsweise von der größten DDR der Welt erzählt, habe ich diese Zeit der erzwungenen Bedürfnislosigkeit später verklärt. War das nicht auch schön: nichts wollen zu können, weil man nicht viel hatte? So in etwa schwang es in mir nach, als Hanna gleich nach ihrem Abitur laut darüber nachdachte, ihr Sparkonto zu räumen, um sich – Achtung! – eine Spülmaschine zu kaufen. Eine Spülmaschine für die erste eigene Wohnung? Ich fasste es nicht! Es gab zu Hause ein großes Gezeter, in dessen Verlauf von meiner Seite Wörter fielen wie »verrückt«, »früher«, »nichts gehabt« und »hastsiewohlnichtalle«. Hanna starrte mich während dieses Ausbruchs mit ihren hellblauen Augen nieder, wartete, bis ich einmal Luft holte, und erklärte dann kühl, dass sich seit meiner Jugend – also etwa seit dem Pleistozän – einiges geändert habe, Spülmaschinen in WG-Küchen seien quasi Standard. Meine neunzehn Jahre alte Tochter war also ein Dishwasher native. Gut, dachte ich in diesem Moment, dass sie auszieht. Übrigens letztlich in eine WG ohne Spülmaschine.

Seither sind bekanntlich ein paar Jährchen vergangen. Hanna ist nun eine Mutter, also Teil jener Bevölkerungsgruppe, die im Konsumentensegment eine Sonderkategorie darstellt. Eltern sind ja die, denen jeden Tag ein bisschen mehr Angst gemacht wird. Vor Neurodermitis, vor Sprachfehlern, Pestizideiern, ADHS, vor dem großen Feind namens Zucker – die Welt steckt voller Gefahren für den kostbaren Nachwuchs. Gefahren, denen man aber begegnen kann: mit Hautpflegeprodukten zum Preis von Goldnuggets, mit Logopädieterminen, mit Naturholzspielzeug oder mit veganer Ernährung, die ungefähr so kostspielig ist, als speiste man Filet vom Kobe-Rind.

Und was macht meine Tochter? Sie spült noch immer ihr dreckiges Geschirr mit der Hand, kauft Sophie Secondhandklamotten und Fertiggläschen vom Biodiscounter. Sie ist das, was wir in diesem Land strukturell arm nennen: Man verhungert nicht. Aber Lebensqualität sieht wirklich anders aus. Ich hoffe mal, dass sie auch immer schön brav ihre Einkäufe bezahlt.

WIE ICH AN MEIN AUTO KAM UND WARUM GELD MANCHMAL EBEN DOCH GLÜCKLICH MACHT

Mein Leben hat in den letzten Monaten eine unvorhergesehene Wendung genommen. Statt in Leipzig auf Kleinfamilie zu machen, wohne ich jetzt alleine mit Sophie in einer Zweizimmerwohnung fernab von allem, was ich bisher kannte. Nachdem mein Studium fertig studiert war, war auch die Liebe fertig geliebt. Für mein Aufbaustudium und um ein neues Leben aufzubauen, ging ich in die teuerste Stadt dieses Landes: München. Obwohl es eigentlich schon fast nicht mehr München ist. Ganz am Rand, in einer Straße, auf der Kinder spielen, dort wohnen wir. Das ist so ein Ort, an dem man sich fragt, ob die Leute hier immer noch das städtische Kennzeichen an den Autos haben. Haben sie, gerade noch so. Fünf Straßen weiter beginnt der Acker, und dahinter kommt lange Zeit nichts. Wir wohnen nicht da, weil das so besonders romantisch ist, sondern weil es auf diesem Wohnungsmarkt für eine alleinerziehende Mutter nahezu unmöglich ist, eine angemessene Wohnung zu finden. Nur durch die Großzügigkeit netter Menschen, die noch dazu sehr aufmerksam Suchanzeigen in Tageszeitungen lesen, ist es uns gelungen, diese schöne Wohnung zu finden. Vom Mietpreis sprechen wir lieber nicht, da kriege ich sofort schlechte Laune.

Dass der Neuanfang allein mit Kind und in einer neuen Stadt nicht leicht sein würde, war schnell eine sehr zentrale Erkenntnis meiner neuen Existenz. In den ersten Wochen verzweifelte ich schier, weil mir ständig Busse vor der Nase wegfuhren, weil das warme Wasser ausfiel und die Stadtreinigung meine überfüllte Windeltonne nicht mitnahm. Ich hatte noch kein Internet, wusste nicht, wo der nächste Supermarkt war, und besaß keinen Akkuschrauber, um meine Möbel vernünftig aufzubauen. Es gab zwei Auswege: Kopf in den Sand und zurück zu Mami ziehen. Oder mit verklärtem Blick draufschauen und jeden Morgen in die Zahnbürste murmeln: »Das wird schon.« Um das zu überwinden, war eine positive Grundstimmung angesagt. Es galt, den Trauerkloß zu besiegen, bevor die Hefe angefangen hatte zu arbeiten. Denn ich hing in der Luft, war so erschreckend leicht, dass jeder Windhauch mich umzupusten drohte.

Dafür brauchte ich etwas, das mich kickte. Etwas Schönes, eine Belohnung für meine Unerschrockenheit. Es sollte etwas sein, das mir beweisen würde, dass ich unabhängig war. Ich wollte entspannt, einen Arm in die Hüfte gestemmt, daran lehnen und sagen können: »Ja, das ist meins. Hab ich mir ausgesucht.« Ich hatte mir relativ wenig ausgesucht in den letzten Monaten, da konnte so eine freie Entscheidung nicht schaden. Ich war ja jetzt erwachsen. Wie bereits erwähnt, neige ich gern zu finanziellen Übersprunghandlungen, es musste also etwas mit Geld sein. Nur das übermäßige Ausgeben von Geld schien als ultimative Glücklichmachoption zu funktionieren. Kapitalismus, komm her. Lass dich mal drücken. Ich wollte etwas, das mich für immer an diese seltsame Zeit der irgendwie aufgezwungenen Freiheit erinnern würde. Da ich auf meinen täglichen zwei Stunden Kindergartenfahrt nicht an Tattoostudios oder Ponyhöfen vorbeikam, beides lag ganz hoch im Kurs, überlegte ich, mir eine Alltagshilfe zu leisten. Darauf kam ich, weil seit Wochen am Ende der Dreißigerzone das kleine rote Auto mit dem Schild »500€ VB« im hinteren Fenster rumstand. Oh ja, das wollte ich.

Was das für ein Spektakel wäre. Hanna und Sophie mit angepasstem Kennzeichen heizen bei fünfundfünfzig Sachen durch die Stadt, und kein Mensch kann sie aufhalten. Hanna mit Sonnenbrille am Steuer und Sophie mit Schnuller daneben. Der Polizist stoppt die beiden mit seiner Kelle, blickt ins Auto und sagt: »Oh, wie süß!« Hanna fragt: »Das Kind oder ich?« – »Beide!« Hanna bittet ihn einzusteigen, und sie düsen glücklich bis ans Ende ihrer Tage Richtung Zukunft. Und das alles in einem uralten dunkelroten Fiesta. Doch bis dieser glückliche, schicksalhafte Tag eintreten würde, musste ich mir das Teil erst mal kaufen.

Mein Konto hatte nach dem Umzug einigermaßen gelitten. Für Essen und Leben reichte es meistens, aber etwas Unvorhergesehenes durfte nicht passieren. Zu »Unvorhergesehen« zähle ich sowohl Wochenendtrips als auch spontane Autokäufe. Zudem buchten ständig die Leute von der Kindergartenverwaltung Geld ab. Der Unterhalt war noch nicht geregelt, es gab Kautionen zu bezahlen und Heimfahrten an Weihnachten zu buchen. Gleichzeitig hatte ich im Supermarkt auch keine Lust, den schlechten Schinken zu nehmen. Wenigstens beim Fleischgenuss wollte ich ein gutes Gefühl haben, wenn schon nicht beim Blick in den Spiegel, dem Gang aufs Klo oder der Auswahl von Kleidern. Verzicht stand mir nicht gut. Jedenfalls nicht zurzeit.

Das soll nicht der rechte Zeitpunkt für einen Autokauf gewesen sein? Ich war scharf auf das Auto, wollte es unbedingt haben. Jetzt. Dieses. Und kein anderes. Mein Leben, meine Entscheidung. »Mama?« Ich höre, dass sie hört, dass jetzt gleich eine mir unangenehme Frage kommt. »Kannst du mir das Geld für dieses süße Auto leihen, das ich mir kaufen möchte?« – »Wie viel brauchst du?« Hä? Damit hatte ich jetzt wirklich nicht gerechnet. Wenn ich meine Mutter früher um Geld bat, konnte ich mir ziemlich sicher sein, dass sie mir entweder nur den Wunsch selbst erfüllte oder konsequent verneinen würde. Vielleicht sogar mit diesem »Was denkst du dir eigentlich«-Lachen. Heute vertraute sie mir offenbar. Sie fand, dass ich die Entscheidung für oder gegen ein Auto selbst treffen konnte und dass sie sicher sein konnte, dass sie ihr Geld wiedersehen würde. Das war ein gutes Gefühl. Gleichzeitig aber auch der Beweis dafür, dass ich mir sehr dringend sicher sein musste, ob ich das Auto wirklich wollte. Ich wollte. Meine drei wundervoll zurechtgelegten Argumente für ein Auto waren damit überflüssig geworden: 1. Ich kann damit einkaufen fahren, wann und wohin ich möchte. 2. Wenn ein Gewitter käme, könnte ich schnell ins Auto rennen, und schlüge ein Blitz ein, wären Sophie und ich in Sicherheit. 3. Das Auto würde mir Unterschlupf gewähren, falls plötzlich fiese Immobilienhaie auftauchen würden, um das Haus, in dem ich wohnte, abzureißen. Dass das Auto bereits neunzehn Jahre alt und ganz schön angerostet war, eine undichte Frontscheibe, ein Brandloch im Beifahrersitz und im Sommer zwanzig Jahre alte Winterreifen draufhatte, erzählte ich ihr lieber nicht. Für so erwachsen, um darüberzustehen, hielt ich mich selbst nicht.

Der Tag des Kaufs war ein Riesenspektakel. Bis auf die Sache mit dem Polizisten war alles genau so, wie ich es mir vorgestellt hatte. Doch bald stellte sich heraus: Das Ding muss auch dringend finanziert werden. Seit Ford und ich uns kennen, hat er immer Hunger. Ich hatte ja keine Ahnung, wie viel so ein Auto kostet. Nachdem die Ummeldung und das Stanzen der neuen Kennzeichen mit dreihundert Euro über die Bühne gegangen waren, standen Versicherung und Steuern an. Die Summe ist zu groß, um auf eine Buchseite zu passen. Dann riet mir ein weiser Kfz-Meister, die Reifen wechseln zu lassen, damit die nicht bei voller Fahrt platzten. »Keine Weichmacher mehr darin.« Erklärte er mir auf die beste bayerische Art. Aha, in diesem Fall konnten Weichmacher also sogar Leben retten. Außerdem waren die Scheibenwischer veraltet, ich brauchte neues Wischwasser, jede Menge Benzin, einen Kindersitz, Parkscheine und ein Duftbäumchen. Das Auto fraß Geld wie Heu. Manchmal überlegte ich, es gegen ein Pferd einzutauschen. Dann hätte Sophie wenigstens noch jemanden zum Spielen gehabt. Und es wäre auch ziemlich lässig gewesen, auf so einem gescheckten Gnadenhofgaul über den Mittleren Ring zum Kindergarten zu reiten.

Heute bin ich sehr glücklich mit dem Kleinen. Auch wenn er viel herumsteht. Wenn ich morgens aus der Tür trete und ganz frei entscheiden kann, ob ich mich eine Stunde lang in eine knüppeldicke volle Bahn stelle oder mit weinendem Kind auf dem Beifahrersitz über die morgendlich verstopfte Stadtautobahn schleiche – dann ist das ein gutes Gefühl von Freiheit. Die neueste Wahrheit ist demzufolge: Geld macht manchmal doch einfach glücklich.

Wann ich meiner Mutter das Geld für das Auto zurückzahle, weiß ich noch nicht. Kommt aber noch. Vielleicht sollte ich anfangen, im Supermarkt kleinere Sachen in den Kinderwagen fallen zu lassen. Dann kann ich mir wenigstens die Heimfahrt nach Hause gut leisten. Meine Mama hat auch gesagt, dass das in Ordnung geht.